LÉON DAUDET

LE
POIGNARD DANS LE DOS

NOTES SUR L'AFFAIRE MALVY

NOUVELLE LIBRAIRIE NATIONALE

XI, RUE DE MÉDICIS, PARIS

MCMXVIII

LE
POIGNARD DANS LE DOS

DU MÊME AUTEUR

Ouvrages à 3 fr. 50

A LA NOUVELLE LIBRAIRIE NATIONALE

Une campagne d'Action Française.
L'Avant-Guerre.
Fantômes et Vivants, 1re série des Souvenirs.
Devant la Douleur, 2e — — —
L'Entre-deux-Guerres, 3e — — —
Salons et Journaux, 4e — — —
Hors du Joug allemand.
L'Hérédo.
La Guerre totale.

CHEZ E. FASQUELLE

Germe et Poussière.
Hœrès.
L'Astre noir.
Les Morticoles.
Les Kamtchatka.
Les Idées en marche.
Le Voyage de Shakespeare.
Suzanne.
La Flamme et l'Ombre.
Sébastien Gouvès.
La Romance du temps présent.
La Déchéance.
Le Partage de l'Enfant.
Les Primaires.
La Lutte.
La Mésentente.
Le Lit de Procuste.
La Fausse Étoile.
Alphonse Daudet.

CHEZ A. FAYARD

Ceux qui montent.
La Vermine du Monde.

CHEZ E. FLAMMARION

La France en alarme.
Le Pays des Parlementeurs.
Le Cœur et l'Absence.
Le Bonheur d'être riche.

LÉON DAUDET

LE
POIGNARD DANS LE DOS

NOTES SUR L'AFFAIRE MALVY

NOUVELLE LIBRAIRIE NATIONALE

XI, RUE DE MÉDICIS, PARIS

MCMXVIII

A

JULES DELAHAYE

son admirateur,

son ami,

L. D.

LE
POIGNARD DANS LE DOS

CHAPITRE PREMIER

UN MINISTRE INAMOVIBLE

Jean-Louis Malvy, qui fut, pendant trois années de guerre, le ministre de l'Intérieur du peuple français, a été condamné, le mardi 6 août 1918, par la Haute-Cour, à cinq années de bannissement pour forfaiture. Certains attendus de ce jugement sont particulièrement significatifs. Les voici :

. . . .

. . . .

Attendu qu'il est constant pour la Cour qu'un plan a été concerté sur le territoire de la République, dès la fin de 1914, pour ruiner la défense du pays en portant atteinte à la force morale de la nation et à l'esprit de discipline de l'armée; que cette propagande criminelle s'est exercée notamment par la création de journaux, par la diffusion de tracts, par des discours et des conférences;

Attendu que Malvy n'a pas ignoré l'existence de cette criminelle entreprise, dont tous les témoins entendus ont signalé la gravité, et qui a été la cause principale des mutineries militaires de mai et juin 1917 ;

Mais attendu qu'au lieu d'opposer à cette propagande l'action la plus énergique, l'accusé a accordé des subventions à un journal dont les principaux rédacteurs ont été condamnés pour intelligences avec l'ennemi, en vertu de décisions passées en force de chose jugée ; qu'il a facilité par des faveurs et des complaisances abusives les agissements criminels d'Almereyda, de Duval et de Sébastien Faure ; qu'il a entravé la surveillance des tractations auxquelles se livrait, par l'intermédiaire de la femme Duverger, l'espion Lipscher ; qu'il s'est refusé à empêcher la propagande antipatriotique de l'anarchiste Vandamme, dit Mauricius ; qu'il s'est refusé à autoriser dans les imprimeries clandestines, où elle pouvait être utilement pratiquée, la saisie de tracts excitant les militaires à la désobéissance, à la révolte envers leurs chefs, à la trahison envers la Patrie ;

Attendu qu'en vertu des instructions générales qu'il avait données, l'action des lois pénales a été suspendue ou empêchée au profit d'anarchistes notoires recherchés pour délits de droit commun ; enfin, que l'accusé a détruit tout ou partie d'un dossier contenant les charges relevées contre Sébastien Faure, dossier qui lui avait été communiqué à raison de ses fonctions ;

Attendu que Malvy prétend vainement pour sa défense qu'il n'a fait qu'exécuter les instructions et la politique des gouvernements dont il faisait partie ; que cette politique tendant à l'union sacrée de tous les Français devant l'ennemi ne saurait être en cause devant la Cour de Justice, que l'accusation reproche *à juste titre à l'accusé d'avoir poursuivi une politique personnelle d'abandon et de faiblesse qui laissait s'accroître chaque jour un danger dont il ne pouvait méconnaître la gravité, alors que la doctrine des gouvernements dont il faisait partie consistait à appliquer la loi pénale à tous les criminels quels qu'ils fussent ;*

Attendu que Malvy soutient encore en vain qu'il était obligé d'agir comme il l'a fait sous peine de provoquer des crises et des soulèvements plus dangereux encore pour le pays que la propagande qu'il laissait s'exercer ;

Attendu, en effet, que cette défense ne saurait justifier les actes reprochés à l'accusé ; qu'elle est démentie par l'élan patriotique de la presque unanimité des ouvriers français, et qu'elle a le tort grave de les supposer capables de se solidariser avec des repris de justice et des hommes tarés, qu'ils auraient chassés de leurs groupes s'ils avaient connu leur action et leurs desseins ;

. . . .

. . . .

PAR CES MOTIFS,

Déclare Malvy (Jean) non coupable, tant comme auteur principal que comme complice, du crime d'intelligences avec l'ennemi commis notamment en renseignant l'ennemi sur tous nos projets diplomatiques et militaires, en lui fournissant le plan d'attaque du Chemin des Dames, et en provoquant ou excitant des mutineries militaires pour favoriser ses progrès ;

DÉCLARE MALVY (JEAN) COUPABLE D'AVOIR, DANS L'EXERCICE DE SES FONCTIONS DE MINISTRE DE L'INTÉ-

RIEUR, DE 1914 A 1917, MÉCONNU, VIOLÉ ET TRAHI LES DEVOIRS DE SA CHARGE DANS LES CONDITIONS LE CONSTITUANT EN ÉTAT DE FORFAITURE, ET ENCOURU LES RESPONSABILITÉS CRIMINELLES PRÉVUE PAR L'ARTICLE 12 DE LA LOI DU 16 JUILLET 1875.

Mon projet, dans les notes qui vont suivre, est de mettre au point pour l'avenir, sans aucune passion, sans aucun parti pris et de la façon la plus objective, je pourrais dire maintenant la plus détachée, quelques phases de cette étonnante histoire, que je fus le premier à connaître et à signaler. L'affaire Malvy, comme l'affaire du *Bonnet Rouge*, comme l'affaire Caillaux, sont des suites naturelles de *l'Avant-Guerre*. Il y avait quelque chose de pourri en France, dans les régions politiques, financières, industrielles, avant le 3 août 1914. A la faveur des terribles événements que l'on sait, ce quelque chose s'est développé, s'est ramifié, a rejoint la perfidie ennemie, a constitué peu à peu une trame de trahison soit active et par complicité, soit passive et par complaisance ou inertie criminelle.

Je ne connaissais ni Joseph Caillaux, ni Jean-Louis Malvy, ni aucune personne de leur entourage ou de leur milieu. J'ai vu Malvy pour la première fois à la Haute-Cour. Deux faits ont attiré mon attention sur sa personne : son intimité avec Almereyda, qu'il a niée, mais qui fut affirmée par de nombreux témoins et qui apparaît d'ailleurs clairement dans les dithyrambes et apologies du *Bonnet Rouge*; son inamovibilité, en tant que ministre de l'Intérieur, pendant les trois premières années de la guerre. Malvy survivait régulièrement à la disparition des cabinets dont il faisait partie. Or, non seulement il ne passait point pour un ministre laborieux, intelligent, particulièrement versé dans les problèmes de la Défense Nationale, mais encore, dès l'exode à Bordeaux, sa vie privée était âprement critiquée, et sa gestion fut, par la suite, violemment attaquée au Sénat. Le mot de l'énigme c'est que, tout ce laps de temps, Jean-Louis Malvy fut au gouvernement le représentant, l'agent, le factotum de Caillaux et de son groupe. L'assassinat de Gaston Calmette — coupable de détenir le fameux *document vert* — par Mme Caillaux fermait à Caillaux la porte du pouvoir. Son influence personnelle demeurait considérable, dans la Chambre de 1914, élue sur son programme et selon ses visées. Le compromis consista à maintenir au poste le plus important de l'arrière un individu médiocre et moralement taré, mais tout dévoué au « patron » comme à sa politique et docile à ses suggestions. Il n'est pas douteux que dans le cabinet Viviani, comme dans le cabinet Briand, comme dans le cabinet Ribot, comme dans le cabinet Painlevé, Jean-Louis Malvy fut le porte-parole du caillautisme et l'homme de paille de Joseph Caillaux.

Dans quelle mesure les quatre présidents du conseil en question se rendirent-ils compte de cette situation? C'est ce qu'il est assez malaisé de déterminer. Viviani est un homme qui a l'élocution facile, peu d'idées, — et appartenant au répertoire primaire, — de formation avocassière, coureur de coulisses des théâtres subventionnés, voyant toutes choses sous l'aspect de l'électoral. Au demeurant, le meilleur fils et le plus hâbleur du monde. A l'occasion du 14 juillet 1918, il écrivit dans un de nos grands journaux d'informations — ainsi nommés parce que leurs lecteurs sont les plus mal informés de tous — que Diderot, Voltaire et Rousseau avaient été torturés à la Bastille! C'est un ténor, léger comme ceux de sa profession, impressionnable, sur lequel les gaillards sans nuances du *Bonnet Rouge*, tous maîtres chanteurs avérés, produisaient un effet de terreur. Sur le conseil peut-être impératif de Malvy, il versa vingt mille francs à Almereyda. Ce don magnifique est consigné dans le testament du bandit, c'est-à-dire dans sa déposition écrite, peu de jours avant sa mort tragique, à l'intention du juge Drioux.

Briand passe pour un homme d'esprit — chose rare chez les parlementaires de la Chambre — et que le spectacle changeant de la vie et de lui-même divertit. Il a raconté qu'ayant des doutes sur l'origine des fonds du *Bonnet Rouge* et sur les directions de ce torchon boche, il avait averti Malvy qu'il était disposé à sévir et que Malvy ne lui avait fait aucune objection. Mon avis est qu'à la fois roué et naïf, comme tous les sceptiques de sa catégorie, Briand connaissait ce fond de vase, mais supposait qu'il s'écoulerait et se perdrait dans les remous sanglants de la guerre. Il ne manquait pas autour de lui de garçons subtils et clairvoyants pour lui expliquer les caractères d'un Almereyda et d'un Landau. Mais, bah! qu'était-ce que cela à côté de la victoire de la Marne! Erreur grave. Les Caillaux, les Malvy, les Almereyda, les Landau contrecarrent les victoires de la Marne. Ils en amortissent le dommage pour l'Allemand et le bienfait pour le Français. Sa remarquable flexibilité, son aptitude à concevoir les contraires, en s'imaginant qu'il les concilie, ont, dans ce cas, joué un tour à Briand. L'affaire Caillaux-Malvy en pleine guerre, c'était le cas ou jamais de renoncer, en l'honneur de la France meurtrie, à tous les plaisirs de la souplesse.

Ni Ribot, ni Painlevé, chacun selon son aveuglement, ici mathématique et là doctrinaire, n'avaient rien compris aux manœuvres de l'Allemagne en France depuis le début des hostilités. Il suffisait de les voir et de les entendre à la Haute-Cour pour en être bien convaincu.

Je l'ai déjà écrit quelque part, la Chambre tient du théâtre et du club. Elle a du théâtre les colères factices, les attendrissements injustifiés, les passages soudains du froid au chaud et de l'engouement au dénigrement. Elle a du club la camaraderie, ajoutée à la non clairvoyance. Un « grec » habile disait : « C'est dans les cercles les plus chic qu'il est le plus facile de tricher. » Il en est de même au Palais Bourbon. Les députés voyaient chaque jour Caillaux, Malvy, Loustalot, Turmel, comme les sénateurs voyaient Charles Humbert. Ils s'amusaient, les uns et les autres, de la prétention hautaine de Caillaux, de l'ivrognerie de Turmel, de la grossièreté d'allures de Charles Humbert, des mauvaises relations de Malvy. Ils n'allaient pas plus loin. Tout cela est très humain et il n'y a pas lieu de s'en indigner. On connaît le mot de la dame du monde : « Voleur, ce monsieur que j'ai eu comme voisin de table quatre fois chez les X..? Allons donc ! » Tel fut au début le raisonnement de tous les caillautistes et de tous les malvystes.

Cela m'est apparu clair comme le jour le 27 juin 1917, lors de ma visite à Maginot, député de la Meuse, membre de la commission de l'armée, blessé de guerre, alors ministre des Colonies.

Maginot dînait, au printemps de 1917, chez nos amis Fayard en compagnie de Jacques Bainville. La conversation vint sur Malvy, dont je dénonçais les agissements dans *l'Action Française*, en l'appelant l'Inexplicable, à cause de la censure. Maginot défendant Malvy, Bainville lui dit : « Voyez donc Daudet, il vous racontera des choses qui peut-être vous intéresseront. — Soit, dit Maginot, je verrai Daudet. » Quelque temps après, par une belle journée d'été, je franchissais le seuil du ministère, rue de Varennes, et m'asseyais, dans un petit salon, devant une table couverte de numéros du *Bonnet Rouge* et du *Pays* de Dubarry. C'était le moment de la grande propagande défaitiste. Introduit presque aussitôt dans le cabinet ministériel, je découvris un grand et solide garçon, à la physionomie ouverte, sympathique, qui me plut. Je lui exposai de mon mieux ma petite affaire. Il prenait de vagues notes sur un carnet, mais je sentais bien que je lui faisais l'effet d'un romancier tartarinesque, emporté par son imagination mélodramatique. Cependant, quand je précisai les relations de Malvy et d'Almereyda, ainsi que le cas de Duval et de ses nombreux passeports, j'aperçus un léger trouble sur le visage de mon interlocuteur, comme si ces noms-là ne lui avaient pas été tout à fait inconnus. Ce ne fut qu'une impression très rapide. J'eus aussi le sentiment, peut-être téméraire, que certains points de la psychologie de Malvy l'intriguaient. Au moment de nous quitter : « M'autorisez-vous, me dit Maginot, à rapporter notre conversation à M. le président du Conseil ? » (C'était alors le sénateur Ribot.) Je répondis : « Je vous le demande. » J'ai su depuis que la commission en effet avait été faite, et que le papa Ribot, qui se ressaisit ensuite, avait alors été fort troublé par la coïncidence de cette communication et de la saisie du chèque Duval, effectuée à mon insu trois semaines auparavant.

A mon insu et cependant à mon instigation. Le contrôleur Moreau, de la Sûreté générale, fonctionnaire intelligent et patriote, a raconté en effet à la Haute-Cour qu'il fut mis sur la piste de Duval, administrateur du *Bonnet Rouge*, fusillé depuis, par une lettre anonyme, mais circonstanciée, interceptée dans mon courrier. Aussitôt, se méfiant de Malvy, il donna l'ordre secret de filer Duval, de le fouiller au besoin à la frontière, en spécifiant que les résultats de l'enquête devraient lui être transmis sous double enveloppe. Admirons ici une fois de plus comment une mesure de police illégale, illicite et injustifiée — viol et détournement d'une correspondance privée — s'est trouvée servir indirectement à la manifestation de la vérité.... « Le diable porte pierre », a dit Mistral.

Pour en revenir à Maginot, je tiens à signaler ici la loyauté de son attitude dans toute cette histoire. Pris à partie violemment par les malvystes pour avoir rempli son devoir, en cherchant à se renseigner sur Malvy, il déclara que je lui avais fait l'effet d'un homme « passionné », mais de bonne foi. Je n'étais nullement passionné, mais, le sachant lié personnellement avec Malvy, je tenais à lui communiquer le petit frisson de l'erreur possible dans la bonne opinion qu'il avait de son dangereux collègue. Lui me donna l'impression d'un brave homme qui aime son pays.

Je renvoie le lecteur à mon livre *La Guerre Totale*

pour les événements qui se succédèrent depuis l'intervention de Barrès à la Chambre (7 juillet 1917) et le discours historique de Clemenceau au Sénat (22 juillet 1917), jusqu'à la démission de Malvy (31 août), félicité, quelques jours auparavant, par le conseil général du Lot. En s'en allant, le ministre, jusqu'alors inamovible, déclara qu'il allait, par la voie de la presse, répondre à ses accusateurs. Il n'en fit rien. Depuis l'arrestation d'Almereyda, je ne cessais de demander à être entendu, en présence de Malvy, par les deux Commissions réunies de l'armée à la Chambre et au Sénat. Mon projet était d'accuser ouvertement Malvy et son acolyte Leymarie de l'assassinat d'Almereyda et de complicité de trahison, en donnant mes raisons. Car j'estimais que la petite plaisanterie d'un journal allemand en plein Paris, tel que le *Bonnet Rouge*, subventionné par le ministre de l'Intérieur, avait assez duré et coûté assez cher à la nation.

Quelques semaines passèrent, au milieu de la colère causée par la révélation successive du rôle d'Almereyda, de Duval, de Landau, de Marion, de Goldschild, de Bolo, et des responsabilités plus hautes — que le public commençait à entrevoir — de Caillaux, de Malvy, de Leymarie, et de plusieurs fonctionnaires de police. La censure des cabinets Ribot et Painlevé biffait impitoyablement la moindre allusion à ces importants personnages. Nous avons, dès le début de la guerre, préconisé, puis défendu vigoureusement, à *l'Action Française*, l'institution indispensable de la censure; mais il ne faut pas confondre la réserve qui s'impose en matière diplomatique et militaire, avec le silence forcé sur des stupres ou des canailleries mettant en péril la Défense

Nationale. Aussi ma perplexité était grande. D'une part, je distinguais nettement le péril que Caillaux, Malvy et leur clan tout-puissant faisaient courir au pays. De l'autre, je voulais éviter tout scandale susceptible de dégénérer en agitation.

Sur ces entrefaites, je reçus un coup de téléphone d'Henry Bérenger, rapporteur de la commission de l'armée au Sénat, me demandant de lui fournir certains renseignements sur des naturalisés suspects. Je connais de longue date Henry Bérenger, qui venait autrefois assidûment chez Alphonse Daudet. Mon père appréciait fort son agrément personnel, son intelligence et sa culture. Une interruption de nos relations, due à des divergences politiques, n'avait nullement affaibli une sympathie réciproque, fortifiée de souvenirs communs. J'allai trouver Bérenger dans le ravissant appartement qu'il habite à quelques pas de la Madeleine et d'où l'on découvre les frises du monument. Il n'avait pas changé : même œil vif, même accueil cordial, même parole chaude et précise. Nous voilà devisant de Rabbat, de Garfunkel et autres lascars de défaitisme et de trahison. J'étais cette fois plus près de mon interlocuteur que du brave Maginot, et je lui fis part de mes découvertes, de mes soupçons et de ma conviction avec une entière confiance.

Au cours de la causerie, Bérenger — effrayé comme moi par l'extension de menées criminelles, sur lesquelles il était documenté de première main — me montra une pièce personnelle, concernant les mutineries militaires qui, en mai et juin 1917, avaient donné de réelles inquiétudes. Cette pièce, que je vois encore, corroborait les nombreux rapports qui me venaient de tous côtés sur l'origine occulte, mais certaine, de ces mutineries, fabriquées dans l'ombre du *Bonnet Rouge* et de la *Tranchée Républicaine*, avec la complaisance de l'Intérieur. Aucun esprit sérieux, ayant l'habitude de l'observation, concevant les relations de cause à effet, n'admettra jamais qu'un même jour, à une même heure, des troubles éclatent simultanément dans des formations éloignées les unes des autres et placées dans des conditions différentes, sans qu'il y ait eu préparation, provocation et concert criminel.

Je dis à Bérenger : « Voulez-vous me confier cette pièce, pour que je l'étudie à loisir ? »

Il me répondit : « Soit, mais ne la communiquez, bien entendu, à personne. Encore qu'elle n'ait aucun caractère officiel, cela me désobligerait. » J'insiste sur ces détails, parce que les déplorables laveurs de Malvy ont affirmé depuis, mensongèrement, que j'avais établi toute mon accusation sur le document Bérenger et que je l'avais même qualifié de « pièce massue ». C'est faux. Le document en question — fort intéressant malgré certaines erreurs de détail — ne faisait que recouper, sur deux points, le fameux rapport, si complet, du général Nivelle, en date du 28 février 1917 et celui, non moins précis, du général Pétain, en date du 29 mai suivant. Ces pièces, alors assez secrètes, sont aujourd'hui connues de tous, à la suite des débats de la Haute-Cour.

Une semaine passa. Le dimanche 30 septembre, sentant que, si je tardais davantage, l'affaire se perdrait dans le sable et que la trahison continuerait à sévir, au grand dommage des combattants, je pris mon élan. J'usai du moyen le plus discret et aussi le plus légal : une lettre de dénonciation privée au « premier magistrat du pays », selon la constitution républicaine. C'est ainsi que le royaliste que je suis cédait, en cette occasion, au patriote dans le choix même de mon correspondant.

Voici cette lettre, qui a fait couler beaucoup d'encre et soulevé, malgré moi, d'étranges passions, mais accéléré aussi la justice :

Monsieur le Président,

Je m'adresse à vous parce qu'il importe que vous soyez averti de ce qui n'est plus un secret pour beaucoup de personnes, parce qu'aussi vous avez un grand rôle à jouer, et que vous pouvez sauver la France.

M. Malvy, ex-ministre de l'Intérieur, est un traître. Il trahit la défense nationale depuis trois ans avec la complicité de M. Leymarie et de quelques autres. Les preuves de cette trahison surabondent. Il serait trop long de vous les exposer. Sachez seulement que M. Malvy a fait renseigner exactement l'Allemagne sur tous nos projets militaires et diplomatiques, notamment par la bande d'espions du Bonnet Rouge et son ami Vigo, dit Almereyda, et par le sieur Soutter, directeur de la Maggi Kub. C'est ainsi que le haut commandement allemand a connu point par point, pour ne citer qu'un exemple, le projet d'attaque du Chemin des Dames (voir le journal espagnol l'A B C, du 23 juillet 1917), dès que M. Malvy fut admis au comité de guerre, aux applaudissements du Bonnet Rouge. Sachez aussi que des documents d'une authenticité indiscutable montrent la main de M. Malvy et de la Sûreté générale dans les mutineries militaires et dans les tragiques événements du mois de juin 1917. Il vous-

appartient, monsieur le Président, de vérifier le bien-fondé de ces accusations par une rapide enquête, ce qui sera facile, et de faire prompte justice, car le bruit court que l'Allemagne, pour jeter le trouble dans les esprits, s'apprêterait à brûler d'ici peu M. Malvy, devenu inutile à sa cause. Le seul moyen de détruire le plan allemand est donc de prendre les devants et de déférer aux tribunaux militaires le misérable par qui la France a été livrée morceau par morceau à l'ennemi. De toutes façons, remplissant ce que je crois être mon devoir de Français vis-à-vis de vous, monsieur le Président, je prends date en vue d'événements ultérieurs et vous demande de croire à mes sentiments respectueux et dévoués.

Léon Daudet.

En somme, alors que Clemenceau, deux mois et demi auparavant, accusait Malvy de trahir « les intérêts de la France », je l'accusais, moi, de trahir la France. Question de degré. Comme dit Maurras, le premier degré, c'est la trahison de Bazaine, le second, c'est celle de Judas.

Je note aussi qu'il n'était nullement question, dans ma lettre, de limiter la responsabilité des mutineries à l'affaire de Cœuvres, ainsi qu'il a été prétendu à la Haute-Cour. Les documents « d'une authenticité indiscutable », auxquels je faisais allusion, n'émanaient pas seulement de la communication tout amicale d'Henry Bérenger.

En remettant cette lettre, qui exprimait ma conviction profonde, au concierge de l'Élysée, par une magnifique journée d'automne, je me disais : « Il est possible que le président de la République m'appelle. Il est possible aussi qu'il jette ma lettre au panier. Dans le premier cas, je lui apporterai le dossier qui a formé mon opinion sur cette affaire, connexe à l'affaire Caillaux et à quelques autres. Le juriste consommé qu'est Mⁱ Poincaré saura bien trouver les voies et moyens de faire mener discrètement l'enquête préliminaire indispensable. Dans le second, j'aurai pris date et délivré ma conscience. De toutes façons je n'ai rien à me reprocher, au triple point de vue patriotique, légal et simplement humain. » Là-dessus, comme dans toutes les circonstances importantes de ma vie depuis vingt ans, j'allai mettre un cierge à l'autel de Notre-Dame-des-Victoires — (un ancien ministre, du nom de Maurice Raynaud, expert en toutes mômeries politiques, m'a vivement reproché, dans un article, mes « mômeries religieuses ») — et j'attendis.

Je n'attendis pas longtemps. Le lendemain lundi nous étions convoqués, Maurras et moi, au Ministère de la Guerre, devant MM. Painlevé, président du Conseil, Steeg, ministre de l'Intérieur et Raoul Péret, garde des Sceaux. Au sortir de cette séance, nous rédigions ensemble, en réunissant nos souvenirs tout frais, le compte rendu que voici de la mémorable entrevue.

Le lundi 1ᵉʳ octobre, vers 6 h. 30 du soir, un officier s'est présenté aux bureaux de *l'Action française* et a rempli le bulletin suivant :

« Lieutenant Prince.

« M. le Président du Conseil désirerait voir le plus tôt possible M. Léon Daudet et M. Charles Maurras. »

Traversant le couloir à ce moment-là, Maurras demanda si le lendemain serait assez tôt.

« Non, autant que possible ce soir. »

Maurras alla prévenir Daudet.

Cinq minutes plus tard, ils montaient l'un et l'autre dans l'automobile militaire qui avait amené le lieutenant Prince et qui les conduisit au ministère de la Guerre.

Sur le perron, Daudet, qui habitait alors la banlieue, et à qui cette visite inopinée causait un retard, demanda que la même automobile pût le ramener au journal, ce qui fut entendu et qui fut fait.

Au bout de quelques minutes d'attente au premier étage, Daudet et Maurras furent reçus par un fonctiontaire d'allure universitaire, en qui Maurras crut reconnaître un ancien ami de Vaugeois, M. Pécaut, chef de cabinet de M. Painlevé.

M. Pécaut, ou son sosie, tendit vivement la main à Daudet et à Maurras, qui firent de même.

Sans dire un mot, ce fonctionnaire les introduisit dans le cabinet de M. Painlevé, qui accueillit les deux visiteurs la main tendue.

La poignée de main échangée, Maurras reconnut au fond de la pièce M. Steeg, ministre de l'Intérieur.

Ayant su que, malgré ses origines, M. Steeg avait, ces temps-ci, défendu avec une vivacité méritoire, les intérêts de l'ordre et de la France contre l'anarchie clémenciste et l'intrigue caillautiste, Maurras alla à lui :

« Monsieur Steeg, n'est-ce pas ? » et échangea également une poignée de main avec lui.

Un troisième personnage se tenait à côté de M. Painlevé qui omit alors de le présenter.

Quand tout le monde fut assis, le Président du Conseil commença par déployer le numéro de *l'Action française* du matin et se plaignit de la publication de quatre lignes qui, disait-il, risquaient de livrer un chiffre et, par suite, un agent. Daudet et Maurras, surpris, firent observer que :

1° Ces lignes n'avaient pas été remarquées ni visées par la censure ;

2° Qu'elles parlaient d'un fait déjà antérieurement indiqué dans le journal ;

3° Que ce fait, remontant à la fin de l'hiver ou au début du printemps dernier, était de l'histoire ancienne et ne pouvait avoir livré un chiffre, les chiffres étant changés fréquemment.

Un peu contrarié, comme si un prétexte lui eût échappé, M. Painlevé conclut : « Puisque le renseignement a déjà été donné, je ne puis vous suspendre huit jours comme j'en avais le projet. Mais je ne saurais trop vous engager à la plus grande prudence. Il faut nous censurer nous-mêmes.

— C'est ce que nous faisons, monsieur le Président du Conseil.

— Il faut signaler vous-mêmes à la censure les points qui vous semblent délicats.

— C'est ce que nous faisons. Nos rapports avec la censure sont excellents.

— Oui, je sais, répondit le Président du Conseil, que vous êtes très dociles aux ordres de la censure.

— Parbleu ! Nous avons été les premiers à la réclamer à la veille de la guerre et les seuls à la défendre depuis. »

Ainsi finit la première partie de l'entretien, qui avait bien pu durer dix minutes.

Un peu hésitant, tâtonnant, M. le Président du Conseil changea la conversation. S'adressant non plus aux deux directeurs de *l'Action française*, mais à Daudet seul :

« Vous avez écrit une lettre à M. le Président de la République?

— Certainement.

— Une lettre portant une accusation terrible...

— Terrible, mais vraie.

— Vous estimez vraiment que M. Malvy est un traître?

— C'est la vérité.

— Comment serait-ce possible? »

Daudet regarda M. le Président du Conseil, et, haussant les épaules ;

« Sturmer ! »

M. Painlevé reprit :

« C'est une obsession de votre part. A force d'y penser, vous avez fini par ne plus voir que M. Malvy. Tout cela doit être infiniment exagéré.

— Je n'exagère rien. Je dis la vérité. Il y a trop de faits patents portés à ma connaissance. »

Ici, Daudet expose un certain nombre de faits qui parurent inspirer une vive curiosité aux trois auditeurs. Ils se rapprochèrent, et le personnage qui n'avait pas été présenté demanda au Président du Conseil de vouloir bien le nommer à MM. Daudet et Maurras.

« M. Raoul Péret, garde des sceaux. »

Nouvelles salutations, après lesquelles Daudet continua à exposer, en termes d'ailleurs très généraux, par allusions brèves, quelques-uns des actes criminels de nature à retenir l'attention des pouvoirs publics.

Les trois ministres donnaient parfois des signes non équivoques de surprise.

A l'un des plus caractéristiques des actes cités par Daudet, Maurras se retourna vers M. Steeg, debout à sa gauche, et s'écria :

« Comment ! M. le ministre de l'Intérieur ne savait pas cela ?

— Non, répondit M. Steeg, avec un sourire attristé.

— Alors, déclara Daudet, je vais donner lecture à ces messieurs d'une pièce intéressante, que j'ai précisément sur moi. »

Et Daudet lut un document, que l'on ne peut appeler le point capital de son enquête, mais qui en représente un des éléments à considérer.

Le procès-verbal que voici pouvant être rendu public, les signataires ne croient pas devoir analyser ici ce document. Il leur suffit de préciser que certains faits graves y sont consignés ; que le capitaine Bouchardon en a reçu la communication ; enfin, que le rapporteur de la Commission de l'Armée au Sénat a fait devant le capitaine Bouchardon, à l'appui de ce document, une déposition qui le confirme et l'authentique.

Cette lecture faite; la conversation a recommencé.

Daudet a exposé comment il a été mis sur la voie des complaisances criminelles de M. Malvy par la conduite privée de ce ministre, dès les premiers mois de guerre; par le scandale public qui en résultait; puis la tourbe des gens perdus et tarés dont M. Malvy s'entourait.

« Comment, avec un tel entourage, s'est écrié Daudet, a-t-il pu être maintenu trois ans au ministère de l'intérieur?

— C'est, a répondu M. Painlevé, qu'i a maintenu la paix sociale, qu'il nous a donné trois ans de tranquillité.

— Vraiment, a répondu Maurras; mais n'importe qui, dans l'état d'esprit de la France, en aurait fait autant! Tout ministre était obligé de s'entendre, aussi bien que M. Malvy, avec les organisations ouvrières; tout le monde en tombait d'accord sans distinction de parti. Et voyez! vous aviez un ministre socialiste, Albert Thomas. Eh bien! l'*Action française* l'a soutenu tant qu'elle a pu.

— En effet, répond M. Painlevé.

— Mais on ne peut dire, a poursuivi Maurras, que M. Malvy ait maintenu la paix sociale. Dès juin 1915, M. Malvy a laissé Vigo publier dans son journal d'infâmes provocations contre les royalistes; chaque jour, Daudet et moi, nous avons été diffamés dans notre honneur personnel et dans notre honneur de Français par la bande que M. Malvy subventionnait. Ces provocations s'expliquaient par le fait que l'on voulait avoir à Berlin des incidents violents entre royalistes et républicains, pour rompre l'union des Français devant l'ennemi. Ce malheur n'a pas eu lieu parce que nous ne l'avons pas voulu; Daudet et moi, nous avons donné des ordres formels pour que nul étudiant d'Action française, nul camelot du roi, nul jeune permissionnaire ne se laissât aller à la moindre riposte contre le plus violent de tous ces outrages.

— Et cependant, s'écria Daudet, les calomnies contre ma famille étaient soigneusement envoyées à ma mère, numéro par numéro,

— Malgré tout, insista Maurras, notre ordre fut donné et fut respecté. Ne pas bouger, c'était le seul moyen de faire échouer la provocation allemande.

— Pourtant, dit le garde des sceaux, les amis de Vigo ne pourraient-ils élever contre vous la plainte que vous élevez contre eux ?

— En aucune façon, dit Maurras. L'avocat de Vigo a dû reconnaître que son client n'avait été l'objet d'aucune provocation de notre part ; bien mieux, quelques mois avant cette agression stylée par l'Allemagne, le journal de Vigo nous avait décerné je ne sais quel brevet de « correction » dans l'affaire du général Percin. L'agression a été soudaine et sans explication apparente et, je le répète, sans provocation de notre part. Ce point chronologique est de grosse importance.

— Assurément, dit le garde des sceaux.

— Cette date, poursuit Maurras, établit qu'en juin 1915, M. Malvy subventionnait Vigo, à l'heure où Vigo publiait contre ses concitoyens des provocations qui ne pouvaient profiter qu'à Berlin. Singulière façon de faire régner la paix sociale !

— Mais enfin, dit Daudet, il faut aboutir : que va-t-on faire ? J'ai dénoncé une trahison, quel cours va suivre cette affaire ? »

Ici les trois ministres examinèrent avec Daudet et Maurras quelle marche pouvait être suivie.

Quelqu'un mit en avant l'idée d'une plainte au garde des sceaux. Elle fut écartée.

Daudet énuméra alors un certain nombre de moyens qui lui semblaient impraticables, notamment une lettre « J'accuse » comme celle de Zola en 1898...

« Pas devant l'ennemi, interrompit Maurras.

— Évidemment, répondit Daudet, mais alors ? »

De proche en proche, les cinq interlocuteurs conclurent que le mieux serait que Daudet adressât au capitaine Bouchardon une demande d'être entendu dans l'affaire du chèque Duval, qui touche, par un côté, à l'affaire Malvy. C'est à ce parti que Daudet s'arrêta définitivement le lendemain, et il en avisa le président du Conseil, par une lettre annexée au présent procès-verbal.

Le véritable objet de la conversation était épuisé ; la pendule marquait huit heures moins deux, quand les interlocuteurs se levèrent.

En se dirigeant vers la porte, Daudet, continuant à montrer de quelle façon désastreuse la France a été livrée par les bureaux de M. Malvy, cita un mot d'un haut fonctionnaire de la Sûreté générale à un agent du contre-espionnage. Cet agent avait rendu à la Défense nationale d'utiles services ; en guise de remerciements, le subordonné de M. Malvy lui dit :

« Eh bien ! permettez-moi de vous dire que vous faites-là un bien sale métier ! »

Les trois ministres ne purent retenir un rire d'indignation. Sur quoi les mains furent tendues et serrées de nouveau, Daudet et Maurras regagnèrent le véhicule officiel, qui les rendit à leur journal.

Cet entretien a eu lieu, nous le répétons, le lundi 1er octobre au soir, par conséquent trois jours entiers avant la séance du jeudi 4 octobre, à la Chambre des députés. En lisant, dans l'*Officiel* du 5, la déclaration indignée et scandalisée de M. Painlevé, les soussignés ont eu quelque peine à reconnaître le ton et l'allure de la conversation très paisible et très libre qu'ils avaient eue avec lui trois jours auparavant.

Signé : Léon Daudet, Charles Maurras.

Ce que ne rend pas ce compte-rendu, dans sa sécheresse volontaire, c'est le caractère psychologique de cette réunion de trois ministres en fonctions, entendant accuser formellement un de leurs collègues. Steeg, qui a une honnête figure appliquée, mais que les liens d'une camaraderie étroite attachaient à Malvy, soufflait dans son nez comme un homme qui a chaud. Cependant il ne manifesta aucune surprise indignée et il y avait même comme une nuance de curiosité dans son attitude, au moment de la lecture du document concernant les mutineries. Painlevé laissait paraître un mélange de trouble et d'ennui : « Qu'est-ce qui m'arrive encore là ! » n'impliquant d'ailleurs aucune certitude mathématique de l'innocence de Malvy. Raoul Péret avait de beaucoup l'attitude la plus ferme, et en même temps la plus détachée du fond de l'incident. Il me fit très bonne impression. C'était manifestement un monsieur qui n'avait aucun fil à la patte et qui ne demandait qu'à faire son devoir, du moment qu'on lui en fournissait les moyens.

Le moment le plus singulier fut celui où nous cherchâmes, d'un commun accord, à quelle sauce juridique devait être accommodé Malvy. Car visiblement, à cet instant précis, la possibilité de la culpabilité de l'ancien ministre de l'Intérieur était apparue même à Painlevé et à Steeg. Du moins n'en envisageaient ils plus l'hypothèse avec une incrédulité absolue. Les quelques remarques topiques de Maurras, faites avec la précision qu'on lui connaît, leur avaient donné à réfléchir.

Dès le lendemain, j'adressai au Président du Conseil la lettre suivante :

*A Monsieur Paul Painlevé, ministre de la Guerre,
président du Conseil.*

Monsieur le Président,

Comme suite à notre conversation d'hier soir, j'ai l'honneur de vous faire savoir et de vous demander de faire savoir à M. le Garde des Sceaux et à

M. le ministre de l'Intérieur, que je demande à être entendu par M. le capitaine Bouchardon, au sujet des complaisances criminelles et de la complicité de M. Malvy, ancien ministre de l'Intérieur, et de certains services de la Sûreté générale et de la Préfecture de police, dans l'affaire du chèque Duval et autres.

J'annonce le fait, sans commentaires, dans l'Action Française de ce soir, ainsi qu'à mes confrères de Paris. Vous pouvez compter sur notre patriotisme, pour que cette opération chirurgicale, indispensable au salut du pays et à la victoire, se passe dans le calme et la sérénité qui conviennent à la justice du temps de guerre.

Veuillez agréer, Monsieur le Président du Conseil, avec ma reconnaissance pour l'attention que vous, M. le Garde des Sceaux et M. le Ministre de l'Intérieur, avez bien voulu me prêter, l'assurance de ma très haute considération.

LÉON DAUDET.

J'étais convaincu, à ce moment-là, que l'affaire se déroulerait en effet de façon normale et tranquille. Mais, patatras! Deux jours plus tard, à la séance du 4 octobre à la Chambre, Malvy, payant d'audace, mettait Painlevé en demeure de donner publiquement lecture de ma lettre au Président de la République — lettre que Painlevé avait eu la faiblesse de lui communiquer — et ainsi s'enferrait lui-même. Ce fut un beau tapage et tel que les **annales** parlementaires en ont rarement enregistré de plus grotesque et de plus vain. C'est là que Painlevé, changeant d'attitude, sous la pression de l'ambiance, comme un toton qu'il est, déclara qu'il me donnait 48 heures

pour apporter mes preuves, faute de quoi les mesures administratives les plus rigoureuses seraient
prises contre *l'Action Française.* C'était idiot, attendu
qu'il fallut plusieurs mois à la commission d'instruction de la Haute-Cour pour mener à bien une enquête à la suite de laquelle M. le Procureur général
Mérillon conclut à la culpabilité de Malvy comme
complice de trahison. Lors de cette même séance,
Caillaux, se sentant indirectement atteint, après
avoir donné les signes de la plus vive agitation, proféra les sons que voici :

*— Sommes-nous d'accord sur la réponse politique
que, dans une question politique — car tout est
dominé par cela... (Exclamations et dénégations au
centre et à droite.) — Si, Messieurs, en dépit des
questions juridiques, c'est une question politique qui
domine le débat. Il s'agit de savoir si, aux accusations portées contre un ancien ministre, de la République qui a été le collaborateur de plusieurs
présidents du Conseil successifs, et qui a servi la
France dans des conditions difficiles, il serait fait
une réponse, dans la mesure où le Gouvernement
peut faire une réponse. Il veut déposer un projet de
loi qui donne des armes qui ont souvent manqué dans
le passé contre des campagnes de calomnie. Sommes-
nous d'accord ?*

M. LE PRÉSIDENT DU CONSEIL. — *Oui, je l'ai dit.*

C'est ainsi que Paul-Prudent Painlevé s'associait
au vœu de Caillaux contre la liberté de la presse
française ! Il a dû le regretter amèrement depuis. En
revanche, un autre député, mobilisé celui-là,
M. de Monplanet, que je remercie ici publiquement,

après tant de temps écoulé, fit la déclaration suivante :

M. DE MONPLANET. — *On a parlé ici de bâillonner
la presse. Les uns l'ont fait avec brutalité, les autres
y ont mis une certaine forme ! En tout cas, dans
quelques jours on supprimera sans autre forme de
procès un journal, qui a fait preuve de beaucoup
d'indépendance. Je ne suis pas comme vous toujours
à Paris...*

M. DALBIEZ. — *Nous n'avons que faire de vos le-
çons... Vous n'êtes pas encore blessé. (Bruits à droite.)*

M. DE MONPLANET. — *Je m'excuse de n'être pas
encore mort. Je suis prêt à accorder ma confiance au
Gouvernement, mais ce n'est pas en muselant les
chiens de garde qu'on risque d'être bien gardé.
Léon Daudet a mené depuis trois ans et avant la
guerre la plus utile campagne sur l'espionnage allemand.*

VOIX A GAUCHE. — *Non ! Son livre est un livre de
chantage.*

Je me suis creusé la tête pour savoir ce que voulait dire cette « voix à gauche », en taxant de livre
de chantage *l'Avant-Guerre !* Je n'ai pas encore
trouvé. C'était sans doute un ami d'Almereyda ou
un lecteur du *Bonnet Rouge* qui parlait ainsi, sans
connaître un mot de mon bouquin.

Le 15 octobre suivant, Painlevé adressait à la
presse, par la voie Havas, le communiqué suivant,
où le résultat d'une enquête *administrative*, som-
maire et bâclée, est donné comme décisif, et où
l'on cherche à influencer l'autorité judiciaire... tout
en déclarant qu'on ne l'influencera pas :

Les ministres se sont réunis ce soir en Conseil de cabinet, sous la présidence de M. Painlevé.

Le président du Conseil, ministre de la Guerre, a communiqué au Conseil les résultats de l'enquête à laquelle il a procédé, au lendemain de la séance de la Chambre du 4 octobre, sur les accusations de trahison portées contre M. Malvy, ancien ministre, membre du comité de guerre.

Le gouvernement a constaté que l'enquête démontre que toutes ces accusations, visant soit des communications à l'ennemi de documents militaires ou diplomatiques, soit des participations à des désordres militaires, ne reposent sur aucun fondement.

Le gouvernement est résolu à ne pas empiéter ou laisser empiéter sur les attributions de l'autorité judiciaire, qui poursuivra son œuvre jusqu'au bout avec une indépendance absolue, conformément aux déclarations ministérielles. Mais il a considéré comme un devoir de faire justice dans l'intérêt de la paix intérieure et du moral de la nation d'accusations dont la fausseté est démontrée et qu'il livre au jugement de la conscience publique.

Car, entre temps, j'avais été convoqué par le capitaine Bouchardon pour déposer, devant lui, comme il avait été convenu avec les trois ministres, dans l'affaire dite « du chèque Duval et autres ».

Je vois encore mon arrivée au Palais de Justice par cette jolie matinée d'octobre, les photographes braquant leurs appareils, l'escalier menant au troisième conseil de guerre, le petit couloir, le chien « Planton », les bonnes figures des gardes de Paris et la longue salle des délibérations, éclairée d'un jour tombant de haut, tamisé, grisâtre, où je fis ma

7° Passeports, permis de séjour, rappels d'arrêtés d'expulsion en faveur d'agents ennemis des deux sexes.

8° La propagande de défaitisme russe.

9° Le cas de Guilbeaux et celui de Routier.

10° Les passeports de Duval, de Marion et d'Almereyda.

11° Le dossier des mutineries militaires.

12° Le dossier du Chemin des Dames et les relations du ministère de l'Intérieur avec certaines personnalités suisses.

L'exposé de ces diverses affaires prit un certain nombre de séances. Je plaignais le bon greffier Guillaume, qui recueillait toutes ces histoires en trempant son stylo dans une pauvre petite bouteille d'encre de deux sous. Car j'ai rarement vu service plus important aussi mal installé que celui du rapporteur près le troisième conseil de guerre. A ce moment, le capitaine Bouchardon n'avait même pas à sa disposition une armoire fermant à clef, pour mettre en sûreté ses dossiers. Son bureau particulier était un fouillis de notes et de feuilles volantes, de livres et d'imprimés, comparable à celui de Maurras dans notre première installation de la Chaussée d'Antin. Il le constatait avec mélancolie. A la fin de chaque séance, il me disait :

« Quel sujet abordons-nous demain, monsieur Daudet ?

— Ceci et ceci, mon capitaine.

— Bien. Combien de temps à peu près ?

— Deux, ou trois, ou quatre heures environ.

— Bien. Demain j'ai un témoin dans l'affaire Bolo, de deux à trois heures. Alors, trois heures cinq, si vous voulez bien. »

Ce magistrat si occupé est d'une exactitude ponctuelle. Sa mémoire est réellement prodigieuse. La mienne n'est pas mauvaise, puisque je me rappelle encore, après trente ans écoulés, telle tirade de Cicéron, ou telle ode d'Horace, ou telle scène de Shakespeare, ou les insertions des muscles de la face sur les os, ou les nerfs du crâne, ou la structure du foie, ou une leçon de Charcot à la Salpêtrière ou de Potain à la Charité. Mais la façon dont le capitaine Bouchardon s'y reconnaissait dans le dédale de ces affaires de trahison m'émerveillait. A un certain tournant de ma déposition, je lui parlai de l'affaire Lenoir-Desouches que je croyais être, avec Henry Bérenger, le seul à connaître et qui n'était pas encore sortie en octobre 1917. Il sourit et me montra, en quelques mots, qu'il était au courant. Or, dans le même temps, il instruisait l'affaire Bolo et celle du *Bonnet Rouge*. Les noms, les chiffres, les dates, les circonstances, tout était étiqueté dans son souvenir et il ne commettait jamais une erreur. Je plains les inculpés qui tombent dans le rayon de son observation. La Reynie, le fameux juge de l'affaire des poisons, qui n'hésita pas à remonter jusqu'à la Montespan, maîtresse du Roi, pour faire justice, devait avoir cette conformation morale et mentale. Rien n'est beau, rien n'est attachant comme l'union de l'acuité intellectuelle et de la force de caractère. Il est bien vrai de dire que la France trouve à point nommé les hommes qu'il faut pour la besogne qu'il faut. Elle a trouvé Joffre, elle a trouvé Foch, elle a trouvé le vieux Clemenceau et elle a trouvé le capitaine Bouchardon. Car il est évident aujourd'hui que, sans Clemenceau et sans Bouchardon, la trahison subventionnée par l'Allemagne aurait eu raison de la France, comme elle a eu raison de la Russie.

Bref j'éprouvai un véritable chagrin, quand ma déposition fut terminée, à ne plus me trouver en rapports avec le capitaine Bouchardon et à ne plus conjecturer, au delà des paroles banales que nous échangions, le travail de son esprit, organisé à la fois pour la science et pour l'art. Car il a le tact du langage français, correct et limpide, comme pas un, et le sentiment des nuances aussi poussé que dans les dialogues de Saint-Évremond ou les *Provinciales* de Pascal. Nous avons là, en vérité, un contemporain extraordinaire, qui devrait écrire ses mémoires et laisserait ainsi un monument. Avec cela une modestie que ces lignes, venant d'un monsieur qu'il a vu six fois, horripileront vraisemblablement. Mais il est bon que ces choses soient fixées par l'imprimé, attendu que « *habent sua fata libelli* » ou, en français, on ne sait jamais ce que deviennent les petits bouquins.

La dernière séance de ma déposition, la salle des délibérations étant occupée, eut lieu dans la salle d'audiences du troisième conseil de guerre, fort impressionnante avec ses bancs noircis, ses vieux fauteuils de cuir, son air de déménagement tragique. Je m'étais assis par hasard à la place du commissaire du gouvernement et le sergent Guillaume me le fit remarquer en riant. Le capitaine Bouchardon allait et venait, selon son habitude. A un moment, pendant une pause, il murmura comme se parlant à lui-même : « Oui, c'est ici que viennent finir ces gens-là. Il est tard. Tout le monde est parti, sauf le conseil de guerre et moi. On leur lit la sentence devant la garde, à la lueur des quinquets. (L'hiver commençait.) Souvent ils ont une syncope et on les emporte comme s'ils étaient déjà des cadavres. » Mais il faudrait entendre l'accent et voir ce sérieux et fin visage baissé, comme se remémorant la scène.

Je pus me rendre compte que le greffier Guillaume l'admirait et l'aimait beaucoup. C'est un grand signe de supériorité que cette influence sur le collaborateur immédiat, qui vous voit et qu'on fréquente assidûment.

Les deux premiers jours, les reporters des principaux journaux d'information me guettaient à ma sortie du Palais de Justice et cherchaient à me tirer les vers du nez. Mais je suis un vieux de la vieille et je ne dis que ce que je veux bien dire, de sorte que rapidement tout ce petit monde se lassa. Les feuilles défaitistes affirmaient que je n'avais rien dans mon sac et que j'allais à un « effondrement ». C'est le terme consacré. J'ai déjà signalé mon indifférence totale — et qui tient à ma forte constitution et à mon appétit régulier — à l'égard des attaques, menaces, injures, malédictions des adversaires. La plupart du temps je n'y jette qu'un coup d'œil distrait et les repasse à notre *Revue de la Presse*, où nos collaborateurs se chargent de répondre, s'il y a lieu. En revanche les témoignages d'amitié, venant d'amis ou d'inconnus, me font plaisir. Le polémiste doit être ainsi, goûtant le miel, négligeant le fiel, et invariablement de bonne humeur.

J'ai déposé, dans cette seule affaire Malvy, une première fois, pendant cinq ou six jours, devant le capitaine Bouchardon ; une seconde fois, pendant trois jours, devant la commission d'Instruction de la Haute-Cour ; une troisième fois, pendant six heures environ, devant la Haute-Cour elle-même. C'est une dépense de forces. J'y parais en faisant chaque fois trois copieux repas par jour, comme pour un duel : le matin à neuf heures, chocolat, pain, beurre, confitures, deux œufs sur le plat, une demi-bouteille de vin de Touraine, que je choisis franc et pétillant. A midi, viande rôtie, légumes, salade, fromage, une bouteille de Touraine. A huit heures, de préférence le pot-au-feu, réconfortant admirable quand il est complet, sucré aux carottes et vraiment concentré, légumes, resalade — ce que ma très chère collaboratrice Pampille déclare excessif — et troisième tournée de Vouvray, ou, selon ma fantaisie, de Chinon ou d'un clos voisin. Coucher à dix heures précises.

C'est de cette façon que je tiens le coup, dans les moments où un effort cérébral est nécessaire. Or il est fatigant de déposer et la préoccupation de n'omettre rien d'essentiel, — préoccupation moins vive dans les autres manifestations oratoires, — de présenter en ordre les arguments et les faits exige une réelle tension de l'esprit. Je livre ma recette à mes successeurs.

CHAPITRE II

Un proverbe méridional dit que « Quiconque n'est pas d'or ou d'argent ne saurait faire plaisir à tout le monde. » C'est bien vrai. L'accusation que je portai contre Malvy fut vivement ressentie par les députés qui devaient leur élection à ce ministre, par Caillaux qui se sentait morveux, et par les amis de Caillaux.

La situation, embrouillée depuis à plaisir, était simple : Malvy, se considérant comme diffamé, n'avait qu'à me poursuivre en cour d'assises devant le jury — la plus populaire des juridictions — puisque je l'avais pris à partie comme ministre et dans l'exercice de ses fonctions. Il est vrai que je le mettais en cause dans une lettre privée, et que la divulgation de cette lettre n'était pas de mon fait. Mais, afin de lever toute difficulté sur ce point, j'eus soin de renouveler, à diverses reprises, le délit dans *Action Française*, ce qui, légalement, me découvrait. Malvy ne broncha pas. Évidemment, il avait espéré que la communication falote de Painlevé enterrerait l'affaire, ou qu'une mesure administrative, soufflée par Caillaux, le débarrasserait de *l'Action Française*. A ce moment, le Syndicat de la

Presse parisienne, vis-à-vis duquel je n'avais cependant pas toujours été tendre, montra généreusement les dents et protesta une première fois avec vigueur contre les mesures rigoureuses de suspension sans motif, dont notre journal était continuellement la victime. Il faut vous dire que Painlevé, qui avait fait Directeur de la cavalerie, au Ministère de la Guerre, Pochet de Tinan, beau-frère de la comtesse Greffulhe, fréquentait chez cette dame, que je n'ai jamais vue, à laquelle je n'ai jamais été présenté, mais qui m'a, paraît-il, en horreur parce que je ne suis pas bonapartiste et que j'ai même fait campagne contre l'Empire n° 1 ou n° 2. Il est réel que tout ce qui concerne les Napoléon et napoléonides, depuis Sardou jusqu'à Masson, m'inspire un ennui prodigieux et que j'estime que cette double aventure, qui aboutit, la première fois à Trafalgar et à Waterloo, la seconde à Sedan, ne doit être à aucun prix recommencée. Bref, Painlevé, prenant en considération sans doute les griefs du salon Greffulhe, me soumit à une double censure : la première, greffulhienne ou pochétique, la seconde normale, qui me forçait à remettre mon article du lendemain dès six heures du soir, la veille, à très noble et très haute Suranastasie. Faute de quoi, il était décidé que notre journal serait suspendu quatre ou huit jours. Cette petite blague dura depuis le 4 octobre jusqu'à la chute de Paul-Prudent Painlevé, en novembre.

Naturellement je fus mécontent et, bien qu'il ne soit pas dans mes habitudes de faire intervenir des dames dans mes polémiques, je m'élevai contre l'omnipotence des Greffulhe, comte et comtesse, qui me valaient ces ridicules tribulations, et désolaient

nos abonnés et nos lecteurs. A ce moment, comte
et comtesse Greffulhe, qui veulent bien embêter le
pauvre monde et ces galapiats de journalistes, mais
ne supportent pas qu'on leur rende la pareille, don-
nèrent des signes de vive agitation. Le ménage me
dépêcha une cinquantaine d'ambassadeurs des deux
sexes que j'éconduisis poliment. Ma femme, prê-
chant la paix et la conciliation, me disait : « Tu
devrais bien laisser tranquilles ces braves Greffulhe.
Nous sommes mercredi. C'est la sixième fois depuis
dimanche qu'on me demande d'intervenir en leur
faveur, et les gens vont s'imaginer que je n'y mets
pas un zèle efficace. » Dès que je voyais arriver une
personne de mon entourage, avec une mine de
reproche ou de confidence, je m'écriais : « Je vois
ce que c'est, vous venez de la part des Greffulhe.
Rien à faire! Ils ont eu la première manche, comme
dans la *Tour de Nesle*, avec leur surcensure Painlevé, mais j'aurai la seconde. » Il convient d'ajouter, puisque je suis en train de confesser mon
caractère, que j'ai horreur des relations mondaines,
que j'estime qu'on connaît toujours trop de gens,
que je ne dîne jamais dans le monde, me méfiant
des « coups de fusils » riches, que je n'aime pas le
thé ni les papotages de cinq heures et que je vois
très souvent, et avec trop de plaisir, mes amis pour
fréquenter chez des indifférents. Ceci vous explique
que les Greffulhe étaient et sont encore complètement désarmés vis-à-vis de moi. Il y a bien longtemps que j'ai entendu parler pour la première fois
avec enthousiasme de leur triste salon — jadis littéraire ou soi-disant tel — aujourd'hui politique,
de leurs lugubres chasses et de leur superbe man-
geoire, par l'auteur des *Hortensias Bleus* et des

Roseaux Pensants, mais cela n'a fait qu'augmenter ma joie d'ignorer à tout jamais ces vaines délices. Un sauvage, je vous dis, et jovial par-dessus le marché !

C'est alors que germa, chez le clan Caillaux-Malvy et certains salons défaitistes, le plan machiavélique de noyer les affaires de trahison dans l'invention d'un noir complot, tramé par les royalistes contre la République. C'était absurde, attendu que, depuis le premier jour de la mobilisation, nous avions évité scrupuleusement, dans le journal, tout ce qui eût pu donner naissance à des divisions irritantes devant l'ennemi ; attendu que le duc d'Orléans lui-même nous avait publiquement confirmé ce mot d'ordre, conforme à toute notre ligne politique et à toutes nos déclarations ; attendu que nos partisans, ligueurs et camelots sont aux armées où ils font — comme on sait et comme le montre journellement notre Champ d'honneur — leur devoir jusqu'au bout pour la France. C'était absurde, mais Caillaux et Malvy, se sentant perdus, n'avaient pas le choix des moyens, et n'avaient plus qu'un espoir : brouiller les cartes. La complicité de Painlevé, la faiblesse de Steeg leur paraissaient fournir une occasion favorable à cette tentative désespérée de diversion.

Ce fut le mémorable four connu sous le nom de « complot des panoplies », à cause du trophée, formé de vieux pistolets, de sabres hors d'usage et d'une carabine historique, qui fut saisi rue de Rome, dans les bureaux du journal, par des policiers consternés du rôle ridicule auquel on les astreignait.

Cette histoire tintamarresque fut montée, à l'instigation de Caillaux — dont elle porte la marque torve et maladroite — et de Malvy, par un haut policier de la Sûreté générale du nom de France. Ce France, chargé de surveiller *l'Action Française*, était entré en relations avec un camelot du Roi nommé Josso, réformé de guerre, lequel n'avait eu rien de plus pressé que de nous communiquer ces lettres d'amorçage, signées « Finet », et les réponses qu'il y faisait et pour lesquelles nous le documentions, de la façon que l'on devine. Sommé par notre ami Marius Plateau, à un moment donné, de cesser ce jeu, amusant au début, mais qui présentait des inconvénients à la longue, Josso se vexa et s'aboucha avec Caillaux. Moitié fumisterie, moitié perversité, il affirma à Caillaux et à France qu'il connaissait nos effrayants secrets et qu'il se faisait fort de faire saisir chez nous des armes de conjurés et des documents très compromettants. Caillaux et France marchèrent comme des conscrits et persuadèrent à leur tour Painlevé et Steeg. Quelle semaine ! Rarement la peur, la cornichonnerie, la trahison ont engendré un pareil monstre.

Nous revenions de dîner chez le père Charbois, rue du Faubourg-Saint-Jacques, avec quelques amis, par cette belle soirée un peu froide d'octobre, exactement le samedi 27. Je posais mon paletot et mon chapeau, quand la sonnette tinta à la porte d'entrée. J'ouvris moi-même, les domestiques étaient couchés. Un grand garçon, rédacteur au *Petit Journal*, parut et me demanda, avec quelque embarras, si la perquisition était terminée.

— Quelle perquisition ?

— Il paraît que l'on a découvert un complot où vous êtes inculpé, qu'on a saisi des armes et que c'est très grave.

J'éclatai de rire au nez du nocturne visiteur,

croyant à une petite blague que lui avaient faite des
camarades sans miséricorde. Il s'excusa et disparut.
Cinq minutes après, un groom de *l'Action Française*
m'apportait un mot de notre secrétaire d'administration René Theeten, me prévenant qu'on avait en
effet perquisitionné rue de Rome et saisi la panoplie
de Plateau. Je croyais rêver, je me frottais les yeux.
C'était bien vrai, quoique invraisemblable. Déjà la
police opérait à Paris et en province, dans nos sec-
tions que la guerre, hélas! a rendues désertes. Le
lendemain, toute la presse annonçait aux populations ébaubies l'étrange nouvelle d'une conspiration
royaliste et les journaux de Caillaux et de Malvy
— de *l'Humanité* à *l'Œuvre* et du *Pays* au *Journal
du Peuple* — affirmaient, avec des rugissements
d'allégresse, que ce n'était pas trop tôt, qu'on allait
voir ce que l'on allait voir, que nous nous étions
livrés, Maurras et moi, en pleine guerre, à des
machinations effroyables, plus que criminelles,
qu'on savait maintenant à quoi tendaient nos campagnes contre le prétendu espionnage, contre l'innocent *Bonnet Rouge*, le délicieux Almereyda,
l'admirable Malvy, le génial Caillaux, et que le
châtiment approchait à grands pas. Le nommé Victor
Margueritte, dans le *Pays* dévoué à Caillaux, se
distinguait par sa violence. Il exigeait du gouvernement qu'on barbotât illico mes dossiers, afin tout
à la fois de les rendre inutilisables et de connaître le
fond de mon sac. Ce Victor Margueritte, avec lequel
a dû d'ailleurs rompre son frère, mon ami et collègue à l'Académie Goncourt, Paul Margueritte, ne
me pardonne pas de l'avoir toujours considéré
comme un raté fielleux et d'avoir voté contre lui,
quand il se présenta ladite Académie. On voit où

peut descendre la rage recuite d'un gendelettres déçu et sans talent. Dans *l'Œuvre* fonctionnait le directeur en personne, un certain Téry (Gustave), ancien normalien qui a de la patte, à l'occasion de la malice, mais dont le caractère, si l'on peut dire, n'est qu'un paquet de boue gluante. Cette boue coule et gicle en toute occasion. Au physique, imaginez un porc debout, à la barbe clairsemée, essoufflé, et coiffé d'un chapeau mou à larges bords. Il a l'air de jouer les Giboyer à Belleville. Comblé de bienfaits par mon père, qu'il venait hebdomadairement taper de quelques louis, il le traite aujourd'hui de Davidet, affirmant que nous sommes d'origine juive et que cela se voit à la courbe de mon nez. Vieille plaisanterie, née au ghetto, et qui a jadis beaucoup servi pour Drumont. Téry a mangé successivement à tous les râteliers, socialiste à la *Petite République* de Gérault-Richard et de Jaurès, anticlérical à la *Raison* de Charbonnel, et insultant les prédicateurs dans les églises, antiparlementaire aux côtés du brave homme de grand talent qu'est Urbain Gohier et qui le juge maintenant à son aune, nationaliste au moment de l'affaire Bernstein, dénonçant les intrigues allemandes de Caillaux, finalement malvyste et caillautiste fougueux. Comprenne qui pourra les motifs de ces changements. S'ils sont avouables, tant mieux pour Téry.

Ce qui est certain, c'est que le pleutre, chaque jour, pendant un mois, demanda la suppression de *l'Action Française*, dont l'existence gênait sans doute ses bailleurs de fonds, et une loi nouvelle contre « la calomnie », ou plus exactement contre la caillaumnie, que son amour de la concorde entre les hommes ne pouvait plus du tout supporter. La transformation en censeur de presse de cette vadrouille de l'encrier nous comblait, Maurras, Gohier et moi, de satisfaction. La vertu de Téry, drapée à l'antique et réclamant des sanctions sévères contre tout polémiste, eut un vrai succès à Paris. Mais, pour en savourer tout le charme, il fallait connaître le bonhomme. Nous le connaissions à fond.

Je mentionnerai ensuite Ernest-Charles, coiffé de deux prénoms comme un archiduc, et de poils raides et gluants, encadrant à biseaux un facies miteux de basochier de campagne. Il est littéralement semé de furoncles, qui se tiennent à peu près sages en hiver, mais bourgeonnent et suintent au premier printemps. Ayant découvert, il y a vingt ans, qu'un de mes romans, d'ailleurs médiocre, intitulé *Sébastien Gouvès*, était une merveille, n'ayant reçu de moi, pour cet éloge grotesque, aucun remerciement — car j'ai toujours eu de l'aversion pour sa marionnette sale — il en conçut une certaine hargne. Depuis lors, il la découpe en tartines pseudo-politiques et s'en repaît solitairement dans les coins. Le clan Caillaux s'était annexé ce porte-boutons, qui fait du bruit avec ses pieds plats dans les antichambres ministérielles, mais se sauve dès qu'il aperçoit un balai.

Enfin, pour ne pas trop allonger cette galerie de chiens aboyeurs, je citerai les moroses fumistes et berneurs du prolétariat de *l'Humanité*, notamment Renaudel, ex-directeur-naufrageur de cette malheureuse feuille à la dérive, Mayéras, Desrousseaux dit « Bracke » — quel admirable pseudonyme! — Moutet et Poncet. Élus à la veille de la guerre, en mai 1914, quelques-uns comme Mayéras, avec l'appui et le kompliment, dont il se targuait sur ses

affiches, de la sozialdemokratie boche, si fidèle depuis
à l'empereur Guillaume, ces citoyens écumaient à
la pensée que les événements avaient donné raison
aux patriotes contre les internationalistes. Ils dé-
testaient beaucoup plus leurs adversaires politiques
français que les Allemands. J'étais à leurs yeux un
« dément furieux », parce que je n'acceptais point,
pour mon pays, l'hypothèse de la défaite, parce que
je ne voulais pas permettre à la trahison de poi-
gnarder nos soldats dans le dos. Aussi, eurent-ils,
au moment du « complot des panoplies », une
minute de grande espérance et de légitime satisfaction. On ne bouclait ni Caillaux ni Malvy ; en revanche, on bouclait leurs accusateurs !

Le lendemain matin donc, qui était un dimanche, je lisais ces élucubrations virulentes, mais
laborieuses, en me rendant à la messe de dix heures
et demie à Saint-Sulpice. Je rencontrai là notre
ami et collaborateur, maître Raymond Maignien,
avocat plein de talent, de cœur et d'esprit, à qui je
dis : « Il est bien possible que nous soyons arrêtés
ce soir, Maurras et moi. » Il haussa les épaules :
« Ce serait insensé. Painlevé ne fera pas ça. » Je
répliquai, à peu près comme dans l'*Histoire d'un
crime* : « C'est parce que c'est insensé qu'il le fera.
Ces mathématiciens lâchés sont terribles, car ils
n'ont aucun contact avec le réel. Il paraît que les
Greffulhe et Caillaux l'exigent. »

En sortant de l'église, j'allai voir ce que devenait mon complice Maurras, rue de Verneuil.
J'aperçus de loin, trois policiers, conduits par le
beau-frère de Gaston Méry, Faralicq, qui se glis-
saient dans sa maison comme les sbires de la
Reine Margot. C'était tellement farce que je pouffais

en arrivant, presque en même temps qu'eux, dans la petite antichambre de ce grand patriote, traité en malfaiteur public. Maurras était déjà levé et déclarait la plaisanterie ridicule, indigne de l'Etat français. Car, dans aucune circonstance, le sentiment de la dignité de la représentation officielle du pays, même occasionnellement incapable ou absurde, ne l'abandonne. Il respecte l'autorité jusqu'à la limite de la malfaisance évidente et tient pour rien son propre dommage. Je dois à la vérité de reconnaître que l'attitude du commissaire Faralicq et de son aimable secrétaire était à la fois correcte et embarrassée. Je lui demandai : « Arrêtez-vous Maurras? » Il me répondit : « Je n'en ai pas l'ordre. » Il ne s'agissait encore que d'une perquisition, rendue difficile par le prodigieux amas de livres et de paperasses qui encombrent le logement de l'auteur des *Amants de Venise* et de *l'Enquête sur la Monarchie*. Bainville cite un mot de Maurras, disant que la nécessité de mettre de l'ordre dans son esprit l'a empêché d'en mettre sur sa table à écrire.

Je songeais : « Si le commissaire veut éplucher vingt ans d'études et de correspondances, il en a pour six bons mois. » Là-dessus, comprenant que mon tour allait venir, je pris congé de Maurras et de ses tourmenteurs et rentrai rapidement. Il était temps. Nous nous mettions à table, ma femme et moi, avec les enfants, on attaquait le poulet aux salsifis, quand le commissaire Pachot fit son apparition, accompagné lui aussi de trois ou quatre inspecteurs. Je me trouvai en présence d'un fonctionnaire non moins courtois que Faralicq, non moins ennuyé d'instrumenter contre des patriotes, mais consciencieux et décidé à faire son devoir. Ici j'ouvre une parenthèse : Je n'ai nullement, vis-à-vis des hommes de la police, commissaires ou inspecteurs, les préjugés des républicains. J'estime que leur métier est souvent rebutant, parfois dangereux et des plus utiles à la société. Bref, ils me sont *a priori* sympathiques, comme les sergents de ville, les douaniers, les employés de gare, les gardes de Paris, les contrôleurs de tout ordre et de toute catégorie, et j'ai constaté bien souvent que leur rudesse n'est qu'une conséquence de la mufleiie de ceux auxquels ils ont affaire.

Je n'avais, comme l'on pense, aucun papier compromettant. Ma femme pas davantage. Elle a délicieusement raconté dans *l'Action Française*, avec son inimitable limpidité de style, cette séance des perquisitions et je lui cède la parole ; le lecteur y gagnera :

LA JOURNÉE DES DUPES

« Je ne sais pas quelles peuvent être les impres-
« sions des gens chez qui l'on vient perquisitionner,
« lorsqu'ils ont quelque chose à cacher ou lors-
« qu'ils se sentent coupables. Je suppose que cela
« doit être tout de même assez impressionnant de
« voir son appartement envahi tout à coup par quatre
« hommes robustes et silencieux, qui vont et
« viennent dans toutes les pièces, ouvrent les ti-
« roirs et les armoires, lisent vos lettres, jettent un
« coup d'œil méfiant sur vos chemises et sur vos
« bas et cherchent partout *le secret*. S'il en existe un
« seul, comme on doit y penser ! comme on doit se
« sentir la nuque serrée, les tempes pâles et comme

« on doit crier tout bas en croyant se taire :
« N'allez pas là ! » Cette atmosphère d'angoisse et
« de dissimulation, souriante ou fébrile, selon les
« caractères, ne doit pas longtemps tromper ceux
« qui cherchent; et je suis bien sûre qu'en moins de
« cinq minutes les policiers qui sont dans une mai-
« son doivent être fixés, s'ils ont le flair de leur
« métier de chasseur, sur la présence ou l'impor-
« tance du gibier qu'ils poursuivent.

« Mais quand on n'a rien à se reprocher, quand
« on se sent le cœur aussi léger qu'une balle de
« verre, quand on se répète avec le petit Joad :

> Celui qui met un frein à la fureur des flots
> Sait aussi des méchants arrêter les complots,

« on éprouve, je vous l'avoue, des impressions va-
« riées et presque délicieuses, en voyant arriver la
« police chez soi, par un beau dimanche, et l'on
« assiste à la petite comédie imprévue avec autant
« d'intérêt et de détachement que si cela se passait
« au cinéma :
« *Scène I.* — L'heure du déjeuner dans une salle
« à manger de famille; la scène se passe dans un
« vieil appartement de la rive gauche, plein de pla-
« cards, de recoins et de cachettes.

« Un petit garçon de deux ans et demi, aux che-
« veux frisés, aux yeux noirs de polémiste, tape de
« toutes ses forces avec sa cuiller dans son assiette
« vide et demande, avant d'avoir commencé le re-
« pas : « Qué qu'y a avec ça, maman? » Un autre
« petit garçon de huit ans, tête ronde de chat et
« yeux d'ange, applaudit en voyant apparaître sur la
« table un poulet à la crème et aux salsifis.

« A ce moment, coup de sonnette timide :

« — Ce doit être le commissaire, dit le papa très
« calme.

« Le petit garçon frisé, qui se croit à Guignol,
« et il n'a pas tort :

« — On lui donnera des coups de bâton.

« Rires. Chuchotements étouffés dans l'anti-
« chambre; la porte s'ouvre, on voit se profiler
« quelques vigoureuses silhouettes masculines et pas
« mal de fortes bottines bien cirées.

« Ce sont *eux*. Il faut aller les recevoir, il ne faut
« pas leur faire mauvais visage. A quoi bon ! Les gens
« qui viennent aujourd'hui ne sont que des agents
« d'exécution, ils ont reçu des ordres dont ils ne
« sont pas responsables, ils sont peut-être ennuyés
« ou gênés de la besogne qu'on leur impose — qui
« sait? — et, en tout cas, ils exécutent ces ordres
« avec beaucoup de politesse et même avec une cer-
« taine discrétion.

« *Scène II.* — Quelques heures plus tard, dans
« le cabinet du conspirateur : tous les placards sont
« ouverts, tous les papiers sont en l'air; on voit de
« tous côtés traîner des lettres qui commencent
« ainsi : « Monsieur, j'étais républicain, mais après
« la magnifique campagne que vous menez depuis
« trois ans contre les Boches de l'intérieur... » ou
« encore : « Monsieur, puisque vous êtes le seul
« qui pourchassiez les espions en France, je vous
« signale... etc. » Les policiers attentifs ramassent
« tous ces cris de colère ou d'indignation française.

« Ils en font des paquets, ils en mettent sous
« scellés et en emportent de gros ballots, qui vont
« sans doute tout droit dans le cabinet du juge. Un
« peu de désordre s'est glissé dans la maison : tous
« les conspirateurs sont consignés à la chambre, y

« compris le petit frisé et l'enfant à la tête de chat.
« Le premier s'occupe peu de la consigne et tue
« quelques Boches dans sa chambre, en faisant un
« grand tintamarre : le second verse quelques
« larmes, il comptait aller voir ses petites cou-
« sines... « Allons, lui dit sa mère, tu vas y aller
« avec ta bonne, et si les policiers qui sont dans la
« rue te disent quelque chose, tu leur répondras que
« tu es le fils de la modiste... » L'enfant part en-
« chanté : quel bonheur de passer sous le nez des po-
« liciers et de braver un petit danger qui n'existe
« pas ! C'est de plus en plus comme au cinéma.

« *Scène III*. — C'est le crépuscule : la nuit vient
« vite en novembre, les policiers sont las ; par acquit
« de conscience, ils regardent encore dans tous les
« meubles, mais on voit bien que c'est sans aucune
« conviction. Ils oublient même d'ouvrir les cartons
« à chapeaux et jettent des yeux rapides sur des ti-
« roirs remplis d'archives et de souvenirs de fa-
« mille. Les sentiments ont tourné avec les heures,
« et la comédie, qui semblait presque joyeuse en plein
« midi, devient triste avec la cendre du soir. Quoi !
« se disent les faux conjurés, c'est chez les patriotes
« que l'on envoie le commissaire ! C'est chez eux que
« l'on fait les perquisitions ! C'est chez eux que
« l'on cherche à détourner les soupçons, alors que
« tant de canailles ou de suspects se promènent en
« liberté avec des menaces à la bouche et des passe-
« ports dans leurs poches ! Comment un pareil scan-
« dale sentimental est-il possible ? Quel ensemble de
« circonstances tragiques a pu permettre dans notre
« pays une pareille violation, non seulement de la
« justice, mais encore du bon sens ? Par quels fous
« sommes-nous donc menés ?

« Et comme les sentiments féminins sont plus
« instables et plus violents que les autres, la femme
« du conspirateur éprouve tout à coup un immense
« regret, presque une douleur, de n'avoir pas eu la
« joie de tromper les trompeurs, la joie d'aller jus-
« qu'au bout de leur infamie, la joie de se faire
« arrêter pour la plus belle des causes, celle du salut
« de la France. « Si j'avais voulu, pense-t-elle, j'au-
« rais pu cacher bien des secrets dans ce petit tiroir :
« ils y ont à peine regardé. Quel délicat plaisir ce
« serait maintenant de brûler tous ces noms imagi-
« naires qu'ils cherchaient, de détruire en quelques
« minutes la trace matérielle de ce complot dont ils
« rêvaient. Oh ! comme je voudrais que tout cela fût
« vrai ! »

« Et devant le joli feu clair, qui brillait dans la
« cheminée du salon, la femme du conspirateur
« entendit une voix qui lui disait : « Patience !
« Toutes les heures sonnent. »

« PAMPILLE. »

Il n'est que juste d'ajouter ici que bien peu de
femmes supporteraient, avec une aussi souriante
sérénité les avatars et incidents d'une vie telle que
la mienne. Jamais il ne m'est venu, du côté de
Pampille, le moindre conseil de faiblesse ou de
reculade. Jamais elle n'a marqué la moindre fatigue
devant les duels, les procès, les menaces qui se sont
succédé sans interruption, à partir de la fondation
de notre quotidien. Sa confiance absolue dans le
succès final de nos armes et de nos idées est bien
connue de tous nos collaborateurs, et elle m'a plus
d'une fois corroboré, sinon réconforté.

Il y a ceci, je crois, qu'issus du même sang et deux fois cousins germains, nous sentons de même et pensons presque en même temps. C'est un cas de synchronisme conjugal qui nous permet de prendre, sans nous consulter, et à distance, par un accord tacite, les décisions nécessaires, au moment opportun...

C'est le cas de fournir quelques précisions sur ces fameux dossiers qui ont fait couler tant d'encre et donné la venette à tant de gens suspects, notamment à Joseph Caillaux. Je les signalai au commissaire Pachot, qui en constitua un scellé à part, soumis en première ligne au juge Morand, lequel se garda d'y toucher, attendu qu'ils relevaient de deux autres instructions en cours et distinctes (affaire du chèque Duval, affaire Malvy).

J'ai écrit *l'Avant-Guerre* avec la collaboration anonyme de bons Français de tous les milieux, qu'effrayait la pénétration allemande financière, politique, commerciale et industrielle. Ce livre documentaire, et corroboré par les événements, a donné confiance à beaucoup de personnes. Il m'a fait des amis nombreux, même et surtout parmi les fonctionnaires. La guerre éclate. Malvy est installé à l'Intérieur, où il applique les idées de Caillaux, lequel poursuit, en pleine guerre, le rapprochement franco-allemand et la rupture avec l'Angleterre. Sauf un petit lot de types sans conscience, les Maunoury, les Leymarie, les Hudelo, qui escomptent la victoire de Caillaux, les fonctionnaires, grands et petits, du Ministère de l'Intérieur et de la Préfecture de Police sont indignés, écœurés, résolus à enrayer une tentative criminelle qui serait, en cas de succès, la fin de la France. Ils frappent à plusieurs portes. On a peur. On les éconduit. Ils se rappellent qu'à *l'Action Française* on ne recule jamais devant une tâche indispensable au salut public. Bien que républicains et vivant de l'État républicain, ils n'hésitent pas à se confier à des royalistes, sur la discrétion absolue desquels ils savent pouvoir compter. Quand la maison brûle, n'est-ce pas, on ne se préoccupe point des opinions politiques ni religieuses des pompiers.

C'est ainsi, non autrement, que vinrent en ma possession, à la grande stupeur des Caillaumalvystes de la Préfecture de Police et de la Sûreté générale, les dossiers complets du *Bonnet Rouge*, — y compris les fiches signalétiques de Duval, de Marion, d'Almereyda et de Guilbeaux — le dossier Routier, le dossier Nordau, le dossier Landau-Heftler et beaucoup d'autres, sans compter les ordres autographes d'Almereyda, en vue de l'élargissement des suspects. J'ai remis les seconds au capitaine Bouchardon, les premiers à la Haute-Cour comme c'était mon devoir. Il n'est pas douteux que ces pièces aient jeté un jour éclatant sur l'affaire Malvy et sur l'affaire Leymarie et contribué à la double condamnation de l'ancien ministre et de son *alter ego*, avec les attendus écrasants que j'ai cités au début.

En effet, ni Leymarie ni Malvy ne pouvaient arguer de leur ignorance vis-à-vis de « pelures » — c'est le terme consacré — où se trouvaient relatés, avec témoignages et enquêtes à l'appui, les méfaits et les crimes de leurs protégés. Leurs services accusaient les coquins qu'ils comblaient de faveurs et de passe-droits. Des passeports, sous les noms fictifs ou empruntés de James Burkley et d'André

Le Faivre, de faux papiers avaient été délivrés, à Guilbeaux notamment, en pleine connaissance de cause. Duval avait pu, dans les mêmes conditions, se rendre en Suisse plusieurs fois, au soir même d'un comité secret à la Chambre, jusqu'en 1917 ! Bref le ministre se trouvait accusé de complicité de trahison par ses propres subordonnés, sans aucun moyen de prétendre, pour sa défense, qu'il avait été dupé lui-même.

Aussitôt après les perquisitions chez Maxime Réal del Sarte — mutilé de la guerre, médaille militaire, croix de guerre; — chez Marius Plateau — rocher arraché, croix de guerre, citation magnifique; — chez Maurras, chez Dimier et chez moi, une note officielle annonça dans les journaux du soir que des documents « de la plus haute gravité avaient été saisis et que nous allions être inculpés pour le moins d'attentat contre la sûreté de l'État[1] ».

Néanmoins aucun de nous ne fut mis en état d'arrestation. Le commissaire aux délégations me signifia simplement l'ordre du président du Conseil, ministre de la Guerre, de ne pas quitter mon domicile jusqu'à nouvel avis. J'étais, contre tout droit, consigné à la chambre par le ménage Greffulhe et Paul-Prudent Painlevé !

Cependant il n'était pas défendu à mes amis et confrères de me rendre visite. Ils ne s'en firent pas

1. Voici cette note, — évidemment dictée par Caillaux, — et qui doit être conservée pour l'égaiement de la postérité :

« Les perquisitions opérées dans la soirée d'hier ont permis de saisir plusieurs dépôts d'armes prohibées, constitués depuis le début de la guerre, en même temps que des documents de la plus haute gravité.

« Une instruction est ouverte pour manœuvres tendant à provoquer la guerre civile en armant les citoyens les uns contre les autres. »

faute. De six heures du soir à deux heures du matin, ce fut un défilé interminable de protestataires indignés ou stupéfaits, auxquels le communiqué gouvernemental du *Temps* et des *Débats* n'en imposait point, attendu que l'histoire de la panoplie et des quatre pistolets de la rue de Rome avait déjà fait le tour de Paris. Des inconnus montaient chez moi pour me serrer la main. Les chauffeurs et cochers applaudissaient, cornaient, faisaient claquer leurs fouets en signe de sympathie, en passant dans la rue. Le journal, bien que sabré, maltraité, retardé par la surcensure, avait décuplé son tirage. On se l'arrachait littéralement. Pendant vingt-quatre heures, notre courrier fut saisi, au mépris de la loi. Restitué le lendemain, il comprenait plusieurs centaines de lettres et de cartes postales d'acclamation et d'encouragement.

Mon petit Philippe (l'enfant à la tête de chat et aux yeux d'ange), effrayé d'abord par cet apparat de justice et l'arrivée de M. Pachot, commençait à déclarer, avec de grosses larmes au bord des paupières : « Tout cela finira, pour Maurras et papa, par deux auréoles. » Parole qui enchanta tout le monde. Son cadet François (le polémiste aux yeux noirs), d'esprit plus positif — ce sera, je crois, le plus têtu de la famille — regrettait que le commissaire n'eût pas perquisitionné dans son armoire à jouets. En revanche, le jour suivant, la consigne étant levée et même, si je puis dire, painlevée, M. Pachot et son secrétaire vinrent avec moi explorer mon coffre au Crédit Lyonnais. Ils y découvrirent quelques billets de banque et bons de la Défense Nationale, moins nombreux que je l'eusse souhaité ! Mais aucun plan de coup d'État, comme

dans le coffre-fort de Caillaux à Florence. C'était le
« chou blanc » dans son horreur.

Pendant ce temps, Steeg, interrogé par des parlementaires de son bord sur le résultat de ces opérations judiciaires, levait les bras au ciel et se livrait à
une mimique indiquant que c'était atroce, épouvan-
table, « ungeheuer », comme disent les Boches, que
cela dépassait et confondait l'imagination. Ernest-
Charles, Renaudel, Téry, Victor Margueritte, Desrousseaux dit « Bracke », Mayéras, Poncet, Moutet,
demandaient qu'on nous fusillât tout de suite,
Maurras et moi, sans autre forme de procès; car
notre non-arrestation, contrastant avec « la gravité
exceptionnelle » des faits et des documents saisis,
commençait à leur donner de sourdes inquiétudes.
Si les Jésuites allaient nous tirer de là !

Ce n'était pas la bonne volonté de nous faire arrêter
qui manquait à Painlevé et à ses amis Greffulhe.
Malheureusement pour eux, ils se heurtèrent au refus, poli mais ferme, de tous les magistrats civils ou
militaires auxquels l'étonnant Paul-Prudent s'adressa.
Le pittoresque de l'aventure nous l'aurait fait regretter
un peu, à Maurras et à moi, n'étaient les circonstances de guerre et l'excitation des esprits. Bientôt
une seconde note, beaucoup moins corsée de ton que
la première, apprit aux populations, ironiques et
sceptiques, que le parquet militaire se dessaisissait
de l'affaire au bénéfice de la magistrature civile. Du
même coup Steeg, rasséréné, affirmait à tous ses
camarades ahuris que la gravité du complot était
bien moindre qu'on ne l'avait cru tout d'abord. Les
Greffulhe et Painlevé commençaient à descendre dans
leurs petits souliers et se faisaient bénins, bénins.
En quarante-huit heures, les choses avaient changé

d'aspect à un point tel que, le train continuant, je voyais le moment où nous recevrions les excuses publiques du Cabinet. Manifestement, les actions de Caillaux baissaient au Conseil des ministres ; des républicains raisonnables et patriotes avaient commencé à montrer les dents. La chute du cabinet Painlevé — dans laquelle fut entraîné cet homme de valeur qu'est Raoul Péret — fut la conséquence de cet amas fantastique d'insanités et de scandaleuses incohérences.

Le juge d'instruction commis, M. Morand, homme d'une haute droiture et d'une prompte sagacité, avait immédiatement compris l'étendue de la gaffe gouvernementale. Il n'en laissa, bien entendu, rien paraître, mais son interrogatoire, très complet, remit tout de suite les choses au point. Il y eut un incident comique. Je fus filé, de chez moi au Palais de Justice, par deux argousins, dont l'un se cacha comme je franchissais le seuil de la porte de la Sainte-Chapelle. Je courus après l'autre et lui manifestai mon mécontentement. Il me répondit : « Excusez-moi, monsieur, je suis tout neuf dans le métier et je reconnais que je m'en tire bien mal. » Ce mot épique me désarma. Le juge me promit que cette surveillance « imbécile » allait cesser. Le fait est que la filature ne se renouvela plus.

Cinq jours plus tard, dès le 3 novembre, M. Morand, édifié, nous faisait restituer tous nos papiers. Ceux de Maurras remplissaient trois énormes sacs. Les miens — c'est-à-dire tous les dossiers des plus récentes affaires de trahison — tenaient dans une douzaine de grosses chemises de toile. Nous étions là, dans le corridor de l'instruction, Dimier, Maurras, Marius, Maxime et moi, chacun de nous auprès de son commissaire de police, lequel, ayant procédé

à la saisie, devait assister à la remise. Tout le monde
se mordait les lèvres pour ne pas avoir le fou rire.
Comme je prenais congé de M. Morand, il me répliqua : « Monsieur Daudet, on doit toujours dire
adieu et non au revoir à son juge. » Ce fut le mot
de la fin. Nous sortions du Palais de Justice ; la nuit,
qui vient tôt en cette saison, était tombée. Des
rédacteurs de journaux illustrés nous photogra-
phièrent au magnésium. J'ai l'air, sur ces photos,
d'un gros hibou qui clignote entre des monceaux de
papiers, cependant que Maxime et Marius font
l'effet de spectres bouffis.

Le 6 novembre fut rendu le « non-lieu loyal »
que notre cher Capus réclamait, dès la première
heure, dans le *Figaro*. Qui dut faire un nez, ce fut
Caillaux. Force fut à ses journaux d'enregistrer, de
méchante humeur, la conclusion négative du coup
monté par le patron, Malvy, et le sieur France, en
collaboration avec leur valet Painlevé.

Dans l'intervalle, le *Syndicat de la Presse parisienne* avait publié la note suivante :

*Le Comité du Syndicat de la Presse parisienne
constate que les procédés employés à l'égard des
rédacteurs de l'Action Française et des personnes
impliquées dans un prétendu complot contre la sûreté
de l'État, constituent des violations caractérisées de
la liberté individuelle.*

*Il proteste avec énergie contre les mesures arbi-
traires telles que les arrêts de rigueur, qu'aucune loi
n'autorise, la saisie des papiers personnels, la prise
de possession de correspondances privées, sans
aucune relation avec les présomptions qui ont motivé
l'ouverture d'une instruction judiciaire.*

Enfin le samedi 10 novembre on pouvait lire dans *l'Action Française* :

Monseigneur le duc d'Orléans vient d'adresser à notre Directeur, Léon Daudet, la dépêche suivante :
Sunninghill 82 188 165 8 12 heures 19.

Mon cher Daudet,

Nous connaissions tous, moi le premier, votre patriotisme et savions que, tant que l'ennemi menacerait notre chère patrie, vous et vos amis consacreriez uniquement votre ardeur combative à sa défense.

Il vous manquait pourtant une sanction officielle, vous l'avez maintenant. Je vous félicite donc, vous et vos amis, d'avoir eu l'occasion de démontrer à tous que notre seul but est le salut de la France, et d'en avoir si bien profité.

Continuez donc fièrement la belle tâche que vous avez entreprise si courageusement. Mes vœux vous accompagnent.

Votre affectionné,

DUC D'ORLÉANS.

L'épilogue de cette tragi-comédie eut lieu quelques jours plus tard au ministère de la Guerre, rue Saint-Dominique, dans le cabinet de Painlevé. Partant pour l'Italie, où venait de se produire l'accident dit de Caporetto, — conséquence des menées allemandes à l'arrière des armées combattantes, — Painlevé avait convoqué les directeurs de journaux, je ne sais trop dans quelle intention. Il y avait là Charles Humbert, énorme, silencieux, déjà fort embêté, Henry Simond, Léon Bailby, Arthur Meyer, Ernest Judet, Gustave Téry, et une vingtaine d'autres confrères.

J'avais, en arrivant, mon plan bien arrêté. À peine Paul-Prudent, debout près de son bureau, avait-il ouvert la bouche pour nous expliquer son

caractère, que je l'apostrophai poliment, mais nettement, et lui reprochai la succession d'infamies commises à notre endroit, et à l'instigation de Caillaux,
depuis le 4 octobre. Je ne sais combien de temps
dura ce petit topo. Ce qui est certain, c'est que le
Président du Conseil, sans nier les faits, patents et
scandaleux, se contenta de me répondre : « Je ne
savais pas, monsieur Daudet... Ce n'est pas de ma
faute, monsieur Daudet... Je le regrette beaucoup,
monsieur Daudet. » Tout en parlant, avec véhémence, — car j'en avais gros sur le cœur et le danger
couru par le pays, du fait du clan Caillaux-Malvy,
me brûlait l'âme, — je distinguais Meyer, qui se
grattait le nez, Judet boudeur et renfrogné comme
chaque fois qu'il n'est pas question de lui, le Téry
debout sur ses pattes de derrière, le groin en avant,
comme s'il voyait déjà le charcutier. Le conciliant
Bailby me tirait par ma manche : « C'est bien, c'est
suffisant, ça a porté... » Mais j'allai jusqu'au bout de
mon rouleau, affirmant à Painlevé qu'un jour prochain
Caillaux serait arrêté — je ne pensais pas si bien
dire — et que nos soldats seraient vengés. Quand
j'eus achevé ce monologue, qui rappelait par endroits
la fameuse tirade des portraits d'*Hernani*, avec cette
différence que mes tableaux étaient vivants, la
séance parut terminée, aux yeux du ministre lui-
même. Il bredouilla quelques mots que personne
n'écouta plus et, suivant sa coutume après un schampoing, me serra vigoureusement la main. Un peu
plus et il m'embrassait.

J'avais chaud, la nuit était glacée, j'attrapai un
rhume carabiné. Mais c'était tout de même mon
pauvre Paul-Prudent qui avait pris quelque chose
pour le sien.

CHAPITRE III

. Le coup du complot étant raté, Malvy n'avait plus qu'une chose à faire, que précisément il ne voulait pas faire : me poursuivre en cour d'assises, c'est-à-dire devant le jury. Lui, Caillaux et leurs amis tournaient et retournaient la question, sans parvenir à la résoudre. J'étais au courant de leurs tergiversations, de leurs palabres, de leurs vaines fureurs, lesquelles, je dois l'avouer, m'enchantaient. Par ailleurs, le tapage de la presse caillautiste continuait. Néanmoins, je remarquai bien vite, malgré cette écume et ce brouhaha, le sourd désir de noyer le poisson, puis de se défiler. Un journaliste un peu averti discerne aisément cette tendance sous les airs de bravoure et les appels du pied. C'est pourquoi, le 22 novembre, je publiai, en tête du journal, un article où je reprenais avec vigueur mes accusations contre Malvy et Leymarie. C'est cet article qui détermina Malvy à demander, pour lui-même, ce même jour, la juridiction de la Haute-Cour. Requête insolite, à la Gribouille, évidemment soufflée à l'ancien ministre de l'Intérieur par ses maladroits amis de *l'Humanité* et qui fit déclarer imprudemment au député vétérinaire Renaudel que « le plus tôt pos-

sible la Haute-Cour devait laver Malvy ». D'où
l'expression, devenue populaire : un « lave-Malvy »,
un « lave-Leymarie », un « lave-Caillaux », etc.,
pour désigner les défenseurs éperdus et désemparés
du défaitisme et de la trahison.

Je n'ai jamais cru que la Haute-Cour obéirait à
cette insolente injonction. J'ai toujours pensé que
le conseil absurde de Renaudel était destiné à perdre
Malvy. Pour courir au-devant d'une juridiction,
quelle qu'elle soit, il faut une conscience irrépro-
chable. Tel n'était pas le cas de l'auto-inculpé.
Naguère Oscar Wilde, intentant un procès en diffamation au marquis de Queensbury, et étant plus
que morveux, vit ce procès se retourner contre lui
au cours des débats.

Donc, au début de la séance du 22 novembre, le
président de la Chambre annonça : *qu'il avait reçu
de M. Malvy une proposition de résolution tendant à
la nomination d'une commission chargée d'examiner
s'il y a lieu de mettre en accusation, pour crime commis dans l'exercice de ses fonctions, un ancien
ministre de l'Intérieur.* Le nouveau garde des Sceaux,
M. Louis Nail, accepta la proposition. La Chambre
se réunit immédiatement dans ses bureaux et nomma
une Commission de trente-trois membres que les
joueurs de loto appelèrent aussitôt, bien entendu,
« la Commission des deux bossus ». Celle-ci choisit
comme rapporteur M. Forgeot.

Le compte rendu sténographique des séances de
cette commission est un document unique de désar-
roi parlementaire, de confusion des pouvoirs et, par
moments, d'aberration. Je voudrais pouvoir citer en
entier ces quatre-vingt-quinze pages, supérieures à
tout ce que Swift a écrit de plus réjouissant sur

les querelles des gros-boutiens et des petits-boutiens et devant lesquelles pâlit la *Batrachomyomachie* ou bataille des rats et des grenouilles. Il faut savoir se borner. Plusieurs opinions sont en présence : l'une qui voudrait absoudre immédiatement Malvy, le « laver » d'autorité, comme dit Renaudel. Une autre qui voudrait que la commission eût tous les pouvoirs judiciaires et s'en servît. Une autre qui voudrait qu'elle n'eût qu'un certain nombre de pouvoirs judiciaires et qu'elle procédât à un commencement d'enquête. Une autre... Mais impossible d'énumérer tous ces avis baroques, s'entre-choquant comme des bouteilles sur la table de la salle à manger d'un paquebot, pendant la tempête.

Écoutez le langage de M. Louis Puech, homme calé en procédure, ou qui se croit tel, car j'ai remarqué, au cours de mes divers procès, que le nombre de personnes au courant de la procédure est extraordinairement limité.

M. Louis Puech. — M. Malvy nous demande d'être renvoyé devant la Haute-Cour. Il le demande en vertu du deuxième paragraphe de l'article 12 de la loi constitutionnelle, aux termes duquel la Chambre des députés a le droit de renvoyer un ministre devant la Haute-Cour.

Ici, il n'y a pas de procédure, car la loi de procédure a été faite pour un autre cas dont je parlerai et l'on a ajourné jusqu'ici les projets tendant à réglementer la procédure sur l'article qui donne à la Chambre le droit de poursuivre un ministre devant la Haute-Cour. On s'en rapporte donc, sur ce point, aux précédents.

Les précédents sont extrêmement nombreux, non seulement sous la Charte de 1814, et la Constitution de 1830; il y en a eu aussi, notamment, en 1877, quand il s'est agi de traduire devant la Haute-Cour les Ministères de Laroche-Bouet et de Broglie. Il y a une procédure parfaitement établie et que nous pourrions suivre. Nous verrons s'il convient de la suivre. On commence par nommer dans les bureaux une Commission de onze membres, laquelle décide s'il y a lieu de nommer une Commission d'accusation.

La Chambre a rempli cette première phase de la procédure et nous sommes en ce moment la Commission d'accusation. La question se pose de savoir si, conformément au vœu de M. Malvy, nous devons le renvoyer devant le Sénat, ce qui est notre droit, et dans quelles conditions.

Si nous voulons le renvoyer devant le Sénat, à moins que nous ne voulions sortir de tous les précédents, ce qui ne me paraît pas possible...

Un membre. — Pourquoi ?

M. Louis Puech. — Si nous voulons user de la disposition spéciale de l'article 12 de la loi constitutionnelle qui donne à la Chambre des députés le droit de traduire un ancien ministre ou un ministre devant le Sénat, comme il n'y a aucune loi de procédure, mais qu'il y a de nombreux précédents dont un des derniers est celui de 1877 pour lequel la procédure que nous engageons en ce moment a été suivie jusqu'au bout, sauf que la Chambre n'a pas suivi sa Commission et n'a pas accepté ses conclusions, nous sommes obligés de suivre les précédents. Et, dans le cas où nous voudrions engager directement M. Malvy devant le Sénat, nous sommes obligés de formuler un acte d'accusation...

M. Paul Meunier. — C'est cela.

M. Louis Puech. — ... indiquant qu'il y a présomptions suffisantes pour nous que M. Malvy a trahi, et nous sommes obligés de proposer à la Chambre de nommer trois commissaires — cela s'est toujours fait, même en 1877 — qui seraient chargés de soutenir l'accusation devant le Sénat.

Comme il semble que le sentiment de la Chambre, tel qu'il se dégage de l'opinion exprimée tout à l'heure ici,

au nom des bureaux, ne veut pas d'enquête et qu'elle
ne veut pas prendre de responsabilité, il ne paraît pas
possible de donner satisfaction à M. Malvy, dans les
termes où il l'a demandée, c'est-à-dire de le renvoyer
directement devant la Haute-Cour puisque, pour qu'il y
soit renvoyé, nous sommes obligés de dire : Pour nous.
il y a présomptions suffisantes qu'il est coupable et que
nous sommes obligés de nommer trois commissaires
chargés de soutenir l'accusation devant le Sénat.

Si vous voulez dire qu'il y a présomptions suffisantes
et nommer trois commissaires, vous pouvez le faire
immédiatement ou après enquête, mais votre droit est
absolu. Seulement, il faudra toujours soutenir l'accusation devant le Sénat et, par conséquent, toujours en
arriver à une enquête.

Si vous ne voulez pas d'enquête, il y a d'autres
moyens, celui indiqué notamment par M. Lefas. Mais
alors, c'est un autre article des lois constitutionnelles
qu'il faut mettre en mouvement, c'est l'article 9, qui
est ainsi conçu :

« Le Sénat peut être constitué en Haute-Cour de
justice pour juger, soit le Président de la République,
soit les ministres, et pour connaître des attentats commis
contre la sûreté de l'État. »

Il n'y a pas de doute que les accusations portées
contre l'ancien ministre de l'Intérieur constitueraient
ce qu'on appelle « des attentats contre la sûreté de
l'État ». Je n'ai pas besoin d'insister sur ce point, tout
le monde en est convaincu, et je ne crois pas que cela
puisse être contesté.

Par conséquent, si vous ne voulez prendre aucune
responsabilité, si vous ne voulez pas faire d'enquête,
si vous ne voulez pas vous rendre compte par vous-
mêmes du point de savoir s'il y a ou non présomptions
graves contre M. Malvy, vous ne pouvez, si vous voulez
la Haute-Cour, que demander au Gouvernement de la
constituer.

Alors M. Malvy sera dans cette situation non plus

d'être traduit directement par la Chambre devant la
Haute-Cour comme ministre, mais d'être pris comme
un particulier qui a eu des intelligences avec l'ennemi,
qui a commis un attentat contre la sûreté de l'État. Ce
sera le gouvernement qui, en vertu de la procédure
établie par la loi de 1889, constituera une Haute-Cour
et traduira M. Malvy tout seul ou en compagnie de
certains autres.

C'est la seule chose que vous puissiez faire. Encore
une fois, vous ne pouvez pas demander au gouvernement de faire votre besogne, telle qu'elle est définie
par l'article 12 de la loi constitutionnelle.

L'article 12 vous donne, à vous, des droits spéciaux,
particuliers. La Chambre et la Commission repré-
sentent ce qu'on peut appeler le parquet général, c'est-
à-dire le juge d'instruction et la mise en accusation.
D'autre part, nous sommes des juges d'instruction dont
les conclusions seront transmises à la Chambre et celle-ci
se prononcera par oui ou par non sur les conclusions
que nous lui proposerons.

Mais, encore une fois, ce système implique une
enquête, il suppose que vous déclariez, de la façon la
plus formelle, qu'il y a, pour vous, présomption de
culpabilité et que vous nommeriez trois Commissaires
pour aller soutenir la prévention devant le Sénat.
Comme vous ne voulez pas cela et que le sentiment de
la Chambre est de ne pas prendre de responsabilités, il
n'y a qu'à faire jouer l'article 9 de la loi constitutionnelle et à demander au gouvernement de mettre en
mouvement la procédure établie par la loi de 1889,
c'est-à-dire de traduire lui-même M. Malvy devant la
Haute-Cour.

Comme on le voit, c'est la grande pataugeade
du pouvoir législatif dans le pouvoir judiciaire. La
majorité de la commission, composée de camarades
de Caillaux et de Malvy, — c'est honteux ! — vou-

drait bien absoudre préalablement l'ancien ministre de l'Intérieur. Mais elle ne le peut faire sans un semblant d'enquête, et la crainte des responsabilités l'empêche d'assumer celle-ci. Alors on tourne en rond. Parmi ces chevaux de bois, Desrousseaux dit « Bracke », de *l'Humanité*, lave-Malvy passionné, est des plus réjouissants :

M. Bracke. — Mon opinion se rapproche beaucoup d'une partie des observations de M. Lafont. Je m'excuse auprès de mes collègues, d'avance, si je prends un mot pour un autre; je n'ai pas, comme eux, une grande pratique juridique.

Je m'étonne de voir chercher tant de manières de présenter une question qui m'apparaît simple. Nous n'avons pas à rechercher les précédents : il n'y en a pas. C'est la première fois qu'un ancien ministre demande à la Chambre de le mettre en accusation.

M. Dalbiez. — Il ne demande pas cela : relisez son texte.

M. Bracke. — Peu importe ce texte; en fait, il ne peut pas nous demander autre chose : nous servir du dernier paragraphe de l'article 12 de la Constitution qui dit : La Chambre peut mettre en accusation...

C'est simple. Nous le mettons en accusation, non pas mus par notre sentiment, dans le désir, sinon de donner satisfaction à l'opinion publique, au moins de régler une affaire nationale qui appartient au premier chef aux représentants de la Nation. Il est inutile de se demander si nous sommes d'accord avec l'un ou l'autre. En fait, je suis d'accord avec M. Puech, mais peu importe. On nous dit : Pour mettre en accusation, il faut que vous commenciez par faire une enquête. C'est inutile : nous sommes à la fois juge d'instruction et chambre de mise en accusation. Je ne vois pas nécessité de feindre qu'on ne connaît pas les choses quand on les connaît. On nous dit : Ne nous occupons pas de la presse. Mais par quoi

le pays, le monde, ont-ils été saisis sinon par la presse?
M. Malvy est accusé de faits qualifiés forfaiture ou
trahison. M. Malvy a saisi la Chambre et en a obtenu
satisfaction, car elle a dit : il y a lieu d'examiner si
nous pouvons porter l'affaire devant une juridiction qui
existe. La Haute-Cour n'est pas seulement un tribunal,
c'est un organe judiciaire complet qui comporte l'instruction sur la matérialité des faits.

Plusieurs membres. — Très bien !

M. Bracke. — La matérialité des faits, c'est tout le
procès. Le seul juge compétent, c'est la Haute-Cour.
Naturellement, on aurait pu poursuivre M. Malvy en
cour d'assises, en correctionnelle, en simple police.
Nous, nous sommes commission préparatoire, qui pro-
posera à la Chambre une résolution. Nous sommes la
Chambre en miniature. Mais si nous proposons qu'il
n'y a pas lieu de mettre M. Malvy en accusation, la
Chambre peut décider le contraire. Si la Chambre
décide la mise en accusation, nous enverrons au Sénat
les faits que nous connaissons avec un dossier; mais ce
dossier, nous n'avons pas besoin d'une étude pour le
constituer : ce sont les articles de Daudet, la lettre de
Daudet, les discours de M. Malvy à la Chambre. La
Haute-Cour existe de façon permanente; et il n'y a pas
à craindre qu'elle renvoie pour supplément d'instruction; elle se chargera elle-même de la faire — peut-être
sous une forme analogue à celle de la loi de 1889 ou
à d'autres antérieures, car il y a eu bien des procès
avant.

Nous devons donc examiner si nous pensons que les
faits suffiraient, s'ils nous étaient prouvés, pour la mise
en accusation de M. Malvy. Cette accusation, la
Chambre la porte et elle mentionne que c'est sur la
demande expresse de M. Malvy, et en tenant compte de
l'opinion qu'une partie de la Nation s'est faite des faits
présentés.

Car c'est en tant que représentants de la Nation que
nous agirions.

Discours sibyllin et au bout duquel la Commission n'est pas plus avancée qu'auparavant. Aucun des membres n'a l'air de s'apercevoir que ce qui fait l'inextricable de la situation, c'est le rôle d'avant-juges que certains veulent tenir, alors que d'autres, plus sages, s'y refusent. Voici maintenant le nommé Victor Dalbiez, qui va encore embrouiller un problème suffisamment confus :

M. Victor Dalbiez. — Si vous voulez poursuivre un ministre, vous devez voter, je le répète, la loi de procédure qui est annoncée par la loi constitutionnelle. Comment ! notre Commission — j'entre dans l'hypothèse de l'instruction — s'engagerait sans règles juridiques d'aucune sorte dans une procédure aussi dangereuse que celle-là ! Et nous porterions ensuite au Sénat, qui serait Cour de Justice, un dossier informe avec des cas de cassation !

Je n'apporte pas de solution, mais je voudrais que la Commission se mît en présence de la vérité de la situation.

Première hypothèse : celle du renvoi de la responsabilité au pouvoir exécutif ; elle est inapplicable.

Seconde hypothèse : celle de l'accusation pure et simple, sans instruction : loi de procédure préalable.

Troisième hypothèse : celle d'une instruction par notre Commission. Je sens les inconvénients que présenterait cette procédure pour laquelle il faudrait une loi préalable. Il ne reste plus rien,

Il est regrettable de constater que nous sommes engagés dans une voie que je qualifie de sans issue. La Commission de onze membres aurait dû examiner les questions que nous traitons aujourd'hui.

Avec le bon Marcel Sembat, homme d'esprit mais paradoxe ambulant, et qui correspond au programme contradictoire du poète latin :

Meliora video proboque, deteriora sequor,

avec le brave et absurde Sembat, nous apercevons une lueur : elle est aussitôt recouverte par les protestations des collègues :

M. Marcel Sembat. — J'ai écouté avec le plus grand intérêt tout ce qui s'est dit ici. Je crois que nous nous trompons quand nous croyons que nous n'avons le choix qu'entre deux voies absolues.

M. Forgeot disait, et M. Puech également, que l'heure n'est pas à la procédure. C'est la vérité. Il me semble qu'elle n'est pas davantage à la logique toute pure. Si nous voulons entrer dans la voie de l'instruction complète, à fond, avec tous les témoins, M. Abel Ferry le disait justement, nous en avons pour six mois : c'est impossible.

Beaucoup d'entre nous ont vu cette impossibilité. Il me semble que ceux-là ne voient pas l'impossibilité contraire et pour moi tout aussi grave et qui consiste à ne rien examiner. Entre ces deux voies absolues, entre le tout de l'instruction et le rien de l'instruction il y a une voie pratique qui consiste tout bonnement à exécuter le mandat qui nous a été donné par la Chambre et dont M. Dalbiez vous donnait lecture, c'est-à-dire à transmettre au Sénat autre chose qu'un cahier de papier blanc, car il est impossible de lui transmettre quelque chose où il n'y aurait rien.

Pour vous apporter autre chose que des conjectures personnelles, j'ai tenu à consulter sur ce point M. le Président de la Chambre. Je me suis fait autoriser par lui à vous transmettre — j'ai prévenu M. le Président — un avis qu'il m'a donné. M. le Président m'a déclaré être informé d'une certaine source, il ne m'a pas dit laquelle, mais nous avons le droit de comprendre qu'elle émane de M. Antonin Dubost, que si nous envoyions au Sénat une enveloppe de papier blanc, le Sénat la déposerait dans ses archives sans lui donner aucune suite.

Second point. Si nous remettons à M. le Président de

la Chambre un vœu disant que la Commission invite le gouvernement à saisir le Sénat selon la procédure que nous avons envisagée tout à l'heure, M. le Président de la Chambre nous fera observer que c'est un ordre du jour peu constitutionnel, l'initiative en pareil cas appartenant au Gouvernement.

Maintenant, vous me permettrez de donner mon avis personnel. Je suis d'accord avec M. Dalbiez quand il dit qu'on n'aurait pas dû procéder hier à notre désignation, qui a été faite un peu prématurément.

Je crois que nous sommes tous d'accord pour dire que nous ne sommes pas une Commission de lessivage ou de blanchissage. Tout cela doit se terminer à la Haute-Cour, mais il s'agit de savoir dans quelles conditions.

Comme je le disais, pas besoin de faire une instruction complète, mais il n'est pas possible de n'entendre personne et de transmettre purement et simplement une feuille de papier blanc au Sénat en disant, comme le disait M. Forgeot : nous nous désintéressons du reste. Le Sénat ne serait pas content, et il aurait raison.

Nous avons, — et c'est de tradition parlementaire, — étant saisis d'une motion votée par la Chambre, déposée par M. Malvy, à entendre M. Malvy. Ensuite nous aurons à entendre comme le demande M. Varenne, M. le garde des Sceaux et surtout M. Clemenceau, président du Conseil.

Quand nous aurons entendu ces messieurs qui ne peuvent pas s'y refuser, la Commission jugera, — en tout cas j'en ferai la proposition — si elle doit entendre M. Daudet.

Plusieurs membres. — Non ! non !

M. Léon Perrier. — Nous en avons pour huit jours et pour plus.

M. Marcel Sembat. — Je vous demande pardon. Quand vous aurez entendu M. Clemenceau, faites bien attention que vous aurez déjà entendu un des accusateurs, car il est impossible de séparer M. Clemenceau, président du Conseil, de M. Clemenceau accusateur ; je défie personne ici de me dire que les accusations de M. Léon

Daudet auraient eu dans le pays et le Parlement l'effet qu'elles ont produit sans l'aval, sans la caution de M. Clemenceau. Si, en effet, on s'était trouvé seulement en présence de la campagne de M. Léon Daudet, on aurait dit : « C'est une polémique ardente d'un écrivain royaliste; c'est une campagne monarchiste. » On n'y aurait pas accordé d'autre attention. Mais nous l'avons prise au sérieux parce que M. Clemenceau, journaliste, M. Clemenceau, sénateur, a avalisé cette campagne, l'a, pour ainsi dire, cautionnée devant les républicains.

Voilà pourquoi je fais remarquer, en terminant, que la Commission ne peut pas ne pas entendre M. Malvy auteur de la motion. Ayant entendu M. Malvy, nous devons entendre M. Clemenceau, l'un des accusateurs, nous devons entendre l'autre.

M. Dalbiez. — Pas l'autre.

M. Marcel Sembat. — M. Forgeot a dit : « Vous ne pouvez pas entendre M. Léon Daudet, parce que vous ne pouvez pas l'obliger à venir devant vous. » Je ne dis pas que nous puissions l'y obliger, mais comme M. Léon Daudet a écrit dans maints articles qu'il réclamait la confrontation avec M. Malvy, il est très possible qu'il vienne. Dans tous les cas, en le convoquant nous aurons fait notre devoir. Ceci fait, ayant d'une part la plainte de celui qui se plaint, d'autre part, les éléments tant du Gouvernement que de ceux qui l'accusent, nous ne risquerons plus d'envoyer au Sénat un cahier de papier blanc et nous ne serons pas entrés dans la voie absolue de l'instruction complète.

Plusieurs membres. — Si! si!

Il y a un principe de droit romain, qui dit qu'un monsieur n'est pas admis en justice à faire valoir sa propre indignité :

Nemo auditur propriam turpitudinem allegans.

Malvy, en enfreignant ce principe, espérait bien que ses amis de la Chambre émettraient un avis

préalable d'innocence, dont il se serait au besoin
contenté. Il avait compté sans l'engrenage de justice,
qui exige qu'une affaire, même irrégulièrement
amorcée, rentre ensuite dans les voies normales et
suive son cours, sans être corrompue par ses origines. Les parlementaires les plus roués sont rarement des psychologues.

A un moment donné, Renaudel n'en pouvant
plus, et qui sue sang et eau, s'écrie ingénument :
« Moi, je me place sur le terrain de l'innocence de
M. Malvy. »

A quoi Desrousseaux dit « Bracke », moins maladroit, bien qu'aussi passionné, objecte aussitôt :

M. Bracke. — Il ne s'agit pas de rien préjuger : il y a
intérêt national à ce que les faits soient éclaircis ; et ils ne
peuvent l'être que par la juridiction du Sénat. Si M. Malvy
est coupable, qu'il soit frappé. Il n'y a pas un homme
ici, quelle que soit son opinion, qui ne désire que M. Malvy
sorte indemne de l'effort de clarté qu'aura fait le Sénat.

Il serait fastidieux de multiplier les citations.
Mais la suivante, qui sera la dernière, montre bien
les craintes obscures qui agitaient quelques-uns des
défenseurs et champions de Malvy, à la pensée que
je pourrais renouveler, devant les trente-trois, ma
déposition détaillée devant le capitaine Bouchardon.
C'est à l'intervention du patriote Galli, ancien compagnon de Déroulède, qu'est due, cette fois, la remarquable dérobade de Renaudel :

M. Galli. — La proposition de M. Renaudel comprend
deux paragraphes : 1° entendre M. Malvy, auteur de la
proposition ; 2° entendre M. le Président du Conseil.

Je suis disposé à voter la proposition si on entend
M. Léon Daudet ; sinon, non.

M. Merlin. — C'est ce que vient de dire M. Galli que je veux dire à mon tour : j'accepte en principe la proposition de M. Renaudel, car je reviens toujours à la lettre de M. Daudet. C'est un document qui m'apparaît comme valable et sur lequel je dois m'appuyer.

Je dis donc que, partant de ce point de vue, je suis, dans un but non pas d'enquête mais d'information, pour la tâche très dure que la Commission doit poursuivre, partisan de la proposition Renaudel et je demande qu'on veuille bien accepter le troisième paragraphe suivant :

« Et éventuellement poser à M. Léon Daudet, comme but d'information et non d'enquête, des questions orales ou écrites. »

M. Renaud. — Il ne faut pas d'équivoque. Il n'est pas douteux que toutes ces questions nous divisent ici depuis hier et que nous devons nous prononcer exactement.

Un certain nombre d'entre nous ne veulent pas se lancer dans une enquête ; il ne faut pas que l'audition de M. Malvy soit un commencement d'enquête. Si la proposition Renaudel doit se borner au dépôt de documents, je voterai « pour » ; si la déposition de M. Malvy doit être considérée comme un commencement, je voterai « contre ».

Il faut donc que la question soit nettement posée.

M. Renaudel. — Je répète ce que j'ai dit : vous avez rejeté l'irrecevabilité ; vous rejetez le renvoi au Gouvernement ; je ne suis pas très sûr que vous ne rejetteriez pas, s'il vous était proposé, le renvoi pur et simple à la Haute-Cour parce que vous sentez les difficultés que vous rencontreriez, et alors que pouvez-vous faire ?

Pas autre chose que d'abord essayer de constituer le commencement de notre dossier, et cela, c'est l'information, ce n'est pas l'enquête.

Et lorsque nous disons cela ici, même si nous entendons M. Daudet, qu'est-ce que je dis dans ma résolution ? Simplement que nous entendons pour la constitution du dossier et pour le jugement définitif que la Commission prendra, à la fois M. Malvy, auteur de la

proposition, et le président du Conseil qui nécessairement a sur la question des choses à nous dire, ou que
nous avons à lui demander, à un point de vue politique
et non seulement judiciaire.

On demande à entendre M. Daudet, parce qu'il est le
principal accusateur. Il ne me semble pas que nous ne
devrions pas l'entendre; je crois même que nous le
devrions. Mais vous n'êtes pas obligés de résoudre toutes
ces questions en même temps. (*Mouvements divers.*)

C'est une question de bonne foi entre nous. A M. Galli,
qui demande l'audition de M. Daudet, je réponds :
Lorsque vous proposerez de l'entendre, pour ma part,
je l'admettrai; mais je veux tout réserver; il ne faut pas
que la Commission se barre la route à elle-même.

J'ai été un peu froissé par les paroles de quelques
collègues, qui semblaient dire : « pour l'innocence de
M. Malvy... » Comme si nous tenions à l'innocence de
M. Malvy. Je ne tiens ni à innocenter ou à couvrir
M. Malvy, ni à constater qu'il est coupable. Mais nous
devons trouver le moyen de savoir ce que nous devons
faire. Et nous commettrions cette faute de n'aboutir à
rien !

Engageons-nous le moins possible. Je l'ai dit : je ne
suis pas pour une extension de la Commission. Mais,
bien que je ne sois pas pour l'enquête et que je considère
que la Commission peut à tout moment limiter son
action, je demande que nous entendions M. Malvy et le
président du Conseil, mais pas tout de suite M. Léon
Daudet. Si la majorité veut ensuite l'entendre, je donne
à M. Galli l'assurance que, lorsqu'il demandera son
audition, je la voterai.

J'avais réfléchi au cas où la Commission des
trente-trois, que je considérais comme incompétente
en l'espèce — vu la suspicion légitime de camaraderie avec l'accusé — demanderait à m'entendre.
Je comptais faire toutes restrictions sur la partie du

serment concernant *toute la vérité* et garder, par devers moi, les éléments des preuves et arguments que je considérais comme les plus forts. En d'autres termes, je me serais laissé manœuvrer, mais seulement jusqu'à un certain point. Mon sentiment inné de la procédure fait que je me rends compte très rapidement des traquenards où l'on veut m'attirer et que je ne suis dupe que dans la mesure où — comme dit Maurras — cela peut être utile à ma cause.

Il faut retenir ceci, de cette longue discussion, que certains parmi les plus intrépides lave-malvystes, parmi ceux qui se donnaient comme les plus assurés de l'innocence de l'ancien ministre, conservaient néanmoins, par devers eux, assez de doutes pour préférer laisser la besogne au Sénat et s'écarter de moi comme d'un pestiféré.

On imagine aisément la répercussion de telles discussions byzantines dans les journaux, sur la place publique et jusque dans les cabarets de Montmartre. Le visible embarras des malvystes était blagué et chansonné un peu partout. Nos collaborateurs, pendant cette période, revenaient de la Chambre en s'esclaffant; ils suivaient en cela le fameux conseil du vieux Rabelais.

Finalement, et comme il fallait en sortir, le 28 novembre 1917, sur le rapport de M. Pierre Forgeot, les députés votèrent le texte suivant à l'unanimité de 488 votants :

La Chambre,

Vu les pièces produites et qui seront versées au dossier de la procédure, savoir :

1° Une expédition du procès-verbal de la séance du Sénat du 22 juillet 1917, contenant un discours de

M. le sénateur Clemenceau, avec la réponse de M. Malvy, ministre de l'Intérieur;

2° Une expédition du procès-verbal de la séance de la Chambre des députés du 4 octobre 1917, contenant une lettre de M. Léon Daudet à M. le Président de la République, lue à l'Assemblée, sur la demande de M. Malvy, par M. Painlevé, président du Conseil; et la protestation de M. Malvy contre les imputations dont il était l'objet;

3° Une expédition du procès-verbal de la séance de la Chambre des députés du 16 octobre 1917, contenant une déclaration de M. Painlevé, président du Conseil, relative aux accusations portées contre M. Malvy, ancien ministre de l'Intérieur;

Considérant que, dans l'intérêt supérieur de la paix publique, la lumière doit être faite sur les accusations qui ont été portées contre M. Malvy, ancien ministre de l'Intérieur;

Vu la proposition de résolution par laquelle M. Malvy demande la nomination d'une Commission de trente-trois membres chargée d'examiner s'il y a lieu de mettre en accusation, pour crimes commis dans l'exercice de ses fonctions, un ancien ministre de l'Intérieur;

Vu l'avis émis par cette commission concluant à la mise en accusation;

Vu l'article 12, paragraphe 2, de la loi constitutionnelle du 16 juillet 1875 ainsi conçu : « Les ministres peuvent être mis en accusation par la Chambre des députés pour crimes commis dans l'exercice de leurs fonctions. En ce cas, ils sont jugés par le Sénat »;

Et attendu que des documents ci-dessus énumérés et sous la réserve des protestations ci-dessus rappe-

lées résulterait contre M. Malvy, ministre de l'Intérieur, prévention :

1° D'avoir, en 1917, sur le territoire de la République, et dans l'exercice de ses fonctions de ministre de l'Intérieur, renseigné l'ennemi sur tous nos projets militaires et diplomatiques et spécialement sur le projet d'attaque du Chemin des Dames;

2° D'avoir dans les mêmes circonstances de temps et de lieu et dans l'exercice de ses fonctions de ministre de l'Intérieur, favorisé l'ennemi, en provoquant ou excitant des mutineries militaires;

Vu les articles 77, 78, 79, 80, 81 du code pénal.

Ordonne la mise en accusation de M. Malvy et le renvoie devant le Sénat pour y être jugé.

Dans cette même séance du 28 novembre, Barrès, répondant à Sembat, s'éleva à la plus haute éloquence, ainsi que devait le faire Jules Delahaye, quelques jours plus tard, et toujours à propos de Malvy.

Barrès, Delahaye, noms lumineux, associés depuis tant d'années à tout effort national, figures symboliques qu'aucun Français n'évoque sans un mouvement d'admiration et de gratitude.

Barrès, dans l'affaire Malvy, s'est montré, comme toujours et dès la première heure, un admirable patriote. Non content de soutenir le moral public, dans les bonnes et les mauvaises conjonctures, avec la force de persuasion, le langage sobre et magnifique qu'on lui connaît, il a pris, au 7 juillet 1917, la double trahison du *Bonnet Rouge* et de son ministre à la gorge, à la tribune de la Chambre. Il a dénoncé le pacte abominable qui liait l'infâme élu de Souillac à la canaille almereydienne. Il a marqué

la bande en quelques traits de feu. L'Allemand et
le défaitisme à sa solde ne s'y sont pas trompés et,
depuis deux ans, n'ont cessé de couvrir de basses
injures ce grand écrivain, qui s'est donné tout entier
au service de son pays. Ils ajoutent ainsi à sa juste
gloire.

Jules Delahaye, au cours de ces débats sur la trahison, a tenu à la Chambre le rôle de premier plan
que lui assurent son intelligence, son courage, son
éloquence et sa longue habitude des assemblées. Il
s'est porté à cette seule véritable défense qu'est
l'attaque, avec sa générosité coutumière, et il a fait
reculer partout l'ennemi. Quel plaisir de voir arriver
au journal, après une de ces séances tapageuses, ce
fier visage aux yeux ardents, aussi détaché de lui-
même qu'il est plein de sollicitude pour ses amis.
Avant même de s'asseoir, nous mettant les mains
sur les épaules, le député de Cholet fait le point :
« Ça va très bien. Les malvystes et les caillautistes
ne s'attendaient pas à ce nouveau coup. Ils reculent,
et, d'ici une semaine, ce sera la débandade. » Toujours son pronostic se vérifie. Rarement homme
politique regarda aussi peu à sa peine, se dévoua
aussi entièrement à son idée. A toute heure du jour
et de la nuit nous l'avons relancé, Maurras et moi,
dans son appartement du boulevard Malesherbes, au
cours de cette longue campagne, et nous l'avons
trouvé prêt à nous rendre service et à recommencer
la lutte. Sa chaleur est extraordinaire, telle qu'au
temps du Panama. Je lui répète : « Vous n'avez pas
changé, depuis le souper historique chez Barrès
en 1893, dans le petit hôtel de la rue Caroline,
après la première représentation d'*Une Journée parlementaire*. » Il prétend modestement que si, que le

temps a marché, mais son bon sourire guerrier et
la vigueur de son étreinte prouvent assez qu'il n'en
est rien.

La guerre n'est pas seulement l'épreuve du courage et de l'esprit de sacrifice à l'avant. Elle est
encore l'épreuve du caractère à l'arrière. Il n'y a pas
de milieu, elle trempe ou elle désagrège, elle ren-
force ou elle détruit. Combien de nos contemporains, qui passaient en temps de paix pour des ve-
dettes, littéraires ou politiques ou scientifiques, ont
disparu, depuis août 1914, dans le barathre et le
néant, alors que d'autres, plus modestes, ou d'un
retrait de meilleur aloi, ont vu leur renommée gran-
dir et leur valeur réelle apparaître! Les gens consi-
déraient Alfred Capus comme un amuseur, comme
un auteur plein de vues et de trouvailles charmantes,
mais léger et superficiel. Il s'est révélé ainsi qu'un
maître journaliste, qu'un des mainteneurs de la confiance française. Certains de ses courts filets du
Figaro sont des chefs-d'œuvre, de la quintessence de
jugement sûr. Au lieu qu'un versificateur à la mode,
comme le pauvre Rostand, est tombé, avec son
héroïsme en toc et en clinquant, dans le quatorzième
dessous. Qui donc se rappelle aujourd'hui qu'il y
eut dans les lettres un touche-à-tout du nom de Paul
Adam? On ne parcourt plus, d'un pouce distrait,
sur ces quais que menace le canon boche à longue
portée, ses falotes pronostications que pour en rire.
Il n'en est aucune qui ne soit à l'envers ou au rebours des événements. La mitraille de la réalité sanglante a fauché sans pitié les faux talents et les ré-
putations usurpées.

On m'objectera une erreur du nombre, — *idola
fori* — la vente formidable d'un méchant livre et

d'un livre mauvais tel que *le Feu* de Barbusse. Cela, c'est l'accident d'origine démocratique, comparable à la vogue de Zola, autant pour la bassesse de qualité du succès que pour sa diffusion rapide. Il s'agit d'une poussée de furonculose sur l'intrépide moral de la France, poussée qui a trouvé son expression dans la vision malsaine et l'aigre phraséologie d'un imitateur de *la Débâcle. Le Feu*, c'est le genre de littérature adéquat à la même période de stagnation militaire qui nous livra précisément aux entreprises du caillaumalvysme et du *Bonnet Rouge*. Maurice Pujo, notre vaillant et cher « Biffin », l'a défini et châtié d'un mot : « Du sirop de cafard ». C'est un bréviaire du défaitisme, dont la victoire actuelle démontre le néant.

CHAPITRE IV

LA DÉFENSE DE LA TRAHISON

Nous avons expliqué, dans *la Guerre totale*, comment les Allemands subventionnaient à Paris, en pleine guerre, un journal, *le Bonnet Rouge*, destiné à défendre leurs intérêts et à saper l'alliance anglaise. Mes amis et moi avons détruit ce nid de vipères. Or, à partir du moment où Caillaux et Malvy se trouvent ainsi découverts, c'est-à-dire vers le mois de novembre 1917, on remarque, dans certains milieux et dans une certaine presse, l'organisation d'une seconde campagne, sur une deuxième ligne, dite de repli, dans le dessein manifeste de défendre, non plus les intérêts allemands, mais les défenseurs de ces intérêts, non plus les espions, mais les traîtres.

L'officier interprète Marchand — un des hommes qui connaissent le mieux les dessous de l'action allemande chez nous pendant les hostilités — a déclaré, devant le capitaine Bouchardon et devant la Haute-Cour, que l'administration boche de l'espionnage et de la trahison occupait à Berlin une quinzaine d'immeubles, plus de cinq cents employés, une centaine d'officiers et maniait des fonds supérieurs à un milliard. Ce que j'ai pu apprendre de mon côté corrobore ces renseignements et ces chiffres.

Il serait, bien entendu, ridicule de prétendre que tous les défenseurs de feu Almereyda, de Caillaux et de Malvy sont vendus à l'ennemi. La manœuvre allemande consiste à entretenir une équipe d'agents qui fournissent les thèmes de polémique, les exploitent et les font développer par les naïfs. Comme on ne pense pas à tout, ces mêmes thèmes se retrouvent, trait pour trait, argument pour argument, dans la *Gazette des Ardennes*, que rédige en français le renégat Prévost et aussi dans les principaux organes allemands, notamment la *Gazette de Francfort* et le *Berliner Tageblatt*.

C'est ainsi qu'on peut lire, dans les feuilles précitées, que « les gens de *l'Action Française* démoralisent leurs compatriotes, en imaginant partout la trahison et troublent l'opinion publique avec leurs campagnes abominables ». Cette sollicitude de l'ennemi pour la sérénité des esprits en France a quelque chose de bien touchant! De ce point de départ, on arrive à cette conclusion que *le véritable perturbateur, ce n'est pas celui qui trahit; c'est celui qui dénonce la trahison.* Duval, Bolo, Almereyda, Caillaux, Malvy sont moins coupables, même s'ils sont coupables, que Léon Daudet qui a signalé leurs agissements et documenté, à leur sujet, les conseils de guerre. Ce n'est pas eux qu'il conviendrait d'arrêter, c'est lui. L'animal dangereux, ce n'est pas le loup, c'est le chien de garde... Saluons, dans cet impudent paradoxe, un renversement, éminemment boche, de la vérité. On croit entendre les gros rires des scribes berlinois, qui ont imaginé cette riposte à nos campagnes. Ils supposent les Français assez candides pour couper dans de telles insanités!

Or, il est à remarquer que l'esprit public n'a

jamais été en France aussi bon, pendant la guerre,
que sous le cabinet Clemenceau, c'est-à-dire qu'à
partir du moment où l'on s'est décidé à poursuivre
et châtier les espions et les traîtres. La masse sentait
confusément qu'il y avait, dans les sphères politiques, quelque chose qui ne marchait pas, qui
s'opposait à l'action militaire, qui l'entravait et la
rendait inefficace. Les manœuvres de Caillaux en
faveur d'une paix allemande avaient transpiré. On
colportait, à ce sujet, des bruits inexacts, mais dont
le fond était vrai. Il en était de même pour Malvy.
La multiplication des passeports et des permis de
séjour, accordés à des suspects, et à des plus que
suspects, était la fable du ministère de l'Intérieur et
de la Préfecture de Police. La rumeur en était par-
venue aux milieux parlementaires et, de là, au grand
public. Je me rappelle qu'un jour, au cinéma du
Colisée, où je me trouvais avec un de mes enfants
— c'était pendant l'hiver de 1916 — l'image de
Malvy sur l'écran fut accueillie par une tempête de
sifflets. Si la divulgation de ma lettre au président
de la République eut le retentissement que l'on sait,
c'est qu'elle affirmait tout haut ce que beaucoup de
personnes, depuis plusieurs mois, répétaient tout
bas. En revanche, elle ne donna lieu à aucun trouble,
ici ni là. L'impression générale, à l'armée comme à
l'arrière, fut : « Ce n'est pas trop tôt ! » Dans l'immense courrier, qui me parvint alors, cette phrase
reparaît comme un refrain.

Deuxième argument, soufflé par les Boches et
repris en chœur par leurs créatures ou les dupes de
leurs créatures : « *La dénonciation de la prétendue
trahison fait partie du plan royaliste. Elle tend à
déconsidérer le régime républicain.* » Ceux qui

parlent ainsi font au régime républicain une insulte gratuite, devant laquelle reculeraient les royalistes les plus véhéments. Cette abominable identification entre un Almereyda, un Caillaux, un Malvy et la République ferait se retourner dans leurs tombes les sincères et fervents républicains que j'ai connus et fréquentés, les Challemel-Lacour, les Georges Périn, les Ménard-Dorian, les Schœlcher et tous les fondateurs du régime actuel. Je dois reconnaître que j'ai reçu, au cours de mes campagnes pour ce que j'ai appelé la guerre d'appui, les félicitations de nombreux adversaires politiques et de démocrates convaincus. Quelles que soient leurs différences psychologiques et sociales, un Almereyda, un Caillaux, un Malvy ne servent pas tel ou tel régime. Ils se servent de lui, ils l'exploitent et ils lui nuisent en se collant à lui. L'intérêt bien compris de ce régime, comme celui du pays, exigent qu'ils soient au contraire dénoncés et châtiés, séparés ainsi publiquement de cet État qu'ils prétendaient compromettre et corrompre.

Au moment où la guerre a éclaté, il y avait, en France, dans les milieux politiques, industriels, financiers, mondains, journalistiques et de théâtre, un millier de personnalités acquises de pied en cap à l'Allemagne, travaillant pour l'Allemagne, subventionnées par l'Allemagne, souhaitant la grandeur de l'Allemagne, l'augmentation du prestige allemand. C'était, en quelques mots, le reliquat moral et intellectuel de la défaite de 70. Ce qui a fait l'importance parlementaire et financière d'un Caillaux, c'est qu'il est le premier politicien français qui ait symbolisé cette meurtrière duperie, le rapprochement franco-allemand, et qui l'ait préconisée de façon ouverte.

La guerre déchaînée par Guillaume II a surpris cette équipe — que l'on peut dire prédisposée à la trahison par tous ses intérêts et toutes ses tendances — en plein rendement. Quelques-uns loyalement ont lâché l'Allemagne. D'autres, par orgueil, se sont entêtés et se sont dit qu'il fallait laisser le temps couler, que l'Entente n'était pas de taille à avoir raison des empires centraux, qu'un moment viendrait où il faudrait composer, et qu'alors ils retrouveraient un emploi de première grandeur, celui de traits d'union et de pacificateurs. Telle fut, à n'en pas douter, la psychologie de Caillaux. Tout ce que nous savons de lui nous le représente comme vaniteux, obstiné, bien fourni en qualités secondaires et accessoires, mais privé de cette vertu primordiale essentielle et sans laquelle le reste s'écroule ou moisit : le bon sens.

Malheureusement la pente est glissante d'un tel penchant progermain intellectuel, sentimental ou d'affaires, à l'intention criminelle, à une préférence bôche tellement marquée qu'elle souhaite, pour en finir, le succès complet de l'ennemi.

Le premier pas, dans cette direction, c'est le dénigrement systématique de l'alliance anglaise, considérée avec raison comme la pierre angulaire de l'Entente. Quand vint l'alliance américaine, en mars 1917, il fallut bien l'englober aussi dans la réprobation germanophile et un sourd travail de calomnies commença. C'était d'ailleurs le pire moment de l'assaut donné au moral de la France, que signale et définit en termes excellents l'arrêt de la Haute-Cour.

Le second stade, rapidement franchi, c'est l'irritation progressive contre les écrivains patriotes qui maintiennent de leur mieux le moral français. Ouvrez les organes malvystes et caillautistes, en première ligne *le Bonnet Rouge, le Pays* première manière (direction Albert Dubarry), le *Carnet de la Semaine*, du même Dubarry. Ces écrivains patriotes sont des bourreurs de crâne, des lâches, embusqués dans leurs bureaux, les pieds dans leurs pantoufles et qui poussent à la guerre, pendant que les poilus souffrent du froid, de la faim, de la boue et se font tuer; des bellicistes, avides de sang et de larmes. La campagne menée contre Barrès, considéré à bon droit comme un des remparts du nationalisme, est, à ce point de vue, très intéressante à suivre. Elle commence au moment où Barrès prend, à *l'Écho de Paris*, la suite d'Albert de Mun, Français au grand cœur, lui aussi, à la parole éloquente, mort subitement à la veille de la première bataille de la Marne, dont il pressentait l'issue victorieuse. A ce moment-là, l'union sacrée régnait, du moins en apparence, et Barrès évitait avec soin tout ce qui pouvait ressembler, de près ou de loin, à une polémique. Il s'occupait de l'institution de la croix de guerre, des mutilés, du bien-être du combattant, du service de santé, et son initiative et sa géniale intelligence et son incomparable ardeur patriotique ont rendu des services hors pair. Il s'est montré là grand citoyen. Or, on n'imagine pas les infamies, les fétides blagues, les abjectes injures que déversèrent sur lui, pendant trois ans, tous les folliculaires du clan Caillaux. On chercha même à l'atteindre dans son amour paternel, dans son cher et charmant Philippe, combattant en première ligne, sans cesse exposé avec les camarades, et que des misérables représentaient comme jouissant, à l'arrière, de faveurs spéciales. Un de ces co-

quins alla jusqu'à reprocher au père le fait que son
enfant ne fût pas tué ! C'est que le parti allemand
espérait ainsi décourager le vaillant Lorrain, émous-
ser, sinon briser, cette plume d'or et de flammes, une
des plus acérées de toute notre littérature, plume
magicienne qui vaut plusieurs milliers de bonnes
épées.

J'ai raconté ailleurs comment, vis-à-vis de
Maurras et de moi, la tactique des proallemands
avait consisté à essayer de nous faire sortir de nos
gonds, d'amener, par des outrages innommables,
une voie de fait qui eût déchaîné des violences. Il
faut relire à ce point de vue non seulement la collection du papier boche où fonctionnait « monsieur
Badin », mais aussi celle du *Carnet de la Semaine*
et des premiers temps du *Pays* (de juin à octobre 1917). C'est le débordement de l'égout. Ces
polémiques excrémentielles étaient fidèlement résu-
mées ou reproduites dans des journaux authentique-
ment boches, notamment la *Gazette des Ardennes*,
le *Berliner Tageblatt* et la *Gazette du Rhin et de
Westphalie*. Au dedans comme au dehors, la haine
de l'ennemi national a bon goût. Elle est le robo-
ratif de l'écrivain, dans les heures où il éprouverait
le lâche désir de détendre son arc et de se reposer.

Tant que Malvy fut ministre de l'Intérieur et
servit ainsi de couverture à Caillaux, cette défense
et illustration des points de vue allemands eut un
appui dans l'État français. La victoire en devenait
impossible et la chronicité d'une guerre morne,
privée de tout stimulant glorieux, favorisait grandement ces menées souterraines. L'histoire notera avec
stupeur qu'il fallut l'arrivée aux affaires de Clemenceau pour qu'il fût permis de citer, dans des articles,

les noms des généraux français qui avaient remporté tel ou tel avantage. Or, l'homme est l'homme et l'aiguillon de la renommée est indispensable à ceux, grands ou petits, qui forgent ensemble le succès militaire. Cette interdiction malfaisante et stupide ne peut recevoir aucune autre explication plausible que celle-ci : le maintien sous le boisseau de la science, de l'habileté, de toute valeur capable de délivrer le pays, en même temps que de la reconnaissance populaire. « *Invidia democratica* » tant que vous voudrez, mais aussi suggestion ennemie et volonté de contenir cette furie française qui seule est susceptible de nous assurer le triomphe complet.

Sans compter que cette obscurité décourageante est en outre propice aux mauvais coups. Ce n'est plus un secret pour personne que l'incomparable général Mangin a joué, depuis le début de la guerre, un rôle considérable et infligé les plus sanglants échecs à l'ennemi. Il gênait les Allemands. Ceux-ci lui firent d'abord, dans les milieux défaitistes français soumis à leur influence, une réputation de consommateur d'hommes, nullement justifiée. Ensuite, vers avril 1917, ils réussirent, à force d'intrigues ténébreuses et dont le détail sera connu, à lui faire retirer son commandement par l'incapable Painlevé. Je me hâte d'ajouter qu'en agissant ainsi l'aveugle Painlevé ignorait qu'il servait les intérêts allemands ; mais il obéissait aux suggestions d'un clan qui, lui, les servait consciencieusement jusque dans les couloirs de la Chambre et les antichambres des ministères français. Le mot d'ordre Caillaux, dans tous les domaines de la Défense nationale, était trop souvent obéi.

Pour rompre cette terrible trame, pour la déchirer dans sa longueur, il fallait un vieux républicain, un homme politique dont on ne pût dire qu'il « pactisait avec les réactionnaires », assez délié pour comprendre et sentir, assez énergique pour intervenir, assez obstiné pour persévérer, un homme parvenu à ce point de l'existence où les attaches habituelles ne comptent plus et qui n'eût qu'une idée : tirer son pays de là. Car, en vérité, ce n'était pas une tâche commode. Cet homme fut Georges Clemenceau.

Romancier, c'est-à-dire habitué à construire par l'imagination sensible, médecin, c'est-à-dire habitué à relier les effets aux causes, Vendéen, c'est-à-dire n'ayant pas peur, Clemenceau a senti au cœur, devant les sacrifices des soldats, qu'il visitait souvent comme président de la commission de l'armée au Sénat, cette grande pitié qui meut, au cours des âges, les héros. Devant la stagnation de nos armées, devant les larves politiques qui osaient les entraver avec leurs chefs, devant l'action occulte de Caillaux et de son clan, il s'est pris la tête entre les mains, il a réfléchi, il a compris, et il est intervenu en conséquence. Mon avis, que j'ai exprimé trop de fois pour ne pas le répéter ici une fois de plus, mon avis très ferme est que, sans cette intervention, nous étions irrémédiablement perdus. Trois mois de plus et les soviets fonctionnaient en France comme en Russie et ils amenaient, comme en Russie, la décomposition de l'armée et la déchéance de la nation, au milieu de quelles convulsions! L'Allemand vainqueur entrait à Paris. Caillaux prenait le pouvoir et Guillaume II cherchait à entraîner nos armées et notre flotte à l'assaut de notre alliée et loyale amie l'Angleterre. Nous revenions au temps des Armagnacs et des Bourguignons, déchus de notre honneur séculaire, au milieu de luttes fratricides et d'une misère sans nom.

Celui qui nous a tirés d'un pareil gouffre, quelles qu'aient pu être ses erreurs antérieures, a droit à la reconnaissance nationale.

CHAPITRE V

DEVANT LA COMMISSION D'INSTRUCTION
DE LA HAUTE-COUR

La Haute-Cour de Justice tint ses premières séances — d'installation de procédure — les 21 et 28 janvier 1918. Malvy, demeuré en liberté, y comparut entre ses deux avocats, Mes Bourdillon et Paul Guillain, mon ancien condisciple de Louis-le-Grand. C'est le cas de dire : « Comme on se retrouve ! » Assisté de MM. Lombard et Sénac, conseillers à la Cour de Cassation, personnages muets, le procureur général Mérillon commença la lecture de ses réquisitions ou, plus exactement, de son réquisitoire introductif d'instance, dont voici le passage principal :

Le même jour[1], ainsi qu'il résulte du troisième document produit, la Chambre des députés était saisie de l'incident par une interpellation de M. Delahaye. Le président du Conseil demanda le renvoi de l'interpellation à la suite de l'ordre du jour, mais en faisant des déclarations dont il importe de retenir les passages suivants : « Le gouvernement n'a rien à ajouter à la déclaration qui a paru ce matin dans les journaux. Il l'a faite sous sa responsabilité. Il a choisi la voie qui lui a semblé la plus propre à sauvegarder à la fois l'indépendance complète de la justice et la paix nationale.

1. Le 10 octobre 1917. Voir plus haut pp. 32 et 79.

Dans les circonstances exceptionnelles, qui peut-être n'ont pas de précédents dans notre histoire, il a agi avec un égal souci de la vérité et des intérêts essentiels de la nation. Il n'a rien à ajouter. »

Et, pour répondre au reproche qui lui était fait d'avoir, par ce communiqué, pris partie dans une instruction en cours, le président du Conseil déclarait quelques instants après qu'il avait reçu M. Léon Daudet dans son cabinet, qu'il lui avait fait observer que, lorsqu'on avait à formuler des accusations que l'on croyait fondées, on devait recourir aux voies ordinaires de la justice, et que M. Léon Daudet, avec une grande véhémence, avait affirmé sa conviction de tout ce qu'il avait écrit dans sa lettre. M. Painlevé concluait ainsi : « C'est parce que ces questions ont été abordées par M. Daudet en dehors des affaires en cours, que j'ai pu faire connaître dans le communiqué de ce matin l'opinion du gouvernement tout entier. »

Il résulte de ces déclarations que le gouvernement avait certainement l'intention, par son communiqué, de clore le débat relatif à M. Malvy, mais comme le président du Conseil ne pouvait ignorer qu'une déclaration du gouvernement n'était, en pareille matière, qu'une opinion favorable à la personnalité en cause, mais nullement une décision de justice s'imposant à tous, et que lui-même avait déclaré en fin de débat que la justice suivrait son cours, et qu'en pleine indépendance elle saurait accomplir son œuvre de lumière et frapper ceux qui auraient trahi leur devoir envers la Patrie, le renvoi de l'interpellation à la suite de l'ordre du jour voté par la Chambre laissait en l'état l'accusation formellement maintenue par M. Léon Daudet et la dénégation énergiquement opposée par M. Malvy.

Aussi M. Malvy estima qu'il ne pouvait s'en tenir là, et il chercha des juges.

Le haut magistrat n'ajoute pas que le recours au jury, par le moyen de la Cour d'assises, était le procédé

le plus simple et qui s'imposait à Malvy, au double
titre de ministre diffamé dans l'exercice de ses fonctions et de « démocrate » convaincu. Mais il n'est
rien de tel qu'un « démocrate », surtout convaincu,
pour se méfier de la juridiction populaire ; et
Malvy s'imaginait, bien à tort, que la camaraderie
politique et le souvenir de son beau-père, feu le
sénateur de Verninhac, inclineraient le Sénat à l'ab
soudre.

Il pensa pouvoir les trouver dans la Cour de justice
prévue par l'article 12 de la loi constitutionnelle du
16 juillet 1875, ainsi conçu : « Les ministres peuvent
être mis en accusation par la Chambre des députés
pour crimes commis dans l'exercice de leurs fonctions.
En ce cas ils sont jugés par le Sénat. » Et il déposa
lui-même une proposition de résolution demandant la
nomination d'une commission de trente-trois membres
chargée d'examiner s'il y avait lieu de mettre en accusation pour crimes commis dans l'exercice de ses fonctions un ancien ministre de l'Intérieur. Cette résolution fut adoptée par la Chambre, et une commission de trente-trois membres fut chargée d'apporter ses
conclusions.

Il y a lieu de noter qu'à ce moment la Chambre des
députés se trouvait uniquement en présence du texte de
la loi constitutionnelle et qu'aucune loi d'application
n'avait fixé les règles à suivre pour la mise en accusation d'un ministre par la Chambre des députés.

La loi du 10 avril 1889 organisait en effet exclusivement la procédure à suivre devant le Sénat pour le
cas spécial d'attentat commis contre la sûreté de
l'État.

Il eût, sans doute, été normal de procéder au fond,
dans l'espèce soumise à la Chambre, de régler la procédure et de fixer par une loi d'abord les conditions dans
lesquelles la Chambre constituée accusatrice devait

établir son accusation, et en second lieu les conditions
dans lesquelles la Cour de justice devait fonctionner
pour ce cas spécial ; mais le temps pressait, la Chambre
paraissait désireuse d'avoir une solution rapide, et la
commission jugea préférable de proposer à la Chambre
d'établir elle-même en fait sa procédure dans l'espèce.

Ce système présentait certainement beaucoup d'inconvénients pour le cas où il eût été décidé de faire une
instruction criminelle avant de saisir le Sénat.

La commission décida alors de s'en tenir sans aucune
vérification aux accusations formulées contre M. Malvy
et à ses dénégations et proposa à la Chambre de les
transmettre telles quelles au Sénat en lui laissant le soin
de les contrôler.

La Chambre adopta les conclusions de sa commission
et, par une résolution votée à la séance du 28 novembre
1917, elle releva contre M. Malvy, ministre de l'Intérieur, en visant les seuls documents ci-dessus résumés, et
sous la réserve des protestations de l'inculpé, prévention :

1° D'avoir, de 1914 à 1917, sur le territoire de la
République et dans l'exercice de ses fonctions de ministre
de l'Intérieur, renseigné l'ennemi sur tous nos projets
militaires ou diplomatiques, et spécialement sur le
projet d'attaque du Chemin des Dames ;

2° D'avoir, dans les mêmes circonstances de temps et
de lieu, et dans l'exercice de ses fonctions de ministre
de l'Intérieur, favorisé l'ennemi en provoquant ou excitant les mutineries militaires.

Et, vu les articles 77 à 81 du Code pénal, ordonna la
mise en accusation de M. Malvy, ancien ministre de l'Intérieur, et le renvoya devant le Sénat pour y être jugé.

Cette résolution saisissait légalement le Sénat et le
constituait juge des accusations formulées par la Chambre, même sans instruction ni information, sauf au
Sénat à en apprécier la valeur dans sa décision au fond.
La loi constitutionnelle n'exige en effet qu'une mise en
accusation sans imposer à la Chambre l'obligation d'apporter des justifications à cette accusation.

En l'absence de toute loi fixant la procédure à suivre dans cette matière, et les lois ordinaires n'étant applicables en ce cas que s'il en a été ainsi ordonné, la Chambre a pu suivre la procédure qu'il lui a paru convenable d'adopter. L'accusation est donc recevable.

Mais le Sénat ainsi saisi ne pouvait utilement statuer en l'état, sans que sa procédure ait été réglée, et la communication officielle au Sénat de la résolution de la Chambre fut suspendue jusqu'à ce que la lacune ait été comblée.

Elle le fut par la loi du 5 janvier 1918, qui a laissé encore de côté la procédure à suivre pour la mise en accusation et réglé uniquement celle relative aux débats et au jugement devant le Sénat constitué en Cour de justice.

Cette constitution a eu lieu sans débat contentieux, et, conformément à l'article premier de la loi, la Cour de justice a transmis à votre procureur général le dossier de l'accusation.

Ici le procureur général discute longuement sur la compétence, en faveur de laquelle il se prononce, puis conclut ainsi :

De ces observations, il résulte que la Cour de justice est compétemment saisie.

Mais il résulte aussi de l'exposé de l'affaire en son état actuel que l'accusation, d'ailleurs précise et formelle, n'est pas judiciairement établie, et que la Chambre des députés vous l'a transmise en la forme sans vouloir engager sa responsabilité au fond par une instruction préalable.

Dans ces conditions, devez-vous dès à présent la considérer comme sans fondement, et l'écarter par un arrêt de non-culpabilité? Nous ne le pensons pas.

Il y a donc nécessité de procéder à un supplément d'information.

En conséquence,

Vu la résolution du 28 novembre 1917, ordonnant la mise en accusation de M. Maloy, ancien ministre de l'Intérieur, pour faits qualifiés crimes par les articles 77 à 81 du Code pénal, et commis dans l'exercice de ses fonctions, et transmise par la Chambre des députés au Sénat, constitué en Cour de justice, ainsi que les documents visés par cette résolution ;

Vu l'article 4 de la loi du 5 janvier 1918,

Nous requérons :

Qu'il plaise à la Cour de justice,

Ordonner qu'il sera procédé sur les faits ci-dessus visés à un supplément d'information par la commission établie par l'article 7 de la loi du 10 avril 1889 et constituée en commission d'information ;

Nous requérons, en outre, qu'il plaise à la Cour de justice nous donner acte du dépôt, à son greffe, du dossier de la procédure et des présentes réquisitions.

Fait au parquet de la Cour de justice, le 28 janvier 1918.

Le Procureur général,

D. MÉRILLON.

La Commission d'instruction près la Haute Cour était ainsi composée : Président : M. Ernest Monis. Rapporteur : M. Eugène Pérès. Membres : MM. Alexandre Bérard, Théodore Girard, de Las Cases, Antony Ratier, Savary, Vallé, Vidal de Saint Urbain. Je fus convoqué devant ces messieurs dans le courant de février, au moment même où les Boches commençaient à se livrer, au-dessus de Paris, à des raids imposants de gothas. Je note le fait, parce que j'avais toujours pensé — sans prétendre aucunement au rôle de sorcier — que les instructions et les débats de cette affaire concorderaient avec une période critique de la guerre. Je suis même assez étonné

qu'aucune torpille, aucune bombe ne soient tombées
sur le palais du Luxembourg au cours du drame,
ainsi que, dans les tragédies antiques et shakespea-
riennes, se combine la furie des éléments extérieurs
avec la tempête des éléments moraux.

Ce Palais du Sénat, dans lequel je n'avais pénétré
auparavant que de façon intermittente et incomplète,
est une merveille. La grande galerie donnant sur la
cour, les salons d'audiences, la bibliothèque, avec
leurs plafonds caissonnés, leurs peintures, leurs
lustres, leurs confortables fauteuils, composent une
atmosphère somptueuse et courtoise d'autrefois, in-
clinent l'âme à l'indulgence et à la sérénité. Au lieu
que le Palais Bourbon, où se tiennent les séances de
la Chambre des députés, avec sa disposition angu-
leuse et étriquée, ses couloirs mesquins et cirés, sa
bruyante salle des Pas-Perdus, semble propice aux
querelles, aux gilles, aux malentendus et à la haine.
Les endroits historiques, les aîtres où se sont passés des événements, ont une physionomie, comme
les personnes. Habitant la Touraine en été depuis
vingt ans, je n'aime ni l'humide château de Che-
nonceaux, ni celui si sec de Langeais, qui sont des
gîtes d'ennui riche et de maussaderie dorée,
j'éprouve une terreur sacrée en visitant le tragique
château de Blois, où il y a du sang sur tous les
meubles, et je suis persuadé que le château de
Loches, avec ses dispositifs de guet et ses oubliettes,
a inspiré en partie la sage et tortueuse politique du
roi Louis XI. Il y a des logis modernes, d'un blanc
cru, qui prédisposent à la dispute de famille. Certains manoirs, tristes et écartés, semblent disposés
pour l'inceste ou un vice absorbant et secret... Bref,
au Sénat, je me régalai de la succession de pièces

vastes, cependant intimes, et de tapis amortisseurs qui conduisaient, en longeant la salle des séances, à la chambre de la Commission d'instruction de la Haute-Cour. J'arrivai ainsi à un corridor parqueté, au bout duquel il y avait une fenêtre donnant sur le jardin et le bassin, et devant la fenêtre, un huissier assis. Cet homme affable me dit : « Attendez là... Ils ne sont pas encore réunis. » Puis il reprit la lecture du *Petit Parisien*.

Je m'assis. J'avais apporté ma grosse serviette. bourrée de documents et de notes, que j'avais déjà transportée, comme un enfant bien nourri, chez le capitaine Bouchardon. Je la posai près de moi. Peu à peu, arrivèrent, en devisant, les membres de la commission, que je saluais à mesure, comme le candidat salue ses futurs examinateurs, et qui me rendaient ma politesse. Je ne connaissais de vue que le président Monis, qui a une physionomie fort intelligente, mais habile et réservée. Je lisais dans son regard, comme dans ceux de ses collègues, une certaine méfiance. On leur avait assuré que j'étais un énergumène, un chouan forcené, dénué de tout esprit critique, et que je n'avais absolument rien dans mon sac, que des ragots de concierge. Quand ils furent entrés, ils délibérèrent et un bon quart d'heure se passa. Enfin une sonnerie retentit et l'huissier reçut l'ordre de m'introduire.

Les sénateurs étaient assis en demi-cercle, autour d'une table recouverte d'un tapis vert. Un fauteuil m'était réservé. A mes côtés se tenaient le greffier en chef, M. Bonet Maury, au visage fermé comme par une persienne, en qui je crus reconnaître un huguenot du genre feutré, un autre greffier, plusieurs sténographes. On allait inaugurer le procédé moderne de la sténo-dactylographie, qui permet de recueillir et de photographier à mesure la déposition du témoin. Je prêtai le serment selon la formule d'usage et M. Monis m'avertit que je devais dire tout ce que je savais et qu'une enquête approfondie serait menée sur tous les points que j'indiquerais, de même que seraient recueillis tous les témoignages nécessaires. Le souci d'équité de tous ces messieurs était très visible et je tiens à leur rendre cet hommage que, pas une minute, ils ne songèrent à interrompre ni à faire dévier l'exposé que je leur fis de la gestion criminelle du ministre Malvy.

J'ai une grande habitude de la parole en public, qui tient aux très nombreuses conférences que j'ai faites un peu partout, depuis la fondation de l'*Action Française*. Ce qui fait que, tout en exposant mon affaire, je puis observer et même analyser les physionomies de ceux qui m'écoutent. Les neuf commissaires suivaient attentivement mon récit, auquel je tenais à donner le plus grand caractère de précision possible, sans remarques à côté, ni digressions inutiles. Il était évident que j'avais devant moi des juristes consommés, en même temps que des hommes d'expérience, et auxquels on ne raconte pas d'histoires. M. Alexandre Bérard, qui avait collaboré occasionnellement au *Bonnet Rouge*, et que j'avais attrapé naguère à cette occasion, me faisait l'effet d'un brave homme, mal renseigné sur les dessous de la presse défaitiste. M. Pérès, bien qu'impassible et impénétrable, demandait de temps à autre une précision, qui me prouvait ses scrupules de rapporteur. M. de Las Cases faisait de même, avec cette exquise urbanité qui est sa marque.

M. Vallé m'observait attentivement. Je remarquai le
regard pénétrant de M. Antony Ratier, ancien garde
des Sceaux, et la justesse de ses remarques. Bref,
pour ne parler que de moi — car on ne sait jamais
si ces choses-là sont réciproques — je me sentais,
après une demi-heure de contact, plein de sympathie pour ces hommes politiques, dont me séparaient
en général toutes mes convictions. La raison de
cette sympathie tenait, je crois, au lien du patriotisme, chaud et visible en la circonstance. J'aurais certes bien préféré n'avoir jamais à accuser un
ministre français du crime dont j'accusais Malvy et
j'espère que mon absence totale de parti pris est apparue à ces sénateurs, Français avant tout. Sinon,
c'est que j'ai été bien maladroit, ou bien mal servi
par mes moyens.

Cette première déposition dura de deux heures de
l'après-midi à six heures, avec une pause d'une
vingtaine de minutes vers les quatre heures. L'un
des commissaires me demanda paternellement si je
voulais boire quelque chose. Sur ma réponse affirmative, on me conduisit à la buvette, où je pris
avec plaisir un verre de vin, comme un déména-
geur altéré. Je me rendais compte que le développement de mes dossiers allait demander trois jours
au moins et je cherchais comment soutenir jusqu'au
bout l'attention de mon auditoire. Car il m'est pénible, détestant les raseurs comme je les déteste, de
raser à mon tour mes contemporains avec des affaires de trahison ou d'espionnage. Je songeais : « Je
ne voudrais tout de même pas leur faire l'effet d'un
d'Avenel ni d'un du Bled... », ces deux aspirants per-
pétuels à l'Académie étant ce que j'ai connu de plus
redoutable en ce genre.

Celui qui parle s'imagine rarement qu'il fatigue celui à qui il parle. C'est ainsi qu'Émile Ollivier, sortant d'une audience d'une heure avec le grand Pie X, disait à un révérend et illustre Père de mes amis : « Je l'ai prodigieusement intéressé. » Mais voici que le Père, pénétrant à son tour auprès du Souverain Pontife, voit celui-ci qui secoue à pleines mains sa robe blanche, puis lève les bras au ciel, en soupirant : « *Terribile !* » Un soir Alphonse Daudet, sortant d'une maison en compagnie d'un fâcheux qui déclarait : « J'ai pris rarement autant de plaisir à une réunion », lui répliqua avec douceur : « C'est que vous avez parlé tout le temps. »

De quoi fut-il question, au cours de cette première séance? De la conduite de Malvy à Bordeaux, de sa maîtresse Nelly Béryl, sur le compte de laquelle j'avais une notice très documentée, due à un de nos bons confrères, de son existence crapuleuse de joueur et de noceur et de l'influence extraordinaire d'Almereyda à la Préfecture de Police, pendant les trois premières années de la guerre. Comme les commissaires étaient censés connaître ma première déposition devant le capitaine Bouchardon, je passai rapidement sur les points que j'avais développés, en cette circonstance, trois mois auparavant. Le procès du *Bonnet Rouge* n'avait pas encore eu lieu et les sénateurs, membres de la commission, ne parurent n'avoir qu'une notion très approximative de la bande inouïe de cambrioleurs, de souteneurs, d'indicateurs de police, de marchands de cocaïne, d'avorteuses et d'espions que représentaient ces amis de Malvy et défenseurs de Caillaux. Là-dessus j'étais sur le velours, je connaissais mon sujet à fond, j'avais sous les yeux les dossiers mêmes constitués à la Préfecture de Police et à la Sûreté générale par des policiers patriotes, qu'il s'agissait pour moi de ne pas découvrir. Je craignais, je l'avoue, une insistance de la part des juges, au sujet de ceux qui m'avaient ainsi documenté; insistance qui m'eût mis dans la nécessité d'une réponse catégorique, comme cela se produisit en séance publique. Elle n'eut pas lieu. J'ai dit que j'avais affaire à des juristes. Ils savaient bien que ma conduite était sans reproches, puisque je n'avais reçu ces pièces probantes, d'une indiscutable authenticité, que pour les leur communiquer ainsi qu'au troisième conseil de guerre. Ils n'insistèrent pas et je leur en sus gré.

Une seule fois, quand je m'appuyai sur le rapport du général Nivelle en date du 28 février 1917 et sur celui du général Pétain, du 29 mai de la même année, le président Monis me demanda avec une certaine vivacité : « Comment ces documents sont-ils venus en votre possession, monsieur Daudet? » Je répondis : « Par l'entremise d'un député. » Il murmura : « Je m'en doutais », ce qui fit sourire les personnes présentes. Ces rapports étaient d'ailleurs, depuis longtemps, le secret de Polichinelle et on en commentait les principaux paragraphes dans les salles de rédaction. Henry Bérenger y avait fait allusion dans plusieurs articles de sa remarquable série de *Paris-Midi*. Je note ici, entre parenthèses, que Bérenger est un des très rares hommes politiques qui aient compris l'importance et la nécessité de la guerre totale. C'est ce qui explique évidemment les injures fort honorables dont l'a couvert la presse défaitiste.

L'histoire du cambriolage chez Malvy, en décembre 1914, du dossier dit « des roses d'Agadir » et de la mission, confiée par Malvy à Almereyda, de recouvrer ce dossier à tout prix, me parut intéresser la commission. J'ignorais cette manigance au moment de ma déposition devant le capitaine rapporteur. Elle m'avait été signalée depuis par le brillant avocat républicain Georges Desbons, qui avait en sa possession le bordereau même des pièces à récupérer, dicté à Almereyda par Malvy.

Tout de suite après, je traçai le tableau de cette opération, tragique quant aux intérêts de la Défense Nationale pendant la guerre, qui pourrait s'appeler l'offensive de Malvy contre le deuxième bureau des renseignements à la Place de Paris, contre le commandant Baudier, le colonel Bourdeau et surtout le général Clergerie, coupables d'avoir arrêté maints espions et espionnes et d'avoir bien mérité de la patrie. L'attention des sénateurs redoubla. Le bruit de ces affreuses manœuvres était peut être déjà parvenu à leurs oreilles, mais ils en ignoraient le détail, et les précisions que je leur fournis étaient réellement impressionnantes. Si blasé que je fusse sur cette partie de la biographie malvyste, ma voix tremblait d'une indignation contenue en la racontant. Peut-on rien imaginer de plus révoltant et de plus pathétique? D'un côté, des soldats admirables, — le général Clergerie est un de ceux auxquels nous devons la victoire de l'Ourcq, qui déclencha la première victoire de la Marne, — acharnés à leur indispensable besogne, qui est de réprimer l'espionnage ennemi. De l'autre une tourbe de chenapans, de coupeurs de bourses, d'agents allemands, de maîtres chanteurs, commandés par Caillaux, Malvy et Leymarie.

Car j'ai fait immédiatement justice d'une légende, qui a osé une timide réapparition aux audiences publiques de la Haute Cour, d'après laquelle Almereyda et ses amis, qui huaient l'armée française et acclamaient l'Allemagne sur les boulevards au 31 juillet 1914, auraient été des patriotes fervents, du 2 août 1914 au printemps de 1916. Malvy a soutenu et fait soutenir cette thèse grotesque, favorable à sa détestable cause, ainsi qu'il est facile de le comprendre, et qu'ont acceptée, les yeux fermés Viviani, Ribot et Briand. La vérité est qu'Almereyda et Landau, dès 1912, étaient des agents au service de l'Allemagne, connus comme tels des services de la préfecture de police — où ces dossiers ont été depuis scandaleusement expurgés. Dans l'été de 1913, Almereyda, sous un nom d'emprunt, se rencontre à la frontière espagnole, à l'ermitage du Coral, près Prats de Mollo, avec des agents boches; et la trace de son passage est inscrite sur le registre de l'hôtellerie. Il suffit de feuilleter la collection du *Courrier Européen* pour 1914, où Almereyda tenait l'emploi de secrétaire de rédaction, pour y découvrir des influences caillautistes, et donc proboches, notamment une attaque en règle contre l'État-Major français et le général de Castelnau. Il y a là mieux qu'une coïncidence. Les prospectus du premier *Bonnet Rouge* — alors bi-hebdomadaire — en date des mois d'avril et de mai 1914, préconisent nettement le « rapprochement franco-allemand », lisez, l'asservissement de la France à l'Allemagne. La bande à Caillaux — devenue la bande à Malvy — était ainsi, à la veille des hostilités, nettement allemande, comme était d'administration allemande le caillautiste *Gil Blas*, subventionné par les banquiers franco berlinois connus sous le nom de « gebrüder Merzbach ».

Je résumai la situation, pour les commissaires, à peu près dans les termes que voici : « En somme, quand l'Allemagne a imposé la guerre à la France, une partie du personnel politique était, sous la tutelle de M. Caillaux, inféodée aux intérêts allemands; et Malvy, au ministère de l'Intérieur, négocia, à mon avis du moins, ce qui, chez Caillaux, était plutôt un penchant doctrinaire et une visée ambitieuse. » Plus tard, quand sa femme, sans doute à son instigation, eut assassiné Gaston Calmette, Caillaux aiguisa cette tendance germanophile par un ressentiment à la Coriolan qui borde, d'un liséré de trahison, une flaque sanglante. Les hommes sont complexes et la pensée criminelle prend parfois ses racines dans des sentiments, à l'origine normaux, que les circonstances ont rendus anormaux. J'ai dit que plusieurs commissaires, dont le président Monis, étaient des hommes d'une intelligence très vive et déliée et je regrettai de n'avoir pas le temps de développer devant eux ce point psychologique et la différence qu'il y a entre un Caillaux, d'une part, un Malvy, un Leymarie, un Almereyda, de l'autre.

De même, je ne pus que résumer brièvement la question, cependant intéressante, du chantage exercé, pendant la guerre, par le gouvernement allemand, sur des hommes en place, considérés par lui, en France et en Russie, comme ses créatures. Il y a, de ce chantage, des preuves indubitables, par lesquelles s'éclaire tout un pan des affaires de trahison en cours. Il est bien certain que l'Allemagne avait fait le nécessaire pour obtenir, en pleine paix, les mines du Cotentin et le port de Diélette par exemple.

La guerre déclarée, elle pressa ensuite sur ses intermédiaires, pour obtenir d'eux le maintien des avantages antérieurs, ou de nouveaux avantages. Elle chercha à convertir en traîtres et en espions ses intermédiaires imprudents. Certains récalcitrèrent. D'autres faiblirent et glissèrent ainsi dans la voie des concessions coupables. C'est ce que j'appellerai le glissement de la pente aidé.

J'ai su, depuis, que les dépositions du général Clergerie et du commandant Baudier devant la commission avaient produit une impression profonde. Je n'en suis nullement surpris. Je n'ai fait qu'entrevoir ce chef magnifique, à peine touché physiquement par les fatigues d'un labeur excessif et les angoisses, héroïquement surmontées, du mois d'août 1914. Sa haute stature, son regard, sa voix respirent la vive intelligence, la loyauté patriotique, l'absolue franchise. Lui et son fidèle second, le commandant Baudier, que rien n'ébranle ni ne détourne du devoir, avaient subodoré rapidement le réseau de louches intrigues et de complicités par faiblesse, qui commençait à Desclaux et à Garfunkel pour finir à Caillaux et à Malvy. Responsables de l'ordre, en l'absence de toute Sûreté générale, responsables du salut public, ils avaient pris implacablement les mesures que commandait la situation. Ils n'avaient tenu aucun compte des menaces de la maffia du *Bonnet Rouge*. Aussi quelle rage au clan des bandits! « Nous aurons la peau de Clergerie... Il nous faut la peau de Baudier... Il faut venger Lombard et Garfunkel... Nous vengerons Desclaux! » Tels étaient les propos couramment échangés dans la caverne du 14 de la rue Drouot, — où fleurissait aussi l'*Agence Républicaine* du nommé Dolié, — dans le bureau de Leymarie et dans le cabinet de Malvy. L'inculpation de Desclaux, qui volait des jambons et des gigots à l'Intendance militaire pour en régaler madame Béchoff David, couturière place Vendôme, faisait l'effet d'un sacrilège. Ce Desclaux avait été au cabinet de Caillaux et, comme tel, se croyait tout permis. Quant au docteur Lombard, collaborateur du *Bonnet Rouge*, organisateur d'une fête en l'honneur de Rouget de Lisle (pauvre Rouget de Lisle!), il trafiquait des réformes frauduleuses et aussi des avortements, en compagnie d'une nommée Laure Muselli, également affiliée à la bande Almereyda, condamnée depuis. Tout ce joli monde faisait la popote et n'admettait pas qu'on mit le nez dans ses casseroles.

Mais la grande fureur de Malvy vint surtout de ce que le général Clergerie voulait faire envoyer dans un camp de concentration la jolie Hongroise Kovacs, espionne avérée, gouvernante chez des amis du ministre de l'Intérieur, 60, avenue du Bois-de-Boulogne, et dont la présence causait du scandale. Malvy, très attaché aux protecteurs de ladite Kovacs et vraisemblablement à la Kovacs elle-même, avait exigé pour elle du préfet de police Laurent un permis de séjour définitif. J'ai tracé, dans *la Guerre Totale*, le portrait de cet étonnant Laurent, humble serviteur de son non moins étonnant ministre, qui aurait fait un parfait domestique dans une place où monsieur fait des frasques, et qui n'aurait jamais rien dit à madame, de peur de la chagriner. Laurent, le bon, l'honnête Laurent, vivait au milieu d'escarpes, qui le dominaient et le tenaillaient. Il obéissait à son chef de cabinet Maunoury, à « monsieur Maunoury » comme il disait, à Leymarie, à Malvy, à

Almereyda, convaincu que tous ces lascars étaient
de braves types, calomniés par *l'Action Française*,
et qui voulaient le bien de la France. J'ai rarement
vu un fonctionnaire plus stupide. Malvy savait certes
ce qu'il faisait en le choisissant pour succéder à
Hennion, sur le compte duquel il y aurait beaucoup
à dire. Mais il est mort à temps. Paix à ses cendres !

À Laurent succéda Hudelo, autre créature de
Malvy, ancien directeur de la Sûreté générale sous
Malvy, et qui ne commença à lâcher Malvy que
lorsqu'il s'aperçut que le torchon brûlait décidément
à la boîte de la rue des Saussaies et de la place Beauvau. Les sénateurs-juges ont pu voir Hudelo sur le
vif à la Haute-Cour, empêtré dans ses dénégations,
quand le procureur Mérillon avec sa clairvoyante
psychologie, le priait de ne pas jouer un rôle double
et de ne pas tenir, devant le public, un langage différent de celui qu'il avait tenu devant la Commission
d'instruction. C'est Hudelo, alors préfet du Gard,
qui confiait à Georges Desbons, alors sous-préfet,
lequel me l'a répété : « Quand vous recevez un
réactionnaire, dites comme lui, faites-lui des cour-
bettes, puis, dès qu'il aura le dos tourné, fichez-lui
un coup de poignard entre les épaules. » Programme
que Desbons vit appliquer ensuite, par le délicieux
Hudelo, à beaucoup de non-réactionnaires. Cette
façon de faire son chemin peut conduire à des fon-
drières, et Hudelo s'en est aperçu.

Lors de cette première audience devant les commissaires, il fut aussi beaucoup question du Syrien
Rabbat, ami d'Almereyda, protégé de Malvy, un des
premiers bailleurs de fonds du *Bonnet Rouge* et de
son ancien associé Zucco, chargé de mission en
Italie. Quelles que soient l'habileté et la conscience

de M. le juge Morand, chargé par la Haute-Cour de l'instruction de l'affaire Malvy, je doute qu'il ait pu tirer au clair le *curriculum vitæ* de ces deux individus, dont l'un, Rabbat, remettait en circulation, à Paris et à Genève, les titres volés par les Allemands en territoire occupé, dont l'autre rédigeait des rapports officiels sur la participation italienne à la guerre. Rabbat était marguillier, ou quelque chose d'approchant, dans une pittoresque petite église parisienne du rite grec, où un prince abbé allemand prêchait le carême. Il était au mieux avec la tourbe policière qui gravitait autour de Caillaux, de Malvy et de Leymarie. Une ancienne dactylo de chez Zucco faisait ses commissions en pays neutre, quand il les jugeait particulièrement délicates. C'était une fripouille dans le genre de Garfunkel, dont l'existence n'était qu'une trame de compromissions et d'escroqueries. Il avait ainsi sa place toute marquée parmi les créatures du ministère de l'Intérieur du temps de guerre !

Je crois me rappeler que c'est sur cette constatation que se termina ma première déposition devant les commissaires de la Haute-Cour. La glace était rompue. Ces messieurs avaient pu se rendre compte de l'importance de mes dossiers et de l'abondance de ma documentation. Tous avaient pris des mines absorbées, sérieuses, presque douloureuses, qui me firent bien augurer de l'impression produite. La thèse de calomniateur royaliste, poursuivant de sa haine, parce que royaliste, un éminent ministre républicain, ami du peuple, s'en allait en fumée.

La deuxième audience, de même longueur que la première, fut consacrée à l'exposé complet du rôle de Malvy dans l'affaire du chèque Duval et des évé-

nements qui s'étendent de la saisie du chèque à la
mort tragique d'Almereyda. Il n'a jamais été douteux pour moi que Malvy avait donné l'ordre à Leymarie de faire restituer le chèque allemand à l'administrateur du *Bonnet Rouge*. Le contrôleur Moreau,
honnête homme et patriote, auquel on doit en somme
la saisie du chèque, est venu dire à la Haute-Cour,
en termes à peine voilés, que sa méfiance vis-à-vis
de son ministre était telle qu'il mena la filature
secrètement. Le procureur général Mérillon a cependant abandonné l'accusation de complicité sur ce
point, parce que la preuve juridique n'a pu être
faite de la pression de Malvy sur Leymarie. Celui-ci,
que liait à Malvy plus d'un ténébreux secret, s'est
immolé pour son patron et a payé de deux ans de
prison — châtiment fort inférieur au crime — sa
discrétion, vraisemblablement obligatoire. La vérité
entière ne sera connue sur ces divers points que le
jour où apparaîtront les circonstances exactes de la
disparition du bandit dont l'Allemagne, par Caillaux
et Malvy, avait fait notre véritable préfet de police.
Malvy et Leymarie avaient fait connaissance au quartier Latin, autour des tables de l'ancien café Vachette.
Une même absence de scrupules, une même basse
ambition avaient lié l'homme du Lot, à tête de mort
chevelu, et le Gorenflot au gras et cynique sourire,
que l'on voyait, même après ses inculpations, parader
dans les couloirs de la Chambre, de *sa* Chambre, et
distribuer de larges poignées de main. Tous deux se
tutoyaient, tutoyaient Almereyda, et Leymarie
tutoyait Maunoury, lequel lui disait en public,
devant les autres fonctionnaires, pour bien marquer
l'intimité : « Viens-tu boulotter, espèce de vache ? »
Couple balzacien, que ce Malvy, ce Leymarie, ayant

conclu ensemble un pacte du « premier arrivé poussera l'autre », qui fut en somme scrupuleusement tenu et jusqu'à la prison inclusivement.

Je ris encore en songeant à la stupeur, sensible à distance, du bon censeur qui me téléphonait au journal, au début d'octobre 1917, d'avoir à supprimer de mon article le nom de Leymarie et à qui je répliquai : « Leymarie, mais il sera incarcéré avant trois mois ! » Je ne me trompais que de quelques semaines. Le mot de Clemenceau, sur ce produit de la vacherie politicienne et de la maison de jeu, est joli : « Le Raspoutine de la maison. » Il est joli, mais flatté, car il n'y a aucune espèce de mysticisme, même désordonné, dans la caboche de Leymarie. Il n'y a que l'appétit de jouissance et la peur panique et visible dans le tremblotement des chairs, — je l'ai aperçu, livide et en gelée, dans l'antichambre du capitaine Bouchardon, — la peur qui peut mener jusqu'au crime.

C'est un film, un vrai film de cinéma, que ce drame à tiroirs et en plusieurs parties :

Par les soins du contrôleur Moreau et du capitaine Bessières, — Ladoux le boursier n'y fut absolument pour rien, — Duval, administrateur d'Almereyda, revenant d'un de ses nombreux voyages en Suisse, est arrêté, fouillé, trouvé porteur du chèque à Bellegarde le 14 mai 1917. Le chèque est saisi, transmis au deuxième bureau qui consulte Leymarie, lequel conseille de rendre la pièce... la preuve de la trahison. A qui fera-t-on croire que Malvy n'est pas au courant de l'incident et que Leymarie ne l'a pas consulté?

Un mois après environ, Ribot, président du Conseil, apprend simultanément la saisie du chèque et sa restitution, au cours d'une conversation avec Hudelo, préfet de police. Il prévient Painlevé, ministre de la Guerre, qui saisit Viviani, garde des Sceaux. Question : Viviani, ami de Malvy, et qui subventionnait aussi *le Bonnet Rouge*, comprit-il tout de suite la gravité d'une affaire dont il ne pouvait plus arrêter le cours? C'est bien vraisemblable. L'instruction initiale pour commerce avec l'ennemi est ouverte le 2 juillet. *Le Bonnet Rouge* est suspendu. Le 22 juillet, Clemenceau prononce au Sénat son célèbre réquisitoire contre Malvy, lequel part pour Veules-les-Roses le 5 août, laissant son *alter ego* Leymarie, qu'il a eu soin de nommer récemment directeur de la Sûreté générale, se dépatouiller du fumier tout seul. Il est bien clair que Malvy part, parce que l'arrestation de son ami Almereyda est devenue inévitable. Il fuit les clameurs, les menaces, le chantage de son prétendu « intermédiaire auprès de la classe ouvrière » (en compagnie de Sébastien Faure l'indicateur exhibitionniste), en réalité de son intermédiaire auprès de Caillaux et complice en bochophilie.

Almereyda est arrêté le 6 août. Il a eu soin de disposer les documents de l'armée d'Orient, à lui livrés par Paix-Séailles, en belle place avec d'autres papiers, dans son coffre-fort particulier. A son journal, rue Drouot, il a mis en évidence les lettres de Caillaux. Il fait savoir ainsi à Malvy, Leymarie et Caillaux qu'il accepte le combat et qu'il ne ménagera rien, ni personne. Morphinomane et sevré partiellement de sa drogue, il demande à être transféré à l'infirmerie de la prison de Fresnes. Il y meurt étranglé le 14 au matin. Tout est mis en œuvre par le médecin Hayem et le personnel de la prison pour dissimuler cet étranglement aux médecins légistes.

C'est le cas de dire que les faits parlent. Comment des subalternes auraient-ils eu l'audace d'assassiner Almereyda, personnage tout-puissant, et connu comme tel dans le monde interlope des prisons, s'ils n'y avaient été incités ? Par qui ? Par quelqu'un ou quelques-uns qui avaient intérêt à la disparition du bandit, malade sans doute, mais encore solide et cramponné comme un chat-tigre à l'existence. Le 11 août, Almereyda écrivait à son défenseur, M° Paul Morel, en lui demandant de venir conférer avec lui. *Is fecit cui prodest.* Le coupable, c'est le bénéficiaire. A qui, sinon à Malvy et à Leymarie, pouvait profiter la mort soudaine d'Almereyda ?

Les sénateurs suivaient mon raisonnement avec attention, mais sans surprise. La plupart d'entre eux semblaient avoir déjà fait des réflexions analogues. Naturellement je n'avais aucune preuve directe de la perpétration ou de la préparation du crime par le ministre et son directeur de la Sûreté générale. Mais tout les accusait et a continué à les accuser. Espérons que nous serons fixés là-dessus avant la vallée de Josaphat. Les morts prennent parfois la parole, longtemps après le trépas, d'une façon fort inopinée, et tout me fait espérer qu'Almereyda sera un de ces morts récalcitrants. Il a déjà valu pas mal d'embêtements à ceux qui avaient cru se servir, machiavéliquement et impunément, de lui, de son audace, de sa scélératesse. Il y a lieu d'espérer qu'il continuera.

Quand j'eus achevé d'exposer la connivence certaine des gens du *Bonnet Rouge*, Almereyda, Landau, Goldschild dit Goldsky, notamment, avec Malvy et Leymarie, j'arrivai au cas de Sébastien Faure, directeur d'une feuille nettement défaitiste : *Ce qu'il faut*

dire. Ce Sébastien Faure, administrateur-fondateur
d'une « école d'éducation et d'instruction » pour
jeunes enfants du peuple, *La Ruche*, n'est pas seulement un indicateur de police et un anarchiste à la
manque. Il a encore des mœurs inavouables, que la
police de Malvy recouvrait de son mieux, et sur lesquelles le trop bon Laurent fermait, bien entendu,
les yeux. Il était censé représenter, avec Almereyda
et Landau, le truchement du ministre à tête de
mort auprès du prolétariat conscient et organisé. Or
le peuple a au plus haut point le respect de l'enfance
et l'horreur de ceux qui la corrompent et si les
parents des enfants souillés par le satyre Sébastien
Faure tenaient ce « démocrate convaincu », ils lui
infligeraient sans aucun doute la correction sans
miséricorde que méritent de telles infamies.

Le journal de Malvy lui-même, *l'Avenir du Gour-
donnais*, a raconté comment Malvy avait fait venir
Sébastien Faure — convaincu par la police spéciale
du Grand Quartier Général de propagande défaitiste
et antipatriotique — et lui avait solennellement
annoncé la destruction du dossier très complet qui
eût permis d'envoyer ce misérable en conseil de
guerre. Il me parut que les commissaires considé-
raient ce fait comme très grave en soi. En outre,
plus ma déposition avançait, et plus apparaissait le
ministère de Malvy comme le centre d'une véritable
conjuration contre la Défense nationale. Malvy
n'eût-il pas été, comme je le crois, l'organisateur,
conscient et pervers, de cette conjuration, qu'elle se
serait formée sous son aile, par simple contact et
agglomérat de bandits. Tout le monde connaît l'expérience de la solution sursaturée, qui se prend en
masse, dès qu'on plonge en elle un certain cristal de

même type. La France en guerre était saturée d'agents allemands, que groupèrent le nom de Caillaux et la protection de Malvy.

Après Sébastien Faure, j'arrivai à Henri Guilbeaux, le type du chafouin intellectuel, qui a joué un rôle prépondérant dans la seconde révolution russe — celle de Lénine et de Trotsky, — et qui a tenu aussi son emploi dans la préparation des mutineries militaires de mai et de juin 1917. Mais l'heure s'avançait et le président Monis me pria de remettre la suite de ma déposition au lendemain, qui devait être le troisième et dernier jour de cette longue audience.

CHAPITRE VI

DEVANT LA COMMISSION D'INSTRUCTION

(Suite)

« Henri Guilbeaux, Gaston Routier sont les deux
« traîtres de plume de la guerre. L'un et l'autre,
« réfugiés le premier en Suisse, le second en
« Espagne — où ils acco aplissent une besogne
« allemande — sont actuellement inculpés d'intelli-
« gences avec l'ennemi. Je crois être pour quelque
« chose dans ce résultat, mais il y a un sénateur,
« votre collègue, qui a bien démasqué aussi ces
« deux gredins. C'est Henry Bérenger. »

Tels sont à peu près les termes dans lesquels je
commençai ma troisième déposition devant la commission d'instruction. Mes auditeurs étaient habitués
maintenant à moi, comme j'étais habitué à eux. Ils
m'attendaient aux tournants principaux, certes, mais
sans la moindre malveillance. Comme, à un moment
donné, je signalais les remarquables articles de
Louis Dumur sur Guilbeaux, le président Monis
expliqua que Louis Dumur était un esprit des plus
sérieux et qui méritait créance. Une autre fois, à
propos de M. Truc, préfet de la Haute-Vienne, dont
je citais le nom, il dit encore : « C'est un de nos
meilleurs préfets. » Je cite ces traits pour montrer

que l'atmosphère était réellement une atmosphère
de justice et je m'arrangeais, de mon côté, pour
enlever toute apparence de polémique à mes constatations ou à mes déductions.

Guilbeaux est un Judas plus intéressant que Routier, lequel se contente d'empocher ses trente deniers
et n'apporte à sa trahison aucun complément philosophique. Car il y a des types à distinguer, dans
le crime contre la Patrie, comme dans tous les autres
crimes.

Le plus banal, le plus bas dans l'échelle scélérate,
c'est le type Routier ou le type Landau. La galette,
la galette et encore la galette! Avec cette différence
que Routier est un homme de chez nous, et d'une
certaine culture, tandis que Landau, né à Odessa,
est un juif russe naturalisé et illettré. Routier est
entré en relations avec les Allemands à l'occasion
d'un livre consacré par lui à la fameuse visite à
Paris de la mère de Guillaume II, visite sifflée — à
cause d'une promenade inconvenante à Saint Cloud;
la Bochesse manque de tact comme le Boche — et
qui faillit déchaîner la guerre. Il est vraisemblable
que la police berlinoise l'embaucha à ce moment-là.
Il faisait partie de la Société des gens de lettres. Il a
un petit bagage littéraire. Ses connaissances ont
épaté le prince Ratibor, ambassadeur du kaiser à
Madrid, et qui joue volontiers les Machiavel avec une
pointe de gâtisme commençant. Dénoncé comme
agent de l'Allemagne, dès le début de 1917, par
El Liberal et *l'Action Française*, Gaston Routier ne
se vit interdire que le 29 juin 1917 le territoire national. L'influence boche, par Malvy, voulait lui laisser
le temps de « travailler ». Néanmoins il ne put
publier ce *Journal de la Paix*, pour lequel il rece-

vait trois mille pesetas par mois du gouvernement allemand. *Le Bonnet rouge*, bien entendu, prit sa défense avec frénésie.

J'ai peint Landau dans *la Guerre totale*. Il avait la trahison, en même temps que le chantage, dans le sang. Quand le capitaine Bouchardon m'interrogea sur la psychologie des gens du *Bonnet Rouge*, — ce grand juge commençait alors l'étude du nid de vipères — je l'assurai que Landau était sans doute le pire de la bande. Il m'objecta l'énigmatique Duval, ce « monsieur Badin » bon époux et bon père, et qui semble avoir trahi par dilettantisme, laissant aux autres les gains fabuleux qu'il rapportait de ses « missions » suisses.

Le second degré, c'est le type Almereyda : le forban anarchiste, ou indicateur de police au choix, prêt à tout et qui entre dans le crime par la porte du luxe, des femmes et du jeu... mais sans lâcheté, et presque en cynique. Malvy a raconté qu'à la suite d'un voyage suspect en Espagne, il lui avait lavé la tête. Or, c'est, tout au contraire, d'après ce que je sais, Almereyda qui le tenait. Comment, par quel fait précis, par quelle fibre secrète, par quel cadavre en commun? Ça se saura plus tard, à la résurrection d'Almereyda, son lacet sanglant autour du col. Notre cher et vaillant ami Lucien Lacour m'a raconté qu'en 1911, compagnon d'Almereyda à la Santé, — c'était le temps des bagarres entre révolutionnaires et royalistes — il avait entendu le bandit déclarer : « Voilà Malvy sous-secrétaire d'État, nous allons passer au régime politique. C'est un copain. Il ne pourra rien me refuser. » Ce qui arriva en effet.

Le troisième degré, c'est le type Guilbeaux-Lénine, l'anarchiste intellectuel, germanisé dans les moelles, et qui se croit appelé à réformer la société, avec l'aide et sur le modèle du militarisme allemand. L'enquête de la Haute-Cour ne paraît pas avoir démêlé le lien certain qui rattachait Guilbeaux à Malvy. Car les faveurs inouïes dont a été comblé Guilbeaux, depuis le début de la guerre, ne peuvent s'expliquer que par la haute et continuelle protection du ministre de l'Intérieur. Réformé à Saint-Brieuc, en 1915, il obtient un premier passeport pour la Suisse. Il s'y installe, il y fonde, avec des capitaux du doktor Hartmann, et d'autres misérables de la catégorie d'Hartmann, la revue allemande de langue française *Demain*. Il devient l'inséparable de Lénine et de tous les espions à la solde de l'Allemagne, qui foisonnent à Zurich, à Genève, à Berne, à Bâle, notamment du banquier Rosenberg, qui devait prendre en 1914 la suite des Merzbach dans la commandite du *Gil Blas*. Guilbeaux est actif comme un vibrion. Cependant qu'il collabore avec Lénine à l'échafaudage du plan des soviets, il se tient en relations avec de ténébreux collaborateurs français et russes, à l'arrière et dans la zone des armées. Il procure de l'argent à Sébastien Faure et à d'autres pour la diffusion des tracts défaitistes. Il fait la navette entre Genève et Paris, tantôt sous son nom, tantôt sous les noms empruntés d'André le Faivre et de James Burkley. Le ministère de l'Intérieur non seulement ferme les yeux, mais encore lui procure de faux états civils à ces deux noms. Quand je révélai la chose, en termes voilés, dans *l'Action Française*, il fut surpris de peur panique et inséra, dans *Demain*, une note où il mettait en garde des complices invisibles contre les périls de ma documentation trop précise. Entre temps, sa femme, née

Henriette Cobrat, faisait les navettes à sa place.

J'ai déclaré publiquement au procureur général Mérillon, comme je l'ai déclaré devant la Commission d'Instruction, que le dossier du *Bonnet Rouge* avait été tripatouillé et expurgé à la Préfecture de Police, ainsi qu'au ministère de l'Intérieur. Notamment en ce qui concerne Guilbeaux. D'autres témoins ont corroboré mes dires. Ce n'est pas un des côtés les moins curieux du procès de Malvy. Certaines pièces du dossier complet du *Bonnet Rouge* accusaient implicitement le ministre sans le nommer, mais en le désignant clairement, de complicité morale avec Guilbeaux. J'ai eu la copie de ces pièces et de leur encadrement entre les mains, et il ne peut y avoir aucun doute sur leur authenticité, corroborée d'ailleurs dans tous ses points. Or, ni le capitaine Bouchardon, ni la commission de la Haute-Cour n'ont eu communication desdites pièces incriminant Guilbeaux et son intimité avec Lénine, déjà signalé — en mai 1917 — comme un briseur de l'alliance russe. Une main inconnue a barboté ces documents probants, trop probants. Il faut la chercher, cette main, au bout du bras d'un des policiers qui circonvenaient le débile Laurent et avaient partie liée avec Caillaux, Malvy, Almereyda, Duval et Leymarie. J'ai précisé mes soupçons là-dessus ultérieurement dans une note verbale au greffier en chef M. Bonet Maury, qui l'a sans doute communiquée à la commission.

En somme, il y avait à Genève un bureau Lénine-Guilbeaux, en relations avec *le Bonnet Rouge*, *Ce qu'il faut dire* (de Sébastien Faure), *la Tranchée Républicaine* de Goldschild, *l'Agence Républicaine* de Dolié, *l'Agence Primo* de Jacques Landau, et où l'on préparait à la fois le chambardement de l'alliance russe et la « fraternisation » sur le front oriental et les mutineries sur le front occidental. L'Allemagne payait largement les frais de cette propagande bi-frontale, dont elle devait tirer bon parti.

Au-dessus du type Guilbeaux, il y a le type Caillaux, le doctrinaire financier et politique du rapprochement franco-allemand, qui, malgré la guerre, ne veut pas s'en dédire et poursuit, au milieu de la saignée innombrable, de la douleur, de la dévastation, des incendies, une chimère devenue criminelle, dont la réalisation serait la ruine totale de son pays. C'est la forme la plus relevée de la trahison, la trahison Gigogne, sous laquelle s'abritent toutes les autres et qui explique que, pendant trois ans, la France ait fait la guerre à l'Allemagne avec un casque à pointe entre les jambes, entravant tous ses mouvements. Que l'on en soit sorti tout de même, voilà ce qui est proprement miraculeux.

Mais dans quelle catégorie faire entrer un Turmel, ou un Guillaume Desouches, le premier, sorte de poivrot ambulant qui fait passer au prince de Bülow sa carte (en 1915) avec son titre de député français, si bien que le diplomate boche, croyant avoir affaire à un simulateur ou à un fou, refuse de le recevoir. Le second, candidat républicain socialiste aux élections de 1914, bien que basochien de longue date, ayant une jolie petite amie en commun avec Guillaume II et le vieil espion Hohenlohe-Oehringen, et répandu dans la meilleure société. La pourriture allemande, les cellules dorées du cancer allemand avaient pénétré divers milieux français, à divers étages, depuis la crapule du boulevard extérieur (genre Almereyda) et le maître chanteur de café borgne (genre Landau) jusqu'au fringant avoué Guillaume Desouches, jusqu'au sémillant ministre Caillaux. Telle est la triste vérité. Les affaires allemandes passaient pour de bonnes affaires, la tentation était trop forte : côté des cupides. L'empire allemand semblait solide et expansif : côté des ambitieux.

Il y aurait, encore aujourd'hui, des inconvénients à publier les détails circonstanciés que je fournis à la Commission de la Haute-Cour sur les mutineries militaires de mai et de juin 1917. Il est impossible de toucher ce sujet dramatique, sans être étreint par l'émotion la plus amère ; celle qui naît du spectacle d'un châtiment implacable et nécessaire, subi par d'autres que les vrais coupables. Dès le 28 février 1917, la plus haute autorité militaire, celle du général commandant en chef, signalait au ministre de la Guerre, lequel était alors le général Lyautey, avec un luxe de précisions et de prévisions remarquable, le sourd travail de dissociation intérieure accompli, dans la zone des armées, par les agents de l'Allemagne. Quelques-uns de ces agents, notamment Sébastien Faure, protégé de Malvy, sont nommés en toutes lettres. Mais le haut commandement, occupé ailleurs, et mal renseigné par la police civile — et pour cause — ignorait le mécanisme profond des machinations dirigées par le *Bonnet Rouge* contre le moral des soldats.

J'exposai de mon mieux ce mécanisme aux sénateurs. Il me parut que ma démonstration les avait frappés et presque convaincus. Elle est d'ailleurs corroborée par les deux dépositions du lieutenant Bruyant, du grand quartier général, dans le procès du *Bonnet Rouge* et devant la Haute-Cour.

Lorsque la guerre, au mois de janvier 1915, fut définitivement stabilisée sur les lignes de l'Aisne, il fallut prévoir une longue durée de séjour dans les tranchées et pourvoir aux nombreux besoins des troupes. Ce fut l'origine des mercantis. L'autorité militaire demanda au ministère de l'Intérieur, et notamment à la direction de la Sûreté générale, de lui dresser des listes de tenanciers, susceptibles d'approvisionner les troupes en vin, suppléments divers de nourriture et petits objets de toute sorte. Ce furent naturellement Marion, secrétaire du Syndicat des bistrots, Almereyda, en relations avec tous les fournisseurs louches de la guerre, notamment avec un certain Francfort, et Cahen dit « de Caïffa », l'homme aux poussettes et colporteurs innombrables, qui furent chargés, par leurs amis de l'Intérieur, de dresser ces listes. Ils les composèrent de tous les copains antimilitaristes et antipatriotes de leur connaissance, tous propagateurs du *Bonnet Rouge*, de la *Tranchée Républicaine*, de *Ce qu'il faut dire*, et des milliers de tracts défaitistes, qui foisonnaient dans les imprimeries clandestines de Paris. Marion, condamné pour escroquerie et désertion, en relations avec toute la racaille des lupanars et des bastringues des VIIIe, IXe et XVIe arrondissements de Paris — ce qu'il appelait « mes quartiers chics » — s'associa, pour cette besogne, Duval, puis Goldschild dit Goldsky, chargé de conférences en faveur de l'alcool. C'est ce qui explique que les mutineries éclatèrent simultanément, dans la nuit du 22 au 23 mai 1917 dans des points de la zone des armées fort éloignés les uns des autres, mais où des affiliés de la bande à Almereyda et à Marion — et protégés eux-mêmes de la police malvyste — avaient

soûlé gratuitement les soldats. Les « marionnet-
tes » — comme on disait — leur versaient l'alcool
par rasades. Le fait a été relevé dans plus de vingt
rapports.

Il y avait d'ailleurs des semaines et des semaines
que les excitations se multipliaient. Un colonel de
spahis, M. du J..., président de Conseil de guerre
au moment de la répression, m'a conté ceci : un
des pauvres diables contre lesquels il fallut bien
sévir, décoré de la croix de guerre, et regrettant son
incartade, l'expliqua ainsi : « On nous distribuait
des numéros du *Bonnet Rouge* au nom du ministère de l'Intérieur. Nous lisions dedans des articles
où en déclarait que le moment était venu de faire
la révolution. Nous savions qu'il y avait une censure. Puisqu'elle laissait passer ces articles, c'est
donc que le gouvernement était de l'avis des journalistes. Alors nous avons marché. » Cette réponse
éclaire d'un jour cru la ruse effroyable d'Almereyda
et de ses complices. Ils tablaient à la fois sur la
complicité de Malvy — laissant parvenir au front
les numéros non échoppés du *Bonnet Rouge* et de
ses similaires — et sur la naïveté des soldats. Je me
demande même, à certains indices, si ce truc d'assassin ne leur avait pas été soufflé par Guilbeaux et
la police allemande. Car on sait aujourd'hui que les
campagnes du *Bonnet Rouge* (directeur Almereyda)
suivaient et reproduisaient exactement celles de la
Gazette des Ardennes de Charleville (directeur, le
renégat Prévost) ; ce qui indique qu'un même
canevas passe-partout était imposé, par la kom-
mandantur boche, à tous ses organes allemands
de langue française. Le lieutenant interprète Marchand a fait, de son côté, un relevé fort exact et

lumineux, de ces thèmes de trahison, qui poursuivent l'effondrement du moral, à l'avant comme à l'arrière, la dissociation de la Russie et la rupture de l'alliance anglaise. « M. Badin » recevait en Suisse, à chaque voyage, des instructions précises avec de l'argent.

On comprend ainsi pourquoi Malvy et Leymarie avaient, par des circulaires appropriées — 19 juin et 5 juillet 1917 — rompu toutes communications entre les commissaires de police civils ou spéciaux et la police militaire, et, suivant le mot de Clemenceau, mis le quartier général « au pain sec ». Il s'agissait de laisser la trahison opérer librement. C'était là, selon le mot terrible du lieutenant Bruyant, une politique « d'intelligences avec l'ennemi ». Je n'ai pas eu entre les mains, je ne pouvais pas apporter à la Haute-Cour un papier, signé Malvy, livrant à l'Allemagne le plan de l'attaque du 16 avril 1917 du Chemin des Dames, et enjoignant aux soldats de se mutiner dans la nuit du 22 au 23 mai de la même année. Mais le soin persistant et méthodique avec lequel furent abattus, devant les gens du *Bonnet Rouge*, tous les obstacles susceptibles d'arrêter leur propagande criminelle, ce souci antinational, cette vigilance en faveur des coquins, ne justifient que trop l'inculpation de *complicité de trahison*, portée par le procureur général Mérillon. Le ministre est averti à deux reprises par les plus hautes autorités militaires. Son chef de cabinet est averti à dix reprises par le délégué du Grand Quartier Général. Cela, dès le mois de février 1917. Leurs archives du ministère de l'Intérieur et de la Préfecture de Police débordent de renseignements sur les agissements criminels d'Almereyda et de Sébastien Faure. Or, non seulement Malvy et Leymarie ne font rien, mais encore ils mettent tous les bâtons possibles dans les roues de ceux qui voudraient faire quelque chose. En même temps, à l'aide de machinations politiques ténébreuses, on se débarrasse du général Lyautey (mars 1917), dont la vigilance patriotique est inquiétante pour la bande, on le remplace par une larve d'assemblée, Paul-Prudent Painlevé, qui a poussé la vassalité vis-à-vis de Caillaux jusqu'à se laisser inscrire comme collaborateur du *Bonnet Rouge*. La France, au moment du grand effort d'avril 1917, a ainsi comme ministre de la Guerre un sinistre mathématicien, hurluberlu et faible, irrésolu et aveugle, dont se réclame Almereyda !

M. Pérès et M. Mérillon ont déclaré successivement, le premier dans son rapport, le second dans son réquisitoire, que je n'avais pas fait la preuve que la mutinerie de *Cœuvres* avait été organisée au ministère de l'Intérieur. Or, dans ma lettre au président de la République, — il suffit, pour le constater, de s'y reporter[1], — j'avais parlé des mutineries en général. Je n'avais pas prononcé le nom de Cœuvres. Il est bien vrai qu'il est question de Cœuvres dans le document Bérenger, mais, encore une fois, ce document ne faisait que corroborer les autres renseignements que je possédais sur ces événements si graves. Il n'a jamais été pour moi, comme l'ont dit mensongèrement les malvystes, une preuve décisive, une « pièce massue ». Les attendus du jugement de la Haute-Cour, accablants pour Malvy, commencent par le disculper de l'accusation d'avoir fomenté les mutineries, puis lui

_____
1. Ci-dessus, p. 19.

reprochent, tout aussitôt, de leur avoir fourni le terrain et les agents favorables à leur éclosion. Cela rappelle le dialogue fameux entre l'examinateur et l'élève, que l'on cite à l'École de médecine :

L'Examinateur. — Monsieur, veuillez me dire quelle est la maladie de ce pauvre diable.

L'Élève, *après examen.* — Monsieur, c'est la dothiénentérie.

L'Examinateur. — Vous vous trompez. Examinez mieux.

L'Élève, *après reexamen.* — Je ne vois pas autre chose.

L'Examinateur. — Eh bien, monsieur, c'est la fièvre typhoïde.

Or, il faut savoir que la dothiénentérie et la fièvre typhoïde sont une seule et même maladie.

De même, j'avais accusé Malvy de trahison. Le procureur général le lave de l'accusation de trahison, mais pour l'inculper tout aussitôt de complicité de trahison. Il faut avouer que la cloison qui sépare les deux crimes est plutôt mince. Tellement mince que l'article 77 du code d'instruction criminelle est évoqué dans l'un comme dans l'autre cas. Quand celui qui est inculpé de complicité de trahison se trouve avoir été, pendant trois ans de guerre, chargé du poste le plus délicat et le plus important de la Défense Nationale à l'Intérieur, son cas ne s'en trouve-t-il pas encore considérablement aggravé ?

En mars 1917, Malvy, enhardi par une longue impunité, entrait au comité de guerre, à la stupeur générale des patriotes, aux acclamations du *Bonnet Rouge.* Il n'y avait aucune raison pour qu'il en fît partie, bien que Painlevé ait prétendu naïvement depuis que le groupe radical-socialiste devait, de toute éternité, être représenté au sein de ce rouage essentiel des opérations militaires. C'est là une conception de politicien de chef-lieu, qui considère toute chose, et même la crise historique la plus grave de la France, comme une question électorale. En fait, les seules fréquentations de Malvy auraient dû lui interdire à jamais l'accès de ce conciliabule ultra-secret et dont les décisions disposent de centaines de milliers de vies précieuses. M. Jenouvrier, cité par notre ami de Roux dans son admirable résumé sur *le Défaitisme et les Manœuvres pro-allemandes*, a défini en ces termes — dont chacun vise et touche Malvy par antiphrase — le membre idéal du comité de guerre :

Ne vivant que de la guerre, pour la guerre, ayant l'esprit toujours tendu vers elle, s'interdisant tout plaisir, toute distraction de nature à éloigner son esprit de la tâche formidable qu'il a acceptée, menant une vie simple, presque austère, ayant peu de relations, évitant les familiarités qui permettent les questions indiscrètes et auxquelles le silence qui les accueille ou les jeux de physionomie qu'elles provoquent constituent parfois une réponse dangereuse.

L'amant de Nelly Béryl, fille suspecte de maisons de rendez-vous — Malvy l'avait rencontrée rue des Bons-Enfants — l'*alter ego* de Leymarie, l'ami de Sébastien Faure et d'Almereyda, n'était pas précisément pourvu des qualités ni des vertus que réclame l'honorable M. Jenouvrier. En revanche, il importait beaucoup à la bande de trahison du *Bonnet Rouge*, à Guilbeaux, à Routier et à l'Allemagne que l'ami Malvy assistât aux délibérations du comité de guerre. L'échec de l'offensive d'avril 1917 en fournit la démonstration.

Retenons cette date du 29 mars où, sitôt après la démission du général Lyautey — qui entraîne la chute du cabinet Briand — le grand aveugle Ribot appelle Malvy à siéger au comité de guerre. Elle est, à tous égards, le moment le plus funeste de la longue période de stagnation — mise à part l'héroïque défensive de Verdun - - qui va de l'échec de la première offensive de Champagne (septembre 1915) à l'échec de l'offensive du 16 avril 1917. Sous les noms de Viviani, de Briand, de Ribot et de Painlevé, c'est Caillaux qui gouverne par Malvy. Les fonctionnaires patriotes de la Préfecture de Police et de la Sûreté générale (voir les dépositions Moreau, Perrette, etc.) assistent, navrés et impuissants, à la désorganisation de tous les services susceptibles de réprimer le défaitisme et de traquer les espions allemands et neutres, qui pullulent comme jamais. Le chef du deuxième bureau des renseignements est le triste Ladoux, boursier en uniforme de capitaine, protecteur du jeune Lenoir, fils du trop célèbre Alphonse Lenoir, dit « le Lenoir à Caillaux ». Ce Ladoux joint à une imagination rocambolesque une ignorance totale de l'ennemi. Il est à plat ventre devant Malvy et Leymarie, surtout devant Caillaux, le grand patron. Le policier malvyste Maunoury et le bègue Pascalis tripatouillent à qui mieux mieux les dossiers des suspects. Les frontières suisse et espagnole sont sans cesse parcourues par les navettes de trahison de la bande sinistre d'Almereyda. C'est surtout à Genève et à la Chaux-de-Fonds que sont centralisés les renseignements sur tous nos projets diplomatiques et militaires, recueillis au ministère de l'Intérieur, dans les bureaux de Malvy et de Leymarie, dans les comités secrets de la Chambre, au sein même du comité de guerre par les criminels du *Bonnet Rouge*, de la *Tranchée Républicaine*, de *Ce qu'il faut dire*, de *l'Agence Républicaine*, de *l'Agence Primo*. Issue des milieux anarchistes russes de Paris et de certaines ambulances où sont des Russes, la propagande de défection et de trahison va empoisonner les civils, puis les militaires. Le moral fléchit à l'arrière, comme la discipline à l'avant. Les amis de Trotsky et de Lénine, les émules de Guilbeaux procèdent — dans Paris même — à l'organisation d'embryons de soviets, sans être inquiétés le moins du monde.

Une consigne sourde, mystérieuse, la consigne Caillaux, obéie dans certains salons comme dans maints ateliers, dénigre les efforts des Britanniques, déprécie nos meilleurs généraux, représentés comme des « bouchers » et des « assassins », cherche à déconsidérer les patriotes, à terroriser les écrivains probes. Une lie de presse et de chantage fonctionne librement au grand jour, stagne dans les anti-chambres ministérielles, colporte des rumeurs infectes. Des équipes de prostituées, soudoyées par l'ennemi, attendent les soldats en permission aux abords des gares, s'ingénient à les faire déserter. On déserte aussi chez les marchands de vins, dans les maisons de rendez-vous, dans des agences spécialement fondées à cet effet; l'une entre autres, rue de la Tombe-Issoire, procure par ballots de faux papiers aux soldats défaillants contre une très petite somme. C'est l'immense assaut intérieur, donné au pays par une racaille que subventionne effrontément Malvy. Suivant le proverbe chinois, le poisson

pourrit par la tête, et il faut l'aveuglement la-
mentable d'un Viviani, d'un Briand, d'un Ribot,
d'un Painlevé pour ne pas reconnaître la main de
l'Allemagne au sommet de l'administration centrale.

Les sénateurs commissaires avaient vu de près
cette période navrante. Je ne leur apprenais rien de
nouveau par ma déposition, qui reproduisait d'ailleurs, quant au point spécial de l'affaire du Chemin
des Dames, celle que j'avais faite devant le capitaine
Bouchardon. On en trouvera la reproduction fidèlement résumée plus loin, d'après la sténographie de
l'audience publique de la Haute-Cour.

Je terminai en répétant, une fois de plus, que je
n'avais été guidé, dans mon accusation, que par la
volonté d'épargner à la France ensanglantée, une
multitude de morts par surcroît, et de rendre possible la victoire militaire. Il est bien certain, en
effet, que l'influence occulte de Caillaux, l'action
officielle de Malvy et les manœuvres de la tourbe à
leurs ordres ne laissaient aucune espérance de battre
et de chasser définitivement l'ennemi. Le Boche
Schiller a dit : « Pour que la cloche paraisse à la
lumière, il faut que le moule s'en aille en morceaux. » Je dis, moi : « Pour que la victoire
paraisse à la lumière, il faut que la trahison s'en
aille en morceaux. »

Le président Monis me dit, de son ton appuyé, en
me regardant bien en face : « Nous vous donnons
acte de votre déclaration. » Puis je saluai les commissaires, rangeai mes papiers et me retirai. Le
lendemain et les jours suivants, j'allai corriger et
signer les feuilles sténo-dactylographiées de ma
longue déposition. Elles formaient un volume de

535 pages grand format et le résumé que je viens d'en esquisser et celui que je fis plus tard en audience publique n'en donnent qu'un faible aperçu.

Toutes les personnes que je rencontrais et à qui je parlais favorablement des juges de la commission sénatoriale me disaient, en haussant les épaules : « Quelle poire vous faites! C'est une comédie réglée d'avance. Aucune enquête ne sera menée jusqu'au bout et Malvy sera acquitté triomphalement par les camarades. » Car il y a en France un préjugé très fort contre la juridiction politique et il faut avouer que les condamnations de Lur-Saluces, d'André Buffet, de Paul Déroulède et de Marcel Habert créaient un assez fâcheux précédent. Mais nous n'étions pas en guerre à ce moment-là. Beaucoup de sénateurs ont perdu des leurs sur les champs de bataille. La parole ardente de Clemenceau, le 22 juillet 1917, les avait éclairés sur des abîmes qu'ils ne pressentaient pas. Enfin, le contact, la présence réelle, comme disait mon père, sont deux grandes choses. Ils avaient pu constater, *de visu*, mon absence complète de parti pris, d'emballement, mon vif désir de ne jamais forcer la note. C'est ainsi que, abordant le chapitre moralité, je leur avais apporté des témoignages des débordements de Malvy, que M. Pérès écarte dans son rapport, sauf en ce qui concerne des habitudes indéniables de jeu, tout en retenant le scandale de la fille Béryl. Je leur répétais : « Telle personne m'a certifié cela, renseignez-vous, enquêtez. Il y a, sur tel point, des affirmations concordantes de tel et tel. Vérifiez. » Le sentiment qui m'animait, au cours de ces intéressantes audiences sénatoriales, était celui qu'a magistralement exprimé M. le procureur Mérillon quand il a dit, dans son réquisitoire :

Est-il possible, en temps de guerre, quand la patrie est en danger, quand le peuple souffre et quand le sang coule à flots, de tolérer, sans qu'il soit puni, qu'un homme placé au premier rang des défenseurs du pays oublie son devoir, néglige ses fonctions, encourage et assiste les criminels qui font le jeu de l'ennemi et trahisse ainsi les intérêts mêmes dont il a la charge?

Oui, cela est-il possible?

La Haute-Cour, tout en n'osant aller jusqu'au bout de ses attendus formidables, dans l'application de la peine, a estimé que non, que cela n'était pas possible.

CHAPITRE VII

A l'occasion de ma déposition, j'avais désigné deux cent vingt-deux témoins, civils et militaires, j'avais indiqué aussi certaines commissions rogatoires. Il fallait le temps de citer ces témoins et de recueillir les résultats de ces commissions. Ce temps dépassa quelque peu le délai de quarante-huit heures que m'avait accordé, le 4 octobre, à la Chambre, l'inénarrable Paul-Prudent Painlevé, pour faire la preuve de mes accusations. A force de jongler avec l'infini, ce mathématicien a perdu le sens de la durée.

Bien entendu, les feuilles dévouées à Caillaux et Malvy prétendaient encore — mais plus mollement que naguère — qu'il n'y avait rien dans mes dossiers. Ce qui ne les empêchait pas de soutenir que je devais être inculpé de recel de documents intéressant la sûreté de l'État. Cet illogisme m'a toujours charmé. Trois fois par semaine, pendant trois semaines, je portai consciencieusement au greffe de la Haute-Cour, au palais du Sénat, des noms de témoins avec les références concernant les points principaux de leurs témoignages. Pendant ce temps, la commission d'instruction procédait à sa besogne avec beaucoup de diligence, éliminant ce qui lui paraissait secondaire ou accessoire — et ce qui, dans bien des cas, ne me paraissait pas tel, — retenant ce qu'elle considérait comme essentiel, ou plus particulièrement intéressant.

Car, au cours d'un grand procès comme le procès Malvy, il se produit, ainsi qu'au théâtre, ou dans la conversation des interférences bizarres, des inhibitions soudaines, des jeux d'ombre et de lumière tout à fait imprévus. J'étais en somme l'accusateur. J'avais mis l'affaire en mouvement. Je l'avais étudiée, scrutée, retournée, pendant un an, sous tous ses aspects. Je possédais ainsi certains repères et recoupements, auxquels j'attachais une grande importance, alors que d'autres me semblaient négligeables. Or, il arriva que la commission en jugea autrement que moi, — ce dont je ne lui fais pas grief, — négligea des pistes que je croyais sérieuses et inversement. J'eus beau insister sur l'assassinat d'Almereyda, par exemple, commis dans des circonstances si dramatiques, dissimulé aux médecins légistes, et dont le mystère doit pouvoir être percé, je sentis parfaitement que les commissaires attribuaient mon insistance à mon imagination de romancier. S'ils avaient, comme c'était leur droit, convoqué et interrogé le médecin Hayem, le détenu Bernard, les infirmiers présents à Fresnes au moment du crime, le directeur de la prison, confronté ces gens avec Malvy et Leymarie, avec l'avocat d'Almereyda, le perspicace maître Paul Morel, ils auraient peut-être débrouillé l'écheveau sanglant. Un aréopage de neuf membres, fort intelligents et rompus à la procédure est beaucoup plus impressionnant qu'un seul juge, assisté de son greffier. Quoi qu'il en soit, cette partie de mon accusation fut éliminée.

Il en fut de même en ce qui concerne le témoignage de M. Chanron, victime de Malvy dans des circonstances abominables, jeté en prison à son retour en France, à la suite d'une lettre adressée de Hollande au ministre félon de l'Intérieur, dans laquelle il dénonçait, dès 1915, les crimes de Bolo et les accointances de Caillaux et de Lipscher.

M. Chanron écrivit au président Monis, au procureur Mérillon, demandant qu'on l'entendît. Il invoquait des témoignages sérieux. Il montrait à tout venant les preuves de ses dires. Je parlai de son cas en audience publique. Rien n'y fit. La commission passa outre. Comme son désir de faire la lumière complète était manifeste, je ne puis attribuer ces lapsus qu'à un phénomène analogue à l'amnésie, ou à l'oubli soudain d'une disposition importante par un officier commandant en chef, ou à la chute de l'essentiel au cours d'une discussion d'affaires, d'un raisonnement philosophique, d'une controverse de grammairiens. L'argot dit que celui qui agit ainsi « laisse tomber » la personne, ou le fait, ou l'idée en question. C'est l'image exacte de ces éclipses inattendues, fréquentes devant les tribunaux, grâce auxquelles un criminel notoire échappe parfois au châtiment, même avec des juges convaincus de sa culpabilité et décidés à le condamner.

L'inverse se produit. L'auteur dramatique, à la répétition générale de son œuvre, dissimulé dans sa baignoire, voit avec navrement choir dans l'inattention un effet sûr; mais tout à coup, — ô surprise heureuse! — une tirade, un passage sur lesquels il ne comptait pas, déchaînent les rires et les applaudissements. Il y a beaucoup de jeu dans toutes les affaires où interviennent la fragile attention et la changeante humeur des hommes.

Autre exemple d'un filon, à mon avis capital, et qui fut à peu près négligé par l'enquête : la possession indue par Malvy du dossier dit « des Roses — c'est-à-dire des Réponses — d'Agadir », dossier cambriolé chez Malvy, 23, avenue de l'Observatoire, pendant sa bamboche à Bordeaux et que Malvy chargea son fidèle Almereyda de recouvrer à tout prix. Maître Georges Desbons — dont la loyauté et le patriotisme républicain furent, en cette affaire, au-dessus de tout éloge — avait remis au capitaine Bouchardon une note manuscrite, dictée par Malvy à Almereyda, et énumérant les pièces cambriolées du dossier d'Agadir. C'était la preuve que Malvy employait Almereyda à sa police secrète personnelle. C'était la preuve du mensonge de Malvy, affirmant qu'il n'avait pas de relations, intimes ni particulières, avec le bandit du *Bonnet Rouge*. Ce pouvait être aussi la preuve, et matérielle, de la complicité allemande de Malvy et de Caillaux et de leur connivence criminelle. Cependant ce filon fut négligé et le procureur Mérillon, en audience publique, se contenta d'une réponse embarrassée de Malvy sur ce sujet, déclarant qu'il s'expliquerait plus tard sur le dossier « des Roses d'Agadir ». Ce que d'ailleurs il ne fit pas. Pourquoi cette négligence? Pour la raison exposée plus haut, qui est que le plus intègre, le plus habile et le plus délié des magistrats ne peut tenir ni suivre tous les fils d'une intrigue aussi compliquée que l'intrigue Caillaux-Malvy et que certains de ces fils glissent ou cassent entre ses doigts.

Je pense qu'il eût mieux valu, à ce point de vue,

que les diverses affaires de trahison — *Bonnet Rouge*,
affaire Bolo, affaire Lenoir-Desouches, affaire Malvy,
affaire Leymarie, affaire Caillaux — fussent grou-
pées en un procès monstre, conduit soit par la
Haute-Cour, soit par le conseil de guerre, avec
tous les moyens d'investigation nécessaires. Le gouvernement avait sous la main le magistrat capable
de rechercher et de conjoindre les innombrables
éléments d'une telle instruction : le capitaine Bouchardon, qui, je le répète, est, à tous points de
vue, un grand citoyen. Il avait le commissaire idéal
dans la personne soit du lieutenant Mornet, orateur
d'argumentation incomparable, soit du commandant Montel. Sans compter le capitaine Mangin-
Bocquet, M. Morand, le lieutenant Gazier, le lieutenant Jousselin, qui sont aussi des magistrats
d'une haute valeur et d'une indépendance absolue,
en même temps que d'un intransigeant patriotisme.
Cette méthode conjonctive eût présenté l'avantage de
synthétiser en quelque sorte la trame des intrigues
allemandes sous le couvert d'hommes et de femmes
sans scrupules, politiciens, basochiers, financiers,
policiers, escarpes, filles publiques, auxquels on eût
pu associer — pour l'exemple — quelques gens du
monde. Elle eût rendu plus malaisés, cette méthode,
les mensonges et les faux fuyants des inculpés, en
supprimant les cloisons étanches entre les inculpations.

Beaucoup de personnes se sont logiquement
étonnées du fait que Malvy, s'étant envoyé lui-
même en Haute-Cour, soit demeuré en liberté jusqu'à sa comparution et indemne de toute perquisition. Il y a là, en effet, un privilège qui choque et
qui tient sans doute au subterfuge, imité de Gri-

bouille, employé par l'ex-ministre de l'Intérieur. Mais ce truc de jurisprudence aurait-il dû, en bonne justice, le soustraire aux mesures qui sont censées communes à tous les inculpés? Il est patent que Malvy ne s'est pas fait faute de communiquer avec d'anciens subordonnés, dont il redoutait les révélations : « Monsieur un tel, on me dit que vous me reprochez telle ou telle chose. Je suis prêt à m'expliquer loyalement avec vous. » Tout fonctionnaire n'a pas l'âme héroïque de M. Auguste Moreau. Malvy a eu le bras long. Il a conservé des amis influents. On voit l'avantage qu'un homme habile peut tirer de sa liberté. Le protecteur d'Almereyda et bailleur de fonds du *Bonnet Rouge* ne s'est certes pas fait faute d'en user largement.

Cependant, peu de semaines après ma déposition devant la commission d'instruction de la Haute-Cour, la situation militaire de l'Entente et la situation tout court de Paris s'aggravèrent singulièrement. L'événement prouva qu'il était temps, et même grand temps, qu'une main énergique prît la direction de nos affaires et réalisât cette unité du haut commandement interalliés, faute de laquelle nous étions voués aux pires déboires.

Cela commença par des raids corsés d'avions ennemis sur la capitale. Un nouveau type allemand d'aéro bombardier, le « gotha », lançait de grosses torpilles, quelquefois conjuguées, sur Paris et la banlieue, en utilisant la nuit et les premiers souffles du printemps. Je me rappelle surtout l'attaque impressionnante du 11 au 12 mars 1918, parce que ma femme mit au monde, ce soir-là, une petite fille qui faillit bien naître à la cave. Il s'en fallut d'une trentaine de minutes. L'arrosage ennemi était sérieux et on doit admirer le sang-froid, vraiment spontané, des Parisiens et surtout des Parisiennes de toutes conditions, qui s'habituèrent, sans rechigner ni se plaindre, à ces alertes fréquemment renouvelées et à cette forme moderne de tonnerre boche.

Le journaliste à transformations, Téry dans *l'Œuvre*, le député Mayéras dans une autre feuille caillauralvyste, déclarèrent aussitôt qu'à aucun prix il ne fallait rendre la pareille aux Allemands et que le bon renom de la France exigeait qu'elle laissât massacrer femmes et enfants par les avions boches à l'arrière, sans riposter. Tel est l'effet ordinaire de la peur sur les âmes molles et putrescibles, qu'elles se soumettent aussitôt à la volonté, à la brutalité, à la sauvagerie de qui leur fait peur. Je me méfie des poussées d'esprit évangélique chez les anticléricaux et les hommes d'affaires. L'avis du public était au contraire, et conformément au bons sens, qu'un copieux mar-telage des villes du Rhin, aussitôt qu'il serait pos-sible, calmerait beaucoup l'ardeur allemande à bom-barder Paris. Il y avait l'exemple de Londres, épargnée presque totalement par les barbares, depuis que les aviateurs britanniques arrosaient en plein jour Carlsruhe, Francfort et Mannheim. Poignez le boche, il vous oindra.

Quelques jours après ce raid, eut lieu l'explosion de l'usine de grenades de la Courneuve, qui ébranla les nerfs des personnes sensibles. Le 21 mars se pro-duisait la première des grandes offensives de Luden-dorff sur le front occidental, dirigée contre l'armée britannique et qui devait creuser la poche de Picardie. Le surlendemain, des éclatements bizarres — d'un son différent de celui des torpilles — se succédant de vingt en vingt minutes, surprenaient désagréablement les Parisiens. La garde nancéenne qui soignait ma femme, et qui avait l'habitude des diableries boches, n'eut pas une minute d'hésitation. Elle déclara : « Ça, c'est du canon... »

Du canon ! Mais l'ennemi était à cent vingt kilomètres et il était admis jusqu'alors que l'extrême portée des canons lourds de marine — les plus puissants connus — ne dépassait pas quatre-vingts, quatre-vingt dix kilomètres. De sept heures et demie du matin à cinq heures de l'après-midi, les détonations continuèrent, ainsi que dans un roman de Wells, à l'ébahissement général et parmi les suppositions les plus fantastiques. Certains prétendaient que les Allemands tiraient du haut d'un zeppelin parvenu à quarante kilomètres de Paris, d'autres qu'ils envoyaient, par un procédé nouveau, des torpilles aériennes dans des parachutes. *Le Temps* de cinq heures dissipa tous les doutes en annonçant officiellement que l'ennemi bombardait Paris à l'aide d'une pièce à très longue portée !

Nous commencions à recueillir les fruits amers de trois ans de caillautisme, de malvysme et de *Bonnet Rouge*, sous le couvert de ministres peureux, aveugles ou circonvenus, tels que MM. Viviani, Ribot et Painlevé. C'est un immense bonheur que ces alertes de diverses sortes, suites d'une mauvaise administration de la guerre, se soient produites sous le cabinet Clemenceau, lequel avait gagné, en bouclant Caillaux, la confiance du pays. Je n'imagine pas sans effroi ces événements se produisant sous un ministère Painlevé, par exemple. Que serait-il arrivé et où en serions-nous aujourd'hui !

Notez que la population parisienne, dans son immense majorité, tint le coup avec fermeté, et

même sans mauvaise humeur. Ceux qui avaient
charge d'âmes envoyèrent femmes et enfants à la
campagne, d'où un certain encombrement des gares
pendant une semaine ou deux. Les mairies organi-
sèrent l'exode des petits nécessiteux, qu'il importait
de soustraire à la fureur boche. Les autres firent le
gros dos, ouvrirent ce parapluie moral qui rend
indifférent aux torpilles et aux marmites, jusqu'au
moment où elles vous tombent dessus ou sur un
voisin très rapproché. Car j'ai fait cette remarque
que les gens ne s'émeuvent réellement du bombardement que lorsqu'ils en ont vu et touché les effets
immédiats. Chacun a confiance, au fond, dans sa
petite étoile et pense que le patatras ne sera pas
pour lui. C'est ce qui explique le stoïcisme stupé-
fiant de personnes des deux sexes qui reçoivent des
pruneaux d'acier pendant le jour et des dragées
explosives pendant la nuit, tout en vaquant — comme
dit M. Prudhomme — à leurs diverses occupations.

La rue de Paris, était, pendant cette période, bien
curieuse à considérer. On entendait des propos inénarrables. Je vois encore la solide commère au large
rire qui racontait, dans un tramway, la chute d'un
obus de Bertha — on baptisait ainsi, du nom de
Bertha Krupp, le canon à longue portée — tout près
d'elle : « Ce que j'ai eu les foies !... Y avait derrière
moi un monsieur très chic, avec une fourrure.
« Madame — qu'il me dit — vous êtes une brave,
une vraie femme du peuple. Au moins vous n'avez
pas quitté Paris, vous. » (Elle mimait l'air protecteur, important du monsieur.) — Et moi je pensais :
« Si j'avais d'la galette, mon vieux, ce que je
f...ais le camp. »

Les Allemands sont de mauvais psychologues. Ils

escomptaient un effet de terreur. Ils recueillirent un
effet de haine. Le cri général était : « Quand leur
rendra-t-on la pareille ? » A chaque coup de Bertha,
même concert : « Ah les salauds ! » Il était sagement
défendu de révéler les points de chute, mais les rumeurs vont vite dans une ville comme Paris et, dans
les journaux, plus vite qu'ailleurs. De sorte que nous
étions assez exactement renseignés. Les gosses imi-
taient le bruit des sirènes et les cris : « A la cave, à la
cave, éteignez les lumières ! » Ma petite nièce, Odile,
un ange blond et vif de trois ans, courait, sautait,
battait des mains en répétant : « Chocolat, chocolat ! » parce que, dans sa cave, on emportait pour
elle une tasse de cacao, afin de combattre la fraîcheur
meurtrière. J'ai une idée très nette là-dessus : la cave
s'appelle, pour le jeune enfant, comme pour le vieillard, broncho-pneumonie et il faut soustraire la pré-
cieuse graine humaine aux coups de la race homi-
cide et puéricide.

Soudain il arriva aux Boches ceci — qui paraîtra
à tout croyant de fort mauvais présage — qu'ils
bombardèrent une église de Paris, pleine de fidèles,
le jour du Vendredi-Saint et à l'heure même du divin
sacrifice de Notre Seigneur Jésus-Christ. Sacrilège
voulu, prémédité — car rien ne les forçait à tirer le
canon ce jour-là, à cette heure-là et dans cette direction là — et qui devait comporter, pour ses auteurs,
un châtiment exemplaire. Je reproduis ici l'article
que le surlendemain, dimanche de Pâques, je publiai
à ce sujet, dans *l'Action Française*, sous le titre :
l'Abomination.

« Soixante-quinze morts — « parmi lesquels un
« grand nombre de femmes et d'enfants » — attestent
« aujourd'hui, devant le Créateur, la férocité sacri-

« lège du peuple allemand. Nul doute que les
« gott-mit-uns » ne célèbrent cette date du Ven-
« dredi-Saint ainsi qu'une victoire de leur canon à
« longue portée. Ce carnage est la digne illustration
« du télégramme de l'Empereur à Krupp. Quelque
« infamie qu'accomplisse maintenant la race mau-
« dite, elle ne trouvera certainement pas mieux.

« On sait l'artifice qu'emploient ces gens pour
« justifier le bombardement de Paris. Ils l'appellent :
« le camp retranché de Paris ». C'est la même
« basse ruse qui fait enjoindre aux capitaines de
« gothas de viser « principalement » les établisse-
« ments industriels de la capitale, cela en pleine
« nuit et d'une hauteur de deux mille mètres ! La
« conscience civilisée, si toutefois elle ose prendre
« la parole, admettra difficilement que des femmes
« et des enfants en prières constituent un groupe
« combattant et qu'une église soit une forteresse.
« Quant aux Germains, il faudrait les méconnaître,
« pour ne pas admettre qu'ils vont se féliciter de
« cette réussite comme d'une compensation efficace
« à l'échec actuel de leur ruée sur la Somme. Ils
« n'ont pas atteint leurs objectifs, mais ils ont
« transpercé à nouveau le cœur de Jésus-Christ,
« dans le moment même de son immolation. Cela
« aussi est un résultat militaire.

« Patience ! On n'offense pas impunément le divin
« et l'humain à la fois : on ne mélange pas impu-
« nément, dans la coupe de pierre sacrée, le sang
« innocent de l'enfance au sang de l'Agneau ; on ne
« soufflète pas à nouveau impunément la sainte Face
« par une hécatombe satanique. La portée du canon
« monstre était si grande qu'il est allé frapper la
« prière, en redéchirant, du haut en bas, le voile

« du Temple. Mais s'il reste en Allemagne un
« croyant qui ait gardé quelque chose d'humain, il
« frémira à l'idée du châtiment réservé tôt ou tard
« à un tel exploit : il regardera avec épouvante sa
« famille désignée à la Providence par les petites
« mains déchiquetées; il entendra venir, vers les
« abîmes des répercussions entre ciel et terre, les
« ondes formidables d'un châtiment prochain.

« La colère de l'homme, quand elle est juste, est
« quelque chose. Mais la plainte de l'enfant martyr
« devant le Tribunal Souverain est, à mon avis,
« beaucoup plus terrible. Quiconque a tenu la main
« brûlante d'un tout petit, agonisant sur son lit
« d'hôpital, par la nuit douloureuse, me com-
« prendra. De cette extrême faiblesse qui va dispa-
« raître, il émane une pitié si forte qu'elle ébranle
« le courage le plus dur et fait éclater l'armure de
« l'âme. Cette pitié là est surnaturelle et celui qui
« la sent passer comprend qu'elle appartient au
« trésor des forces irrésistibles et invisibles. Elle
« s'en va fauchant dans les ténèbres les puissants,
« les implacables et les orgueilleux. Elle leur rend
« carnage pour carnage et sur des plans fort im-
« prévus. La lourdeur germanique ne saurait com-
« prendre cela, qui est dans le frisson le plus
« humble comme dans la pensée la plus claire. Elle
« subira sans comprendre — voilà tout — la consé-
« quence immanquable et imminente de ce qu'elle
« a déchaîné par ce dernier crime.

« On n'ose toucher à certains deuils qui font
« chanceler la raison. Toutefois, aux malheureux
« parents qui pleurent aujourd'hui, jour de Pâques,
« devant la fragile dépouille de la chair de leur
« chair, un père peut assurer que les innocents ne

« seront pas morts en vain. Autant et plus peut-être
« que nos héroïques soldats, par une voix détournée
« — si l'on peut dire que ce circuit mystique soit
« un détour — ces enfants, massacrés devant l'autel,
« vont contribuer à la délivrance de la Patrie et à
« la victoire, dans l'heure de la Résurrection. Ils
« sont des combattants à leur façon, munis d'armes
« infiniment plus puissantes et plus sûres que n'en
« fabriqueront jamais les ateliers d'Essen. Ils solli-
« citent, ils exigent, ils obtiennent la ruine de l'em-
« pire odieux, formé par le mal bestial et la haine,
« dont la défaite est indispensable à la libre respira-
« tion de l'univers. »

Le châtiment de cette invraisemblable infamie a
commencé le 18 juillet 1918, mais l'accomplissement ne saurait en être autre que l'anéantissement
de l'empire allemand et l'exécution du responsable
de la guerre, de la dévastation et des massacres,
Guillaume II. Le royaliste que je suis estime que ce
misérable souverain doit payer ses crimes de sa vie.

Caillaux, inculpé de haute trahison au mois de
décembre 1917, avait été arrêté peu de semaines
après. Ses bandes — les mêmes que celles de Malvy
et où brillaient notamment maints repris de justice —
essayèrent une piteuse manifestation sur les boulevards et devant l'*Action Française*. Elles furent
copieusement huées et sifflées, si bien que la police
n'eut presque pas à intervenir. On peut considérer
que la mort d'Almereyda, son ami en même temps
que celui de Malvy, et la disparition du *Bonnet
Rouge* ont été, pour Caillaux, une catastrophe. Elles
le laissèrent démuni de ses plus redoutables champions, de ceux qui le reconnaissaient comme leur
chef et l'imposaient, par le chantage, aux larves

d'assemblées et de maroquins, aux Viviani, aux Painlevé, aux Ribot.

Ce « tas d'hommes perdus de dettes et de crimes » — *ære alieno vitiisque obruti*, je veux parler de ceux du *Bonnet Rouge* — composaient, autour du Katilina du « rapprochement franco-allemand », une sorte de garde consulaire, payée soit par l'ennemi, soit par les agents et compatriotes de l'ennemi demeurés en France. Le lieutenant de cette garde, redouté pour son audace et son manque de scrupules — il se vantait, quand il était ivre, d'avoir tué l'agent Dufresne lors des manifestations en faveur de l'anarchiste catalan Ferrer — était Almereyda.

L'atmosphère dans laquelle se déroulait l'enquête pour le procès de Malvy était ainsi une des plus dramatiques de toute la guerre. Par un contraste saisissant, l'immense majorité des Français et surtout des Parisiens, malgré les risques des bombardements et les mauvaises nouvelles militaires, ne cessa pas un instant de croire à la victoire, du moment que Clemenceau tenait les rênes et que la trahison avait son compte. J'ai entendu exprimer cette idée, non pas dix fois, mais mille fois, dans tous les endroits publics, comme dans les rares réunions privées et familiales qui subsistaient malgré les séparations et les départs. Alors qu'en février et mars 1916, au moment de la ruée allemande sur Verdun, des rumeurs défaitistes, issues de certains salons, de certaines banques, du ministère de l'Intérieur, et du *Bonnet Rouge* avaient commencé à attaquer, elles aussi, l'esprit national, il n'en fut pas de même en mars 1918. L'explication de ce fait est très simple : ni Caillaux, ni Malvy, ni Almereyda — chacun pour un motif différent — n'avaient plus la possibilité de nuire.

A l'armée même, la confiance, depuis la bataille de la Marne, en septembre 1914, n'avait jamais été à si haut point. J'en recueillais chaque jour le témoignage de la bouche de tous nos amis, de tous grades, combattant en première ligne depuis le début. Ceci prouve la pauvreté de la thèse Caillaux-Malvy, qui est aussi la thèse Painlevé, d'après laquelle les mutineries du printemps de 1917 et la dépression morale tenaient à la durée de la guerre, aux fatigues et à l'absence des permissions. Ces prétendues « causes », si elles avaient réellement agi en mai 1917, auraient dû agir bien plus fortement encore en avril 1918, après un an de dures luttes et de pénibles combats en plus. Or, il est patent que les sacrifices imposés à ce moment là, après deux offensives allemandes et deux poches creusées par l'ennemi, furent portés avec une espèce d'enthousiasme, avec la certitude du succès final. Pourquoi cela? Pour les mêmes raisons qui exaltaient à l'arrière le moral civil : « T'en fais pas, mon vieux, Caillaux est bouclé et Malvy n'est plus là pour trahir. » Tel était le thème général des conversations entre poilus.

Circonstance fâcheuse, j'en conviens, pour les partisans politiques de Caillaux et de Malvy, en ce qu'elle détruisait leur unique et paradoxal argument : « Daudet a agi en défaitiste, quand il a dénoncé le défaitisme. Il n'y a pas de pire trahison que la dénonciation de la trahison, car elle répand la panique dans l'armée. » Non seulement l'ouverture de ce que j'ai appelé — à la grande colère de nos bolcheviks — « l'abcès dans le dos » n'a répandu aucune panique, ni à l'arrière, ni à l'avant, mais encore cette opération, indispensable au succès final, a rendu cœur aux combattants, augmenté leur énergie, assis leur certitude de vaincre. Ce senti-ment s'exprime avec éloquence dans les milliers de lettres que j'ai reçues, de tous les points du front, comme de toutes les parties du territoire, entre le 4 octobre 1917 — jour de lecture à la tribune de ma lettre au Président de la République — et le 6 août 1918, jour de la condamnation de Malvy par la Haute-Cour. Ce courrier formidable est comme un chœur de vivants et de morts — hélas! — où reviennent, sous mille formes émouvantes, et sou-vent déchirantes, la même résolution, la même assu-rance de l'emporter, maintenant que l'ennemi de l'intérieur est maté. O bon sens immortel de la France!

CHAPITRE VIII

Les meilleures enquêtes et instructions judiciaires ont une fin. Lorsque celle concernant Malvy fut close, le président Antonin Dubost convoqua, le jeudi 27 juin 1918, les sénateurs en une assemblée officieuse, où il fut décidé que la Haute-Cour se réunirait le mardi 16 juillet, surlendemain de la fête nationale. En effet, le 9 juillet, je reçus à mon domicile l'assignation que voici :

COUR DE JUSTICE

ASSIGNATION A TÉMOIN

L'an mil neuf cent dix-huit, le huit juillet.

A la requête de M. le Procureur général près la Cour de justice lequel fait élection de domicile en son parquet, sis à Paris au Palais du Luxembourg, rue de Vaugirard, n° 15,

J'ai, Bernard STRELETSKIE, huissier près le tribunal civil de la Seine, séant à Paris, y demeurant, 18, rue Montmartre, soussigné,

Donné assignation à M. DAUDET, demeurant à Paris,

En son domicile, parlant ainsi qu'il est dit en l'original,

A comparaître en personne, le SEIZE JUILLET MIL NEUF CENT DIX-HUIT A TREIZE HEURES, à l'audience de la Cour de Justice séant au Palais du Luxembourg, 15, rue de Vaugirard à Paris,

Pour, après serment prêté, y faire sa déposition dans les formes prescrites par la loi, sur les faits dont il lui sera donné connaissance, et se référant à l'acte d'accusation dressé contre M. MALVY, ancien ministre de l'Intérieur.

Déclarant au susnommé qu'il sera indemnisé s'il le requiert et aussi que faute par lui de comparaître aux jour et heure indiqués il sera condamné à l'amende et aux frais qu'occasionneraient sa négligence et son refus d'obéir, et qu'il sera amené par la force publique, pour être entendu conformément aux articles 80, 354 et 355 du code d'instruction criminelle.

Je lui ai, en parlant comme dessus, laissé cette copie, sous enveloppe fermée portant suscription et cachet, conformément à la loi.

Coût : SOIXANTE-QUINZE centimes.

STRELETSKIE.

A ce moment, la situation militaire était la suivante : Le 27 mai, Ludendorff, poursuivant son projet d'offensive générale, avait débordé par surprise lo Chemin des Dames et creusé la troisième poche, dite de la Marne, en direction de Château-Thierry et de Châlons, destinée, dans son esprit, à rejoindre la poche dite de Picardie du 21 mars. Il s'agissait, en fin de compte, d'une attaque convergente et de grande allure sur Paris. L'armée von Hutier recevait, dans l'accomplissement de cette conception, la tâche la plus difficile. Or, le 11 juin, à Courcelles et sur le plateau de Méry, le général Foch avait donné au général Mangin l'ordre d'attaquer, et cette attaque victorieuse surprenait une nouvelle offensive allemande en préparation, la

bousculait, la décimait. Succès de première importance, reprise du fer magistrale, qui devait déclen-
cher bientôt une série de victoires foudroyantes.

Le mardi 16 juillet, la Bertha boche tonnant à
nouveau sur Paris, je me présentai, à l'heure dite,
au Sénat. Je pris, au fond de la grande cour à
gauche, l'escalier imposant que j'avais monté tant
de fois et me trouvai, dans un vaste salon du premier étage, en compagnie de tous les témoins à
charge et à décharge, convoqués pour l'appel préli
minaire de leurs noms.

J'eus une impression saisissante d'auteur dramatique à sa répétition générale, en voyant réunis, en
chair et en os, les éléments humains d'une affaire
que j'avais en somme déclenchée.

Voici Viviani, avec sa face quadrangulaire, ses
lèvres onctueuses d'animal fait pour parler, son
allure de porteur d'eau endimanché. Il semble assez
mal à son aise, désireux de n'être pas appelé chaque
jour au Sénat par ses devoirs de témoin à décharge.
Le bon juge qui fait l'appel, le papa Sénac, entre ses
vastes favoris, lui donne du « monsieur le président »
gros comme le bras. Je regarde avec curiosité ce spé-
cimen du parlement de 1914, chargé de toutes les
erreurs, de toutes les faiblesses de l'avant guerre, qui
a un tempérament d'amoureux de collège, une voix
chantante, et un moignon de caractère caché dans
un étui verbal. Comme disait Bismarck de Jules
Ferry, il m'apparaît très capable de tenir les rênes
d'un grand désastre. Faut-il que la France soit solide
pour avoir résisté à un pareil guide, à l'heure la
plus tragique de son histoire! Il n'a pas l'air d'un
assassin, comme Malvy, mais l'œil, privé de com-
préhension, est tourné vers l'admiration de soi.

Voici Briand, vieilli, ridé, sous sa chevelure foisonnante de photographe mystique. Son œil noir et vif, qu'il tente perpétuellement d'éteindre avec la fumée de sa cigarette, rit et même pouffe comme celui d'un enfant qui fait une niche, quand il rencontre les favoris du papa Sénac. Il est moins solennel, mais beaucoup plus intelligent que Viviani et il porte les traces de l'usure d'assemblée, tel celui qui, pendant tant d'années, a dû répondre aux interpellateurs, appeler « cher ami » son pire ennemi, répéter ce qu'il ne sentait pas, dissimuler ce qu'il sentait, et qui en a assez de son rôle. Je l'ai vu là — je puis me tromper — comme un homme à lisière de franchise, las de la farce parlementaire, rompu aux réalités de la guerre et capable d'une détermination X, qui changerait toutes ses habitudes, Oh! pas la dictature, ni même le consulat... certes non! Bien trop nonchalant pour cela. Mais un doux entêtement sur un point donné, dans les parages du patriotisme. C'est la grâce que je lui souhaite. Il doit s'apercevoir maintenant que Caillaux était un fantôme, qu'il suffisait de marcher dessus pour l'exorciser.

Je n'avais jamais vu Albert Thomas. Il est broussailleux, et ses lunettes font de son regard un miroitement indistinct. Assis de biais sur une table, plus malingre et étroit d'épaules que je ne l'imaginais, il avait un faux air de révolutionnaire russe en pénitence et tortillait ses doigts sans répit. Il a fréquenté dans ses temps difficiles — je veux dire ses temps de professorat — un milieu républicain, radical et protestant que j'ai moi-même beaucoup fréquenté, que Clemenceau a beaucoup fréquenté, un milieu de braves gens, mais puérilement sectaires et d'une étroitesse d'idées qui s'imaginait être émancipation. Thomas est issu du milieu Ménard-Dorian, comme Ignace est issu du milieu Lockroy. Quand on a atteint un certain âge à Paris, on retrouve partout sa jeunesse.

M. Ribot est voûté, voûté, comme un vieux paysan, cultivateur du chardon libéral, dont les ânes font historiquement leur régal. Il ressemble à une grande cédille, dont la boucle supérieure serait une touffe de cheveux argentés. Je retrouve et salue en lui le vide académique, le vide de la *Revue des Deux Mondes*, des *Débats Politiques et Littéraires*, ce vide que mon père a peint immortellement dans *l'Immortel* et qu'il m'a appris, dès mon tout jeune âge, à sentir vivement. Le libéral, le conservateur, le salonnard, trois têtes également creuses sous le même bonnet, trois types conventionnels du néant. Je revois le salon Buloz, — *horresco referens!* — cette haine des réalités, gastronomiques ou autres, qui voue au désastre, et à son frère l'ennui, tous les successeurs politiques d'Émile Ollivier et de M. de Tocqueville. Qu'un homme ait pu, pendant soixante ans, charrier dans sa tête tant d'idées fausses, cela rappelle le mot de Scholl sur un bohème de ses amis : « Faut-il pourtant qu'il ait du linge sale, pour pouvoir en changer si souvent! » Le linge de M. Ribot est blanc et amidonné comme celui de Berlin aîné, mais sa conception des hommes et des choses est, depuis plus d'un demi-siècle, au rebours du bon sens. Il a prononcé le mot le plus épiquement faux de toute la guerre : « Nous respecterons, après les hostilités, le libre développement économique du peuple allemand. » Il n'en est pas plus fier pour cela, et, comme c'est un bon

et gentil vieillard, il passe, autour du cou de ses
interlocuteurs, un long bras tendre et caressant. Je
l'avais vu, un jour de grande séance à l'Institut,
encercler ainsi Francis Charmes, « le marchand de
marrons », qui répandait une odeur de gruyère.
Au Sénat, il enroulait Viviani, puis un officier, dont
j'ignore le nom.

Paul-Prudent Painlevé et moi sommes destinés à
nous rencontrer toujours et partout. J'en suis heureux, car cet hurluberlu dangereux — que la fantaisie politique fit, pour notre dam, ministre de la
Guerre au printemps de 1917 — m'est un perpétuel
sujet d'étude, un perpétuel objet d'amusement.
Comme le papa Sénac faisait l'appel, mon nom pré-
cédait exactement celui de Painlevé — j'avais, s'il
vous plaît, le numéro 1 et mon Paul-Prudent le
numéro 2, — de sorte que nous répondîmes « présent » presqu'en même temps, comme deux élèves
de la même classe à la rentrée scolaire. Ça
nous rappelait Louis-le-Grand. Lui me jetait un œil
en dessous, un œil méfiant de ministre briseur de
l'offensive d'avril 1917 à conspirateur de la panoplie. Il voulait m'avoir et il m'a raté. Il se figure que
je lui en veux, Quelle erreur ! Il a fait monter le
tirage de *l'Action Française* de cent mille à trois
cent mille exemplaires. Il nous a fait une publicité
que nous n'aurions pas eue pour un million. C'est
un trésor que ce garçon-là. Je regrette seulement
que son hideux aveuglement et sa fourberie aient
coûté si cher à mon pays. C'est le seul point noir
dans une camaraderie de bon aloi et qui durera autant que nous deux.

Il y avait encore là Hudelo, ancien préfet de police, grand, beau, solide, chauve, gaillard, le men-

songe fait homme, un mensonge à la main largement tendue, à la voix chaudement cordiale, au
regard ouvert et direct. Comme il y a des chafouins
loyaux, il y a des géants hypocrites. Hudelo appartient à cette catégorie de Brobdignac. J'entends
encore le procureur général Mérillon, excellent psy-
chologue, lui crier, avec sa pointe d'accent méridional : « Monsieur Hudelo, je vous prie de ne pas
jouer ici un rôle double, et de conformer votre langage en audience publique à votre déclaration devant
la commission d'instruction. » Alas, alas pour
Hudelo ! Tant que Malvy était ministre, et Caillaux
prophète de Malvy, Hudelo avait cru que là étaient
le soleil, les honneurs et l'avancement. Mais, quand
tout croula, dans le palais de trahison, Hudelo
s'aperçut qu'il s'était trompé, et chercha, un peu
tard, à rattraper la confiance de Clemenceau, en
lâchant Caillaux et Malvy, sans trop les charger néanmoins, pour le cas où Caillaux et Malvy remonte-
raient de l'égout au pouvoir. En démocratie, on ne
sait jamais. D'où le « rôle double » que cherchait à
exorciser le bon et loyal procureur Mérillon.

Une note pittoresque était donnée par le sous-
ordre de Leymarie, gnome gras et luisant, à masque
glabre de cabotin, du nom de Chiappe. Balzac eût
aimé ce nom-là et sa conformité au personnage.
Chose étonnante, Chiappe ressemblait à Leymarie,
comme l'aide du prestidigitateur, dans les music-
halls, ressemble en général au prestidigitateur,
comme le mitron, dans les féeries, ressemble au
cuisinier en chef.

— Monsieur Chiappe.

— Présent !

— Lieutenant Bruyant.

— Présent !

Le lieutenant Bruyant était précisément le fier soldat, délégué par le Grand Quartier Général, qui avait assisté à la confection méthodique des mutineries militaires dans la caverne de Malvy-Leymarie et qualifié la politique de ces messieurs, de « politique d'intelligence avec l'ennemi ». C'est un homme jeune, au visage énergique et fin, qui, dans le civil, s'occupait de finances et possédait bien, par conséquent, les manœuvres souterraines des Allemands. Je ne le connais pas, il ne me connaît pas, mais nos pensées se sont rencontrées, ainsi que nos observations, lui du dedans, moi du dehors.

Un autre jeune officier était venu du front à l'appel, la tête bandée à cause d'une récente blessure. Il avait reçu, des mains des commis de Sébastien Faure, des brochures antimilitaristes et il comptait en témoigner. Mais rappelé à son régiment par la grande contre-offensive de Foch (18 juillet) il fut blessé à nouveau grièvement et le lieutenant D'Héricourt ne put donc rendre à la patrie le service d'arrière qu'il projetait. Ainsi voisinaient dans le grand salon, décoré de claires peintures représentant le jardin du Luxembourg, les camarades de Malvy, les amis de la France, et aussi ceux qui avaient mis en pratique le proverbe

Amicus Malvy, sed magis amica veritas.

Parmi eux, ce grand et bon diable de Maginot, engagé volontaire bien que député, blessé au feu, plein de patriotisme et de bravoure et qui n'avait pas hésité à me convoquer, afin d'avoir l'explication de l'Inexplicable. Je lui ai valu de l'embêtement. Je lui en fais ici toutes mes excuses. Mais c'était pour le bien de la France, et l'héroïque Meusien qu'il est ne peut m'en vouloir.

L'appel terminé, le papa Sénac nous fit savoir que nous ne serions pas convoqués avant trois jours vraisemblablement — même les premiers témoins — vu la lecture du rapport, du réquisitoire et l'interrogatoire de l'accusé, mais que nous devions demeurer à la disposition de la Haute-Cour. En fait, je ne commençai ma déposition que le vendredi 19 juillet à quatre heures de l'après-midi et je la terminai le lendemain samedi 20 à midi. Je demeurai ainsi au Palais du Sénat, en permanence, le mercredi matin, le mercredi soir, le jeudi matin, le jeudi soir et le vendredi matin de neuf heures à midi et de une heure à six heures. Témoin n° 1, ainsi que je l'ai déjà dit, j'avais comme compagnon d'infortune Paul-Prudent Painlevé, témoin n° 2, et les divers fonctionnaires du ministère de l'Intérieur, MM. Moreau, Perrette, Dumas, Séjournant notamment, qui devaient déposer après Painlevé.

Représentez-vous deux vastes salons communiquants, aux parquets cirés et luisants, donnant, l'un sur le jardin de Luxembourg — d'où ne montait aucun cri d'enfant, à cause du canon boche à très longue portée — l'autre sur la bibliothèque. Dans l'antichambre, trois gardes de Paris ayant fait la guerre et décorés, deux ou trois huissiers du Sénat. Faisant la navette entre la salle des séances de la Haute-Cour et notre cage dorée, un très aimable huissier-audiencier en robe.

M. Auguste Moreau — qui fit en somme pincer Duval et déclencha ainsi, en se cachant de Malvy, toute l'affaire du *Bonnet Rouge* — demeurait philosophiquement assis sur un canapé. Il a une physionomie fine, résolue et intelligente. C'est le type du fonctionnaire qui prend sa fonction au sérieux. Comme il entendait mal, ses collègues venaient, à tour de rôle, lui parler très fort à l'oreille : « Ça ne va pas vite... Nous en avons bien pour deux jours... », etc. Il souriait et lisait un journal, allait regarder à la fenêtre, revenait s'asseoir. Cependant mon vieux Painlevé et moi arpentions en sens contraire, de façon à ne pas nous entre-choquer, les deux salons permis à notre attente déambulatoire. Partis chacun d'un point opposé, nous nous rencontrions forcément une fois dans chaque trajet d'aller, une fois dans chaque trajet de retour. Induit au calcul par son aspect et son émanation mathématiques, je songeais que nous devions ainsi, à raison de deux rencontres par cinq minutes, soit de vingt-quatre rencontres par heure, soit de cent quatre-vingt-douze par jour (huit heures en moyenne) nous frôler, de corps et de visage, cinq cent soixante-seize fois en trois jours. Dans la réalité, ce chiffre ne fut pas atteint, parce que je m'assis et que Painlevé s'assit deux heures environ chaque journée, ce qui donne lieu à une soustraction ou défalcation de rencontres importante, que je vous laisse le soin de calculer.

Je suis plus corpulent que Painlevé, néanmoins plus agile que lui. Il piétonnait, les mains derrière le dos, le nez au sol, assez embarrassé de son personnage et songeant à tout ça : à la scie de cette affaire Malvy, à la corvée imposée, au salon Greffulhe — où on le donne, aujourd'hui, paraît-il, à tous les diables cornus et biscornus — à l'interruption de l'offensive d'avril 1917, à la disgrâce du général Nivelle, à la disgrâce du général Mangin, à l'incarcération de l'ami Caillaux, à la condamnation de Leymarie, que sais-je encore?... Je me disais, de mon côté, qu'avec un écart de vingt centimètres, de sa part ou de la mienne, nous nous serions trouvés nez à nez, genoux contre genoux, exactement interférés, pareils à deux locomotives qui se heurtent sur le même rail. Cet accident ne se produisit pas.

Le jeudi après-midi, Painlevé, qui avait pris, je dois le dire, son mal et mon contact en patience avec beaucoup d'abnégation, commença à donner des signes d'inquiétude. Il y avait eu le matin, dans *l'Humanité*, un article de Renaudel ou d'un sous-Renaudel — bien qu'il soit difficile d'être au-dessous de Renaudel — me traitant une fois de plus de « dément furieux » et de misérable capable de tout. Est-ce cet article, est-ce l'énervement du pied de grue, toujours est-il que Painlevé réclama l'huissier audiencier et expliqua à cet excellent homme qu'il en avait par-dessus la tête de faire ainsi le poireau ambulant sur un parquet de cinquante mètres. L'huissier-audiencier agita ses manches flottantes, expliqua qu'il allait s'informer, revint en souriant avec une réponse négative : défense de s'absenter avant l'audition. Paul-Prudent, navré, reprit sa promenade un instant interrompue, mais je remarquai, lors de mon passage à sa périhélie, qu'il ronchonnait sourdement.

Nous n'avions que fort peu de distractions ; du mercredi au vendredi, il ne passa guère par nos salons d'attente que deux sénateurs pressés, qui serrèrent vivement la dextre tendue de Painlevé — comme on donne deux sous à un pauvre — et trois ou quatre officiers en tenue, égarés, venus pour l'audience publique, stupéfaits de trouver là leur ancien ministre de la Guerre, transformé en contrôleur mobile des lames du parquet.

— Bonjour, monsieur le président. (Car on est président du conseil, comme on est prêtre, *in æternum*. Ce titre n'est jamais périmé. Caillaux prétendait exiger du capitaine Bouchardon que celui-ci l'appelât « monsieur le Président » à chaque phrase de l'interrogatoire.)

— Bonjour, capitaine, ou commandant, ou mon cher ami, répondait Painlevé, d'un air puni. Mais il indiquait, par sa mine sombre et son silence, qu'il ne désirait pas continuer la conversation, qu'il en avait gros sur le cœur. Ses interlocuteurs n'insistaient pas.

Or voilà que le vendredi après-midi — il faisait ce jour-là un temps superbe — une rumeur court soudain parmi les gardes de Paris et les huissiers. Je perçois ceci : « Mangin... vingt mille prisonniers... cent canons... En route vers Soissons... Quel bonheur ! » C'était la victoire, la grande victoire libératrice, la seconde Marne qui commençait ! Entendant ces mots magiques et n'en croyant pas nos oreilles, nous nous rapprochons, Painlevé et moi, de M. Moreau et de ses collègues, dont l'un court aussitôt aux nouvelles. Pas d'erreur. C'est officiel, Foch a ordonné la contre-offensive et Mangin a culbuté l'ennemi sur le flanc droit. Paris est sauvé pour la deuxième fois. C'est un immense succès, chargé d'espérances et qui va, dit-on, être poursuivi, exploité à fond par le généralissime des armées alliées.

Je regardai Paul Prudent, qui me regarda. Il lut dans mon œil : « Eh bien, c'est Mangin, Mangin que vous avez brimé, disgracié, à qui vous avez retiré son commandement, avec défense de séjourner à Paris et aux environs, Mangin l'Enfonceur qui,

une fois de plus, nous donne la victoire. » Il vit
cela certainement, car il rougit. Je fus sur le point
de m'avancer et de lui dire : « Vous avez été bien
dégoûtant, bien crétin, bien complice de Caillaux,
Malvy et de la bande, mais votre vergogne présente me plaît et je vous enverrai du pinard, quand
vous serez à la Santé. » Puis je réfléchis qu'il ne
comprendrait pas, qu'il croirait à quelque faiblesse
de ma part, et je m'abstins.

MM. Moreau, Perrette, Séjournant, illuminés par
la bonne nouvelle, riaient et se félicitaient comme
des enfants, ainsi que les gardes et les huissiers. La
victoire illumine tout, réconcilie les adversaires,
rapproche les patriotes, efface les querelles, jette sur
les hontes et les tares son manteau d'or semé de
flammes rouges. Ah mon Dieu, que nous étions
contents ! J'avais personnellement envie de chanter
et de danser. Cinq minutes plus tard, le bruit courut
que la Haute-Cour avait levé la séance, en signe
d'allégresse nationale. Le fait est qu'il y eut suspension et que des sénateurs parurent, bourdonnant,
radieux, bras dessus, bras dessous. J'entendis le
président Monis qui donnait des chiffres à un collègue, en ajoutant avec enivrement : « Et l'on ne
sait pas tout ! Ce n'est qu'un début. »

Chacun saisissait le symbolique rapprochement de
la justice enserrant Malvy et de la France refoulant
l'ennemi. Les noms de Clemenceau, de Foch, de
Mangin étaient sur toutes les lèvres. Songez donc !
Nous sortions du cauchemar sombre, qui pesait sur
nous depuis le 21 mars 1918 et plus loin, depuis
avril, mai et juin 1917, ce qu'on pourrait appeler
le trimestre Caillaux-Malvy, le trimestre de trahison.
Le cercle de fer allemand, concentrique au cercle d

défaitisme et de honte, qui se resserrait depuis tant
de mois, était enfin brisé. La patrie respirait librement. Foch avait réalisé le prodige de passer, en
deux jours, de la défensive contre l'attaque boche
— — qui devait être la suprême attaque avant Paris — —
à la contre-offensive victorieuse. La situation était
retournée d'un seul coup.

— Monsieur Daudet, c'est maintenant votre tour.

Cet avertissement me réveilla du coup. Je tirai le
rideau sur la nouvelle heureuse et ne voulus plus
avoir présent à l'esprit que le crime et les criminels,
causes, pour la France, de tant de maux. Quelques
secondes après, je pénétrai dans la salle des séances,
garnie jusqu'au faîte de physionomies curieuses,
congestionnées pour la plupart à cause de la chaleur.
Imaginez un fourmillement d'œufs rouges, quelques-
uns pileux, les masculins, d'autres plus petits et
d'un plus gracieux contour, les féminins. Le premier que je reconnus fut Lintilhac, avec lequel j'ai
pris des bocks autrefois, au bar du *Journal*, en compagnie de Mendès, qui lui reconnaissait, quand il
était ivre, des dons mystérieux de prescience et de
divination littéraires. Le second fut Couyba, mon
vieux « Couyba passez à la porte » du cours d'histoire naturelle de l'autre Mangin, le botaniste. Tout
en commençant ma déposition, que vous allez lire
aux pages suivantes, je me remémorais la cour de
Louis-le-Grand et les distributions de prix dans le
grand amphithéâtre, bondé, comme celui-ci.

Puis mon regard tomba sur Malvy, que je voyais,
pour la première fois, en chair et en os. Les cheveux
rejetés en arrière, tels qu'après un schampoing
soigné, les lèvres gonflées, l'œil brillant, le ministre d'Almereyda était noir, vous m'entendez,

d'un noir animal, comme si on lui eût injecté de
l'encre par les carotides. Je sentais que la fureur
l'animait à mon aspect. Il songeait : « Ah! si je te
tenais dans un coin! » Mais c'était moi qui le tenais.
Mon ancien condisciple Guillain était assis derrière
lui, comme le soigneur dans les combats de boxe.
A ses côtés, maître Bourdillon, un aimable grand-
père, dodu et chenu, qui semblait ennuyé de la
corvée, comme s'il avait été désigné d'office. A peine
avais-je recommencé à parler d'Almereyda, que
Malvy, n'en pouvant plus, s'esbignait pendant
quelques minutes, le temps de digérer sa haine, puis
revenait s'asseoir, dégingandé. A un autre moment,
comme j'évoquais la mort du bandit, étranglé dans
la prison de Fresnes, le visage de l'accusé se con-
tracta dans un rictus d'hyène en chaleur. La vraie
nature, ardente et sombre, sournoise et sauvage, de
l'amant de Nelly Béryl m'était apparue en un éclair.
Vivrais-je cent ans que je n'oublierai pas ce re-
troussis de la moustache drue vers le nez, le blanc
des incisives sous le bourrelet labial. Je songeais :
« Quel bizarre système vaso-moteur et comme il eût
intéressé Vulpian et Charcot! » Car Malvy peut
devenir aussi blanc comme un drap, quand il sent
venir l'attaque directe.

Parfois, sous mon fouet, il se tournait, dans une
attitude parlementaire, vers le président Dubost, tendait les bras, semblait dire : « Je vous en prie,
faites taire cet énergumène! » Il oubliait qu'il était
devant la Justice et se croyait parmi ses camarades
de la Chambre, au cours d'une interpellation. Mais
le président Dubost ne semblait pas d'humeur à
obéir aux injonctions de l'ancien ministre. Pas une
fois il ne m'interrompit. Le banc des témoins étai

disposé de telle sorte que je lui tournais le dos, ainsi qu'aux magistrats, ce qui fit que, vers le milieu de ma déposition, je me libérai de cette bande de velours rouge et de ce petit escabeau, pour reprendre la liberté de mes mouvements. Je parlais haut, de façon à être entendu de tous les points de cette salle dont l'acoustique semble assez mauvaise, mais sans aucun effet oratoire, ni estrambord, qui eût semblé déplacé. Painlevé est le seul à ignorer qu'un témoin ne peut lire aucune pièce à la barre. Il me fallait citer, de mémoire, des noms et des dates, enchaîner les faits correctement. J'essayai de m'en tirer de mon mieux.

Je suis sensible aux atmosphères. Quand je commençai, la moitié environ des sénateurs-juges m'était hostile, s'attendait à écouter un cagot royaliste et fanatique, un avale-tout-cru, un chouan effervescent. La seconde moitié était indifférente, mais me guettait aux bons endroits. J'avais, à ma droite, une sympathie chaude dans la personne du cher Dominique Delahaye, frère de Jules Delahaye, aussi bon, vaillant et perspicace que lui. Dans la première travée de fauteuils se tenaient assis les membres de la commission d'instruction, MM. Monis, Pérès, Ratier, de Las Cases, etc. Ils m'étaient chers comme des souvenirs déjà reculés. C'est un peu bête de s'attacher si vite à des personnes qui n'ont en somme qu'un rôle passager dans votre existence. C'est l'histoire des émotions en commun.

Malvy, quand on allègue contre lui un fait précis, a un système bien simple, classique chez les criminels, mais qui prend toujours : la dénégation. Il se dresse alors, comme un serpent brun, et siffle : « Je le nie formellement,... ou absolument,... ou

complètement, monsieur le président. » Puis il se
rassied et renverse en arrière son torse long et
maigre, en croisant les bras. Un peu plus, il aurait
nié avoir connu Almereyda. Sa mimique d'ailleurs
m'importait peu et ne me gênait nullement. J'étais
résolu à parler avec une entière et tranquille liberté.
Je m'attendais, vu les passions politiques déchaînées, à des interruptions de sénateurs amis de Malvy,
qui ne se produisirent pas. Cette première séance
dura jusqu'à six heures et demie du soir environ.
Elle continua le lendemain à neuf heures. J'avais
déjà pris mes habitudes, je savais que je pouvais
compter sur le verre d'eau, que me tendait obligeam-
ment un aimable huissier. Certaines ondes de sympathie commençaient à me venir des sénateurs,
convaincus enfin que je n'avais fait que remplir mon
devoir de Français, en dénonçant le ministre félon
du *Bonnet Rouge*, son maître Caillaux, et leur invraisemblable séquelle d'espions, de maîtres chanteurs, de souteneurs, d'exhibitionnistes et d'assassins.

Aux questions précises du procureur Mérillon, je
répondis avec précision. J'avais demandé le huis
clos, afin d'apporter à la Haute-Cour certains renseignements techniques auxquels je ne pourrai faire
aucune allusion avant la fin des hostilités. Ce premier huis clos me fut accordé. Il se passa bien.
Quelques jours après, ma déposition étant achevée,
deuxième huis clos, nécessité celui-là par une confrontation avec le colonel Goubet et Painlevé. Celle-
ci ne tourna pas à ma confusion, comme l'espéraient
déjà quelques adversaires trop pressés, notamment
Marcel Sembat, que je ne savais pas si fanatique.
Mais je n'en voudrai jamais à Sembat. Il a trop

d'esprit et je le plains trop de vivre dans la compagnie de Bracke et de Renaudel. C'est la Finette chez les butors. Il sait bien au fond que je ne suis pas le conservateur haineux, le courtisan de salons riches, l'écrivain mondain et furibard que chargent d'iniquités ses absurdes copains. J'aime trop mon plaisir et mon repos pour fréquenter les salons. La souffrance d'autrui m'est intolérable quand je ne puis la soulager. Enfin je porte aux pauvres bougres de toute opinion et de toute détresse la même amitié spontanée que leur portait mon brave homme de père, et Sembat, au fond, doit s'en douter.

J'ajoute, pour être complet, que je dus, comme on le verra, répondre publiquement et pertinem ment — ces deux adverbes joints... — à quelques questions saugrenues des sénateurs Bepmale et Debierre sur l'origine de mes dossiers. Ces messieurs, collés sous bande, n'insistèrent pas.

Bien entendu, au cours de ma déposition, des deux huis clos, de ma confrontation, j'omis un certain nombre de points importants et de ripostes faciles. C'est inévitable. Il en est de ces oublis comme des fautes qu'on se remémore, avec navrement, aux sorties du concours général ou du concours pour l'internat des hôpitaux. D'autres passages auraient dû être traités plus à fond, présentés autrement. L'accusé a, sur le témoin, l'avantage d'avoir devant lui ses dossiers ouverts, de pouvoir les compulser. S'il oublie quelque chose d'essentiel, ses avocats sont là pour le lui rappeler. Notez que je n'envie pas le sort de Malvy, il n'en est pas de plus abject. Mais le fait est que sa défense fut, sur certains points, d'une rare mollesse, sur d'autres complètement inexistante, au résumé piteuse et vague... « Je le nie formellement... Je ne l'ai jamais vu... Je ne sais pas de quoi il s'agit... J'oppose ma dénégation absolue, monsieur le président. »

Silencieuse et déserte pendant les séances, la grande cour du Sénat reprenait toute son animation au sortir de celles-ci. Je retrouvais mon collaborateur Leroy Fournier — un des meilleurs journalistes de ce temps et qui connaît son Paris politique sur le bout du doigt, — Maurice Talmeyr, chargé de portraiturer la Haute-Cour dans *l'Action Française* — il s'en acquitta magistralement, comme à son habitude, — des confrères de toutes opinions. Ils m'assurèrent que l'impression était satisfaisante et que Malvy, malgré une campagne acharnée faite en sa faveur, serait certainement condamné.

A l'horizon passaient, la mine lasse, les caillautistes et les malvystes. Je vois encore Téry, directeur de *l'Œuvre* — qui jadis fulminait contre « le régime abject » et aujourd'hui malvynait avec fureur, — remontant lourdement dans sa limousine, qu'il remplissait toute de son lard perfide et sournois, puis mettant tristement ses doigts dans son nez. Il n'y décrochera pas l'estime de ses pairs.

CHAPITRE IX

MA DÉPOSITION

Voici la reproduction sténographique de ma déposition en audience publique devant la Haute-Cour.

AUDIENCE DU VENDREDI 19 JUILLET

Monsieur le Président,
Messieurs de la Cour,
Messieurs,

Je voudrais d'abord vous exposer brièvement dans quelles conditions j'ai été amené à m'occuper des relations de M. Malvy, ministre de l'Intérieur, avec Vigo, dit Miguel Almereyda. Je m'expliquerai ensuite sur ces relations en elles-mêmes, puis je passerai à un certain nombre de points particulièrement intéressants au débat : *M. Malvy, Miguel Almereyda et l'espionnage allemand en France*, tel au moins que je le conçois. Ensuite, j'arriverai à *l'affaire Guilbeaux*, *l'affaire Routier*, *les mutineries militaires*, et je terminerai par la *question du Chemin des Dames*, puisque c'est sur ces deux derniers points en particulier qu'a porté mon accusation, par ailleurs très générale, contre M. Malvy, dans une lettre privée à M. le Président de la République.

LE RAPPROCHEMENT FRANCO-ALLEMAND

Au moment de l'affaire d'Agadir, j'ai été amené à publier dans *l'Action Française* une série d'articles, concernant la pénétration allemande en France.

Dès ce moment, il m'a été possible de me rendre compte qu'un homme politique, qui est *M. Caillaux*, se trouvait en France au centre d'une grande entreprise de ce que l'on pouvait appeler encore, à ce moment-là, bien qu'avec moins de raisons qu'en 1910, le rapprochement franco-allemand. Je ne dirai pas qu'à ce moment-là cette tentative de rapprochement franco-allemand était criminelle, puisque la guerre n'était pas déclarée, mais elle était au moins imprudente puisque nous venions de voir à l'évidence, par l'incident d'Agadir, que l'Allemagne voulait nous faire la guerre.

L'Allemagne voulait nous faire la guerre et elle le voulait depuis de longues années. Elle s'y était largement et assidûment préparée chez nous par toute une série d'organisations qui ont été niées par une grande partie de la presse et par la presque totalité des pouvoirs publics au moment où j'ai dénoncé l'existence de ces organisations. Mais, depuis, toutes ou presque toutes ces organisations ont été reconnues avoir existé, au moins dans leurs grandes lignes et on a reconnu l'exactitude des termes principaux de mes dénonciations.

C'est ainsi qu'un des points qui avaient attiré le plus violemment mon attention était à un moment donné, où l'alliance franco-anglaise n'était pas dans les prévisions immédiates, mais seulement dans les probabilités, le projet de débarquement des Allemands avec leur flotte dans le Cotentin par l'occupation du port de *Diélette* qu'ils avaient obtenue de l'inertie des pouvoirs publics et ensuite l'occupation toute naturelle et je pourrais même dire spontanée des hauts fourneaux et aciéries de Caen, que Thyssen, le grand métallurgiste de l'Allemagne et conseiller de l'empereur, avait obtenue dans des conditions sur lesquelles je me suis longuement étendu.

On pouvait dire à ce moment-là, mais on a moins dit depuis, que c'était chez moi le partisan politique qui présentait ainsi les visées de l'Allemagne sur notre pays; mais plus tard il n'a plus été possible de le dire et il a été au contraire évident pour tout esprit éclairé que j'étais resté au-dessous de la vérité. D'ailleurs, un autre écrivain qui, lui, n'a rien à voir avec la politique, M. Alfred Bruneau, un technicien, a parlé après moi, dans un ouvrage intitulé : *Les Allemands en France*, de la pénétration des Allemands dans notre pays. Il l'a fait dans les mêmes termes, bien qu'avec une objectivité peut-être supérieure, et il a soutenu également le thème de la pénétration que j'avais moi-même traité, c'est-à-dire la pénétration dans les finances, en considérant par exemple ce qui s'est passé avec le Comptoir d'Escompte, où l'on trouvait un Allemand, *Émile Ulmann*, faisant une politique exactement allemande; puis la pénétration industrielle comme je vous l'ai dit, avec *Thyssen*, avec des agences de renseignements allemands fonctionnant en plein Paris, comme l'agence *Schimmelpfeng*, enfin par des journaux comme le *Gil Blas* qui soutenait la politique de M. Caillaux. Le *Gil Blas* était alors fondé ou restauré avec les capitaux de banquiers franco-berlinois, les frères *Merzbach* et par les capitaux de l'agent allemand *Rozenberg*.

Tout était installé et préparé à ce moment-là pour pénétrer à fond dans les finances françaises, dans le commerce et dans l'industrie de la France, et par dérivation, dans la politique française. Je rapportai à ce moment-là à M. Caillaux la paternité de ces diverses pénétrations qui en somme s'étaient produites seulement depuis une huitaine ou une dizaine d'années.

VIGO, DIT ALMEREYDA ET SA BANDE

Or, quelque temps avant la guerre, mon attention, qui était dirigée sur ces problèmes, fut attirée par l'existence d'un nouveau journal qui, à ce moment-là, était simplement. hebdomadaire, et s'appelait déjà *le Bonnet Rouge*. Ce journal succédait lui-même à un autre journal également hebdomadaire dont le directeur était *M. Paix-Séailles* et qui s'appelait *le Courrier Européen*. Ces journaux, qui passaient pour subir les inspirations de M. Caillaux, prônaient ouvertement la politique du rapprochement franco-allemand.

Il arriva que sur ces entrefaites je recevais de tous côtés divers ordres de renseignements sur lesquels je reviendrai. Ils me venaient notamment de la Sûreté générale et de la Préfecture de Police.

C'est ainsi que j'appris dans le courant de l'année 1913 que Miguel Almereyda, sous un faux nom, en prenant le nom d'un littérateur connu, Léo Bonnell, s'était rendu, ou se serait rendu, si l'on met au conditionnel le rapport qui me parvenait, dans les Pyrénées françaises, à la frontière espagnole, au Coral, près de Prats de Mello, où il se serait abouché avec des agents allemands.

On signalait la présence au Coral, qui est un endroit isolé et abandonné où l'on n'a pas l'habitude d'aller, où les communications sont difficiles et les approvisionnements pas commodes, on signalait sur le registre de l'hôtel, le 3 août, la présence de personnages qui s'étaient fait inscrire sous le nom de Léo Bonnell, de Madame et de leur fils Jean. Or ces indications cadraient précisément avec les personnalités de Miguel Almereyda, de sa femme Mme Claire Almereyda et de leur fils Jean. Il y avait en même temps un des lieutenants d'Almereyda, nommé Dolié, qui est mort depuis dans des circonstances mystérieuses, et en même temps un autre lieutenant d'Almereyda, alors directeur des *Hommes du Jour*, M. Fabre, qui dirige aujourd'hui le *Journal du Peuple*, une espèce de succédané du *Bonnet Rouge* où on retrouve notamment Para, dit « Georges Clairet », ancien rédacteur en chef du *Bonnet Rouge*.

Tous ces gens faisaient partie de la garde d'honneur de M. Caillaux.

Voilà ce que j'ai appris à ce moment et ce qui avait été vérifié par un rapport émanant du ministre de l'Intérieur.

Il m'a paru étonnant que M. Malvy n'ait pas eu connaissance d'un tel rapport.

D'autre part, M. Malvy a déclaré qu'il avait fait la connaissance de Miguel Almereyda seulement au moment de la déclaration de guerre.

Or, en 1911, un de nos amis, détenu à la prison de la Santé, Lucien Lacour, qui est prêt à apporter devant vous son témoignage, qui a été au front où il a été blessé, qui est aujourd'hui en congé temporaire, m'a fait cette déclaration : Au mois de février ou de mars 1911 (il pourra préciser la date, ce que quant à moi je ne peux faire), Almereyda dit à Lacour : « Mon vieux, il y a du bon ! j'ai mon copain Malvy qui va être sous-secrétaire d'État. Nous allons passer au « politique ». Lacour pourra vous dire que, quelques jours après, M. Malvy étant devenu sous-secrétaire d'État, vingt-quatre heures après, Almereyda fut mis au régime politique et, comme on ne pouvait pas faire autrement, Lucien Lacour fut placé sous le même régime.

En réalité, je vous l'ai dit, ce nouveau journal *le Bonnet Rouge*, sous la forme où il se présentait, était certainement un organe, dès ce moment, allemand. Il fallait être aveugle pour ne pas s'en rendre compte, notamment à la veille de la guerre, dans les derniers mois de 1913 et les premiers mois de 1914.

Nous avons des circulaires de Miguel Almereyda déclarant qu'il est partisan du rapprochement franco-allemand. Nous en avons d'autres déclarant qu'il va faire une campagne ou continuer une campagne du *Courrier Européen* contre l'État-Major français, notamment contre les généraux d'état-major et le général de Castelnau, qu'il va faire une autre campagne contre le Creusot en particulier.

A ce moment-là, Almereyda et sa bande, car vous allez voir que c'est une bande extrêmement bien organisée, prennent ouvertement la défense de Caillaux à l'occasion du procès de sa femme, à la suite de l'assassinat de Gaston Calmette.

A cette époque, Almereyda publie donc son journal, dans lequel est prôné le rapprochement franco-allemand, la haine des généraux dits de Jésuitières et où est préconisé le désarmement. On y trouve également la campagne qui est faite contre le Creusot. Tous ces textes absolument patents sont à la disposition de chacun.

Je vous dirai que c'est à partir de ce moment-là que tous les jours et la plume à la main, j'ai pris soin de lire *le Bonnet Rouge*. Laissez-moi vous dire que si les hommes politiques qui ont collaboré à cette feuille avaient pris la même précaution que celle que j'ai prise moi-même, ils se seraient bien vite aperçus que ce journal suivait complètement les inspirations de l'Allemagne. Cela était vrai avant la guerre, bien entendu, et dès les premières semaines des hostilités.

C'est une plaisanterie de prétendre qu'Almereyda a eu une bonne attitude dans les premiers mois de la guerre. Almereyda, comme je le démontrerai devant vous, a simplement eu peur. Trois jours avant la déclaration de guerre, il se promenait sur les boulevards en criant : « A bas l'armée! A bas la France! » A la tête de ses compagnons, il criait : « Vive l'Allemagne! »

Un Sénateur. — On l'aurait arrêté.

M. Léon Daudet. — Monsieur le Sénateur, le fait a été rapporté dans tous les journaux de l'époque.

Almereyda n'a pas été arrêté parce qu'il avait derrière lui la confiance de Caillaux et l'amitié de Malvy. C'est pour cette raison que pendant tant de mois Almereyda a pu continuer sa besogne sans être arrêté ni inquiété en aucune façon.

En 1914, M. Sancerme, récemment encore directeur de *la Voix Nationale*, qui a écrit un livre documenté sur *le Bonnet Rouge* et intitulé : *Les serviteurs de l'ennemi*, est allé au ministère de l'Intérieur. Il y a rencontré Almereyda qui parlait en maître des élections, qu avait l'attitude d'un homme qui était déjà dans l'intimité de la maison.

La guerre commence et pendant quelque temps *le Bonnet Rouge* se tient tranquille; puis très rapidement, il commence à faire campagne contre la conscription anglaise. Il a commencé une campagne, évidemment inspirée, contre le Deuxième Bureau du Service des Renseignements de Paris.

J'insiste sur cette campagne du *Bonnet Rouge* parce que, je vous le répète, en lisant attentivement ce journal, vous y trouverez jour par jour la corrélation d'une part avec un autre journal qui parut bientôt et qui eut un assez fort tirage malheureusement, journal qui est l'organe de l'empire allemand dans les pays occupés et qui s'appelle *la Gazette des Ardennes*, et d'autre part avec les mesures qu'allaient prendre à l'Intérieur M. Malvy et ses services. Il y a une corrélation directe mais bizarre entre la campagne menée par *le Bonnet Rouge* contre le Deuxième Bureau des Renseignements et les mesures qui vont être bientôt prises contre le Deuxième Bureau, et d'autre part les articles de *la Gazette des Ardennes* où des patriotes (je ne parle pas de nous, *Action française*, seulement) mais où d'excellents Français, des personnes des plus honorables étaient traînées dans la boue quotidiennement par *la Gazette des Ardennes*, journal qui n'était publié que pour affaiblir et déprécier ce que l'on a appelé l'armée française de l'arrière.

Le Bonnet Rouge faisait exactement ici la même besogne. C'est à ce moment que Malvy le subventionne.

D'après ce que j'ai cru comprendre dans les explications d'ailleurs fort variables de M. Malvy, celui-ci aurait subventionné *le Bonnet Rouge* jusqu'à la fin de 1915, et, à partir de cette époque, il aurait cessé sa subvention. Il se défend, d'autre part, d'avoir eu avec Almereyda aucune espèce de relations autre que celle du ministre de l'Intérieur à journaliste stipendié.

Je vous répète que, même en admettant cette hypothèse, il n'y a qu'à prendre la collection du *Bonnet Rouge* pour voir qu'il voulait dissuader nos amis Anglais de lever chez eux des troupes pour combattre avec nous. Ce journal faisait une campagne en faveur des Boches et de leurs agents à Paris.

Il y a un fait qui nous montre que Malvy était avec Almereyda dans d'autres termes que ceux qu'il prétend avoir existé entre eux.

Pendant que Malvy était à Bordeaux, son appartement du 23, avenue de l'Observatoire, fut cambriolé. Les cambrioleurs s'appelaient, autant qu'il m'en souvient, Gilard et Paulet. C'étaient des fils de fonctionnaires très subalternes de la Préfecture de police. Ils étaient déjà allés cambrioler dans diverses autres maisons. Dans le cambriolage opéré chez Malvy, ils emportèrent des objets et divers documents. Là où le fait commença à paraître singulier, c'est lorsque la censure défendit complètement de parler des cambrioleurs de Malvy. Pour notre part, à *l'Action française*, quoique nous eussions des lueurs sur cette affaire, nous reçûmes l'ordre de résumer cette histoire en trois ou quatre lignes.

Or, à ce propos, il fut dit que l'on avait cambriolé chez Malvy un dossier dit des *Roses d'Agadir*. Le fait fut nié, puis recouvert, puis caché par la censure, mais en réalité, d'après l'avocat d'un des condamnés, maître *Georges Desbons* (les deux personnages et la femme qui les accompagnait furent condamnés), ce dossier des *Roses d'Agadir* avait été dérobé chez M. Malvy.

Comment M. Malvy avait-il chez lui un dossier concernant l'affaire d'Agadir, qui appartenait aux Affaires Étrangères? C'est ce qu'il ne m'appartient pas de déterminer.

Ce qui est certain, c'est que M. Malvy fit venir Almereyda et lui dicta une note dans laquelle il énumérait les pièces du dossier d'Agadir qu'il était important pour lui de récupérer immédiatement. Cette note a été remise par Almereyda à M⁰ Desbons qui m'en a parlé et qui est allé ensuite la remettre au capitaine Bouchardon. Je pense que cette note doit figurer au dossier du chèque Duval ou dans le dossier de l'affaire Malvy puisque j'ai parlé moi-même de cette note à la Commission d'instruction.

Vous voyez donc, Messieurs, que, dès ce moment-là, Almereyda était considéré par M. Malvy comme une sorte de préfet de police particulier.

Malvy ayant des craintes sur un certain point, à qui s'adresse-t-il pour retrouver les pièces du dossier qui lui manque? Il ne s'adresse pas à la police régulière, il ne s'adresse pas à son ami Laurent, préfet de police : il fait venir un chef de bande qu'il sait être un voleur, un fabricant d'explosifs, un homme condamné pour outrages et injures à l'armée et il dit à ce voleur, à ce fabricant d'explosifs, à cet apache lui-même chef d'apaches : « Il arrive une chose très embêtante pour moi et pour Caillaux : des cambrioleurs ont dérobé chez moi un dossier concernant l'affaire d'Agadir. Il faut me retrouver ce dossier à tout prix. Je vais te dicter la liste des pièces et ensuite, toi et ces camarades, qui êtes vraiment des maîtres de la basse pègre, vous allez me retrouver les pièces de mon dossier, vous me les rapporterez et vous aurez une bonne rétribution. »

Il est évident que lorsque Malvy vient vous dire que c'était le prolétariat qu'il sauvegardait dans la personne d'Almereyda, il vous trompe singulièrement. Il mettait Almereyda au courant de ses affaires dans la mesure où celles-ci lui paraissaient être le plus aventurées et le plus compromettantes.

De longue date, la Préfecture de police et la Sûreté générale s'étaient, je dois le dire, mises en garde contre le rapprochement franco-allemand; elles se méfiaient de Caillaux, malgré sa grande influence, aussi de son agent M. Malvy, car le résultat de mes études (et quand j'aurai fini de vous en parler, j'espère que vous partagerez ma conviction), c'est qu'il y avait, pendant la guerre, un professeur général de rapprochement franco-allemand

(vous savez ce que cela veut dire en bon français) et que
ce personnage était M. Joseph Caillaux. Il y a eu un
exécuteur des manœuvres administratives tendant à favoriser ce rapprochement franco-allemand, c'était Malvy.
Enfin, il y a eu des agents transmetteurs de documents
qui se sont appelés Miguel Almereyda, Marion, Duval,
Landau, Guilbeaux, Routier et Goldsky.

La situation se présente donc de la façon que je viens
d'indiquer.

MINISTÈRE DE L'INTÉRIEUR ET POLICE

Les fonctionnaires de la Préfecture de police et de la
Sûreté générale, qui sont évidemment des fonctionnaires
républicains qui font leur devoir, connaissent les affaires
auxquelles Malvy et Caillaux sont mêlés. Ces fonctionnaires assistent à des actes de camaraderie et de compro-
mission, puis, la durée de la guerre augmentant, ils assistent à des actes de complicité qui les révoltent et devant
lesquels ils cherchent une soupape de sûreté. Ils veulent
trouver une échappatoire et alors ils s'adressent non pas
au directeur de *l'Action française* dont ils ne partagent
pas les idées, mais à l'auteur de *L'Avant-Guerre*. Je n'ai
d'ailleurs pas beaucoup de mérite à avoir fait ce travail,
car je n'exagérais pas et je ne faisais que dire ce que tout
le monde pouvait voir, c'est-à-dire l'action de l'Allemagne en France à la veille de la guerre.

Ces agents m'ont fait parvenir une série de dossiers.
De ces dossiers, j'en ai remis quelques-uns à la Commission d'instruction au cours de la déposition que j'ai faite
devant elle. Ils m'ont remis également un certain nombre
de documents prouvant, comme l'a dit le lieutenant Mornet, qu'Almereyda, pendant les deux premières années
de la guerre au moins, était le véritable préfet de police,
et, disons-le aussi, le véritable ministre de l'Intérieur de
Paris.

On vous a déjà dit ce que sont ces documents.

En réalité, les permis de séjour se donnaient sur la

recommandation d'Almereyda et les levées d'arrêté
d'expulsion se délivraient également sur la recommandation du même personnage. Il suffisait qu'Almereyda
commandât pour que ses ordres fussent exécutés. Almereyda et sa bande n'avaient rien de commun avec des ouvriers, c'est une mauvaise plaisanterie que de le soutenir.
Ces gens-là n'avaient rien à voir avec la classe ouvrière.
Napoléon Poggiale n'est pas du tout un ouvrier;
Goldsky n'est pas non plus un ouvrier; ce sont des cambrioleurs, des marchands de morphine, des marchands
de cartes transparentes, c'est le rebut de la société et,
en les qualifiant ainsi, je vous assure que je suis encore
au-dessous de la vérité.

Si la police avait fait son devoir dans les premières semaines de la guerre, si on avait coffré tous ces gens-là,
que Malvy feint de prendre pour des chefs du prolétariat,
tout ce qui s'est produit n'aurait pas eu lieu; mais au
contraire Malvy leur donnait un blanc-seing, il faisait
sortir tous ces individus de prison et les faisait réformer
par l'intermédiaire des docteurs Lombard et Laborde et
il leur donnait en réalité l'autorité dont il disposait lui-
même dans tous les milieux.

C'est ce spectacle inouï, historiquement incroyable,
qui avait transporté d'indignation et de méfiance les
fonctionnaires dont je vous parle et qui se disaient que, la
guerre se prolongeant, le fait de voir cette assimilation
entre les brigands et ceux qui devraient arrêter de pareilles canailles, était de nature à créer un véritable
danger.

La suite a bien fait voir ce qu'était ce terrible danger.

Pour en revenir à Almereyda lui-même, M. Malvy
avait fourni à cet ami une subvention sur laquelle je reviendrai

Lors qu'il prétend qu'à ce moment il ne connaissait de
lui que son casier judiciaire, je réponds que Malvy a eu
dans ses bureaux, je peux dire dans les mains, car j'ai eu
moi-même entre les mains des pièces qui étaient dans
ses bureaux, peut-être douze ou quatorze dossiers, con-

cernant les agissements des gens qui composaient la bande du *Bonnet Rouge*. Ces dossiers étaient explicites. J'en ai même encore un en ce moment dans ma poche qui concerne Duval et dont je parlerai.

Dans ces dossiers, il est spécifié avec les dates, les chiffres et toutes les précisions à l'appui que ces gens-là vont en Suisse lorsqu'ils le veulent, qu'ils emportent des documents, qu'ils sont en rapport avec Rosenberg, avec Bettelheim, avec Margulies, avec tous les agents boches en Suisse et en Espagne.

M. Malvy a tous ces dossiers-là dans son cabinet, il peut les compulser tous les jours.

Eh bien ! c'est à ce moment-là qu'il confie des missions à l'étranger à de pareils bandits, c'est sur la demande d'Almereyda qu'il lève des arrêtés d'expulsion, alors que toute cette bande lui est signalée par ses propres services.

Il est donc impossible à M. Malvy d'arguer de son ignorance. Pour moi, j'étais instruit de ce qui se passait en ce qui concernait la bande du *Bonnet Rouge* par des pièces qui portaient l'en-tête du Ministère de l'Intérieur, de la Préfecture de Police, etc., pièces dont aucune n'a été frappée de suspicion par les personnes à qui je les ai présentées et dont aucune en effet ne pouvait être suspecte au point de vue de son authenticité.

C'est, Messieurs, lorsque j'ai vu que le mal en était arrivé à ce point que je me suis décidé à agir.

L'ACTION FRANÇAISE ET L'UNION SACRÉE

Croyez bien, Messieurs, que ce n'est pas du tout parce que M. Malvy était un ministre républicain que j'ai agi comme je l'ai fait. Voici sur ce point ce que j'ai à vous faire observer, non pas pour m'excuser, mais parce que je veux vous faire un exposé fidèle des faits.

A *l'Action française*, journal royaliste, nous avons précisément, parce que royalistes, défendu tous les ministres en fonction à partir du moment où ils ont exercé leurs fonctions jusqu'au moment où ils les ont quittées, et cela quel que fût le parti auquel ils appartenaient, parce que nous pensions qu'en temps de guerre il fallait cesser toute polémique. S'agissant même de ministres que nous avions attaqués autrefois violemment, nous pensions que ce n'était pas le moment de les rabaisser devant l'ennemi, et plus nous les avions attaqués, plus nous les soutenions pendant la guerre. C'est ainsi que M. Millerand, ministre de la Guerre, contre lequel j'aurais pu avoir quelques préventions, puisqu'il avait plaidé contre moi l'affaire de la Maggi-Kub, a été soutenu mordicus par l'*Action française*, au moment même où, dans le journal de M. Malvy, M. Millerand était traité de « cancer national » avec approbation de la censure qui laissait ainsi passer ces articles contenant de pareilles attaques contre le ministre de la Guerre.

LA DISSOCIATION INTÉRIEURE

Il est arrivé un moment où j'ai commencé à être édifié parce que je me suis rendu compte que nous étions engagés dans ce que nous avons appelé souvent, à l'*Action française*, « la Guerre Totale ».

Il est arrivé cette chose admirable que, grâce à la valeur de ses enfants, au bout de quelques semaines de guerre, la France s'est trouvée sauvée par eux sur la Marne, comme ses enfants sont encore en train de la sauver une seconde fois en ce moment-ci. A partir de ce moment, la guerre se stabilise. Qu'est-ce qu'ont fait les Allemands? Suivant leur procédé bien moderne, ils se sont dit : « Il nous sera impossible d'avoir raison par la force des armées de la Russie, de la France, de l'Angleterre, de l'Italie réunies. » Ils ont alors procédé vis-à-vis de ces pays par ce moyen qu'ils appellent eux-mêmes « la dissociation intérieure ». Ce moyen est assez simple, car les Allemands n'inventent pas beaucoup, mais ils appliquent sur une large surface.

Ce moyen consiste à prendre dans les pays avec lesquels ils sont en guerre, des agents qui étaient en relations d'affaires industrielles ou commerciales avec lesdits pays, ainsi que les éléments politiques qui eux-mêmes pouvaient ignorer les tendances de l'Empire allemand avant 1914. Le procédé consiste à reprendre ces éléments, à les regrouper par le moyen du chantage, à les remettre en mouvement, de telle sorte que, par la banque, par la presse, par la parole clandestine, il se produise dans les pays visés par l'Allemagne une espèce d'affaissement du moral et qu'il s'y produise ce que l'on a appelé si justement des vagues de défaitisme.

L'Allemagne a complètement réussi à ce point de vue pour la Russie. Ile a failli réussir pour l'Italie; elle a échoué dans les conditions que vous savez, mais enfin elle a failli réussir pour la France.

Si elle a failli réussir pour la France, dans un pays qui avait montré à la Marne son extraordinaire ressort et sa grande puissance de sacrifice, puissance qu'elle avait montrée dans tous ses éléments, aussi bien ouvriers que bourgeois, aristocrates ou autres, car il n'y a eu aucune différence de classes, il n'y a plus eu qu'un seul cœur battant pour la France entière; si, dis-je, l'Allemagne a failli réussir dans ses vues, malgré les sentiments ardemment patriotiques de tous les Français, c'est parce qu'elle a rencontré de puissants appuis.

Je n'hésite pas à vous dire que ces puissants appuis elle les a trouvés en première ligne en M. Caillaux, en son agent M. Malvy et en l'agent de Malvy, Vigo Almereyda.

Malheureusement, Almereyda est mort dans des conditions que nous examinerons; il ne peut plus porter la parole contre ses deux anciens patrons, mais d'autres pourront parler à sa place.

Je commençai donc à publier dans l'*Action française* les faits que je viens de vous exposer. Il m'est évidemment impossible de dire comment les documents dont je parle sont venus entre mes mains, mais j'apportai des précisions telles et de plus en plus grandes qu'à un moment donné il fallut bien m'écouter. Non pas, Messieurs, que j'aie la prétention de ne pas m'être trompé souvent. Tous les écrivains, tous les journalistes se trompent. Dans les conditions de travail qui sont les nôtres, il arrive que l'on puisse mêler les dates, qu'on puisse chevaucher sur les noms, et aussi porter en temps de guerre une accusation présomptueuse ou fausse.

Toutes les fois qu'il m'est arrivé de porter une accusation que j'ai jugée présomptueuse ou fausse, je l'ai retirée immédiatement. Par contre, au cours de la vingtaine de procès qui m'ont été faits par les agents de l'ennemi et qui jusqu'à présent ont été tous gagnés par moi, je n'ai jamais eu à faire machine arrière. Je vous citerai parmi ces procès ceux de la *Maggi-Kub*; à Marseille le procès *Théodore Mante*; le procès que nous a fait l'agent allemand *Uhde*; le procès d'un autre agent ennemi nommé *Reiss* de Fontainebleau. Je vous citerai un autre procès que m'a fait un agent allemand bien connu *Richard Heller*, et il est assez intéressant de noter ici que Richard Heller, qui avait comme avocat M⁰ de Monzie, avait porté son affaire à Cahors. Je l'avais attaqué à Paris, mais il a jugé à propos de me poursuivre dans le département du Lot. Richard Heller a poursuivi son procès avec une grande âpreté devant toutes les juridictions: sur la question de compétence, la question est venue devant le Tribunal de Cahors, ensuite devant la Cour d'Agen, puis devant la Cour de cassation, ensuite devant la Cour de Bordeaux. Au moment précis où éclata l'affaire Malvy, Richard Heller qui éprouvait le besoin absolu d'être jugé à propos de cette accusation de trahison, se retira subitement, tous ses procès s'évanouirent complètement et il n'en resta rien.

À la suite de ces procès, j'eus la conviction de plus en plus forte que la bande du *Bonnet Rouge* faisait une besogne de trahison et je sentis la nécessité de porter contre eux des accusations publiques. Je les ai accusés en effet publiquement d'intelligences avec l'ennemi. Cette accusation prit sa précision la plus grande au mois d'août 1916. À ce moment-là, nous fûmes avertis que Miguel Almereyda avait demandé un passeport pour l'Espagne. Nous prîmes la résolution de dévoiler le fait carrément

dans le journal, étant donné que l'arrivée d'Almereyda
en Espagne coïncidait avec l'arrivée à Carthagène d'un
sous-marin allemand.

Je dois vous dire que la campagne du *Bonnet Rouge*, en
réponse à nos attaques dans *l'Action française* contre les
agents allemands, avait été véritablement affreuse.

On vous a parlé des calomnies lancées par *l'Action
française*. C'est commettre une erreur. Jamais, au cours
de cette campagne, nous n'avons attaqué les gens dans
leur vie privée. Exception faite pour M. Malvy. En revanche, je dois vous dire que le journal *le Bonnet Rouge*,
subventionné par le ministre de l'Intérieur, traînait tous
les jours dans la boue ma famille, ma femme, ma mère,
ma sœur et on prenait soin d'envoyer le journal à chacun
des membres de ma famille que l'on attaquait ainsi quotidiennement. Vous avouerez que toute personne ayant
simplement des sentiments humains et normaux pouvait
concevoir une certaine irritation contre les gens qui subventionnaient un journal répandant de pareilles ordures
et de semblables attaques. Cette campagne du *Bonnet
Rouge* était ignoble à ce point qu'il ne me serait pas possible de vous donner lecture d'un seul des passages auxquels je fais allusion.

Ces attaques se sont poursuivies pendant deux ans sans
interruption. Le but poursuivi par la bande du *Bonnet
Rouge*, c'est-à-dire par Miguel Almereyda et ses comman-
ditaires, était bien simple. On se disait : « Daudet est un
homme violent. » J'ai cette réputation sans la mériter.
(*Rires.*) « Nous allons l'attaquer dans ce qu'il a de plus
cher au monde. Nous allons le faire sortir de ses gonds,
et il y aura une seconde affaire Calmette. » Au moment
de la guerre, ç'aurait été une bonne chose pour l'ennemi
que d'amener quelqu'un à tirer un coup de feu sur un
directeur de journal menant une campagne contre les
procédés d'espionnage allemands. Voilà pourquoi *le
Bonnet Rouge* continuait sa campagne sans relâche.

J'arrive maintenant, après vous avoir parlé d'Almereyda lui-même, à vous dire ce qu'était la vie du journal

Le Bonnet Rouge recevait d'abord une subvention de Malvy. Celui-ci prétend que cette subvention n'a jamais dépassé 2 000 francs par mois et qu'elle ne s'est prolongée que jusqu'à la fin de 1915. Je prétends, moi, d'après les renseignements qui me sont parvenus, que cette subvention s'est prolongée jusqu'au mois de mars 1917 et qu'elle était de 8 000 francs par mois. C'était du moins le chiffre qu'avouait M. Malvy. Ensuite il y eut des fonds versés par un fournisseur militaire nommé Francfort, à la suite probablement de manœuvres de chantage, car Almereyda était un maître-chanteur consommé, ce qui explique qu'après avoir été payé par Caillaux et Malvy il ait tenu ceux-ci dans sa main. Ce Francfort avait versé à Almereyda une somme d'environ 80 000 francs. D'autre part, Paix-Séailles, ancien directeur du *Courrier Européen*, lui avait versé 70 000 francs.

J'attire votre attention sur une souscription, celle du Syndicat des Bistrots, qui avait versé par Marion une somme de 70 000 francs, a-t-il été déclaré, mais j'ai des raisons de croire que ce chiffre devait atteindre 100 000 francs. Diverses autres personnes avaient versé de l'argent à Almereyda. Viviani lui-même s'est laissé entôler d'une somme de 20 000 francs.

Nous arrivons alors aux participations allemandes. Duval a commencé par avouer 150 000 francs, puis devant le capitaine Bouchardon il a dit que c'était 300 000, puis 400 000 francs, finalement on trouve qu'il n'avait pas reçu loin d'un million.

Il faut bien se dire que les Allemands qui emploient des gens de cette qualité sont eux-mêmes des personnages importants dans leur pays. Le prince Karl d'Isemburg et le banquier Marx de Mannheim qui ont versé des fonds à Almereyda étaient, l'un, parent du grand-duc de Hesse, et l'autre chargé de l'administration des fonds allemands dans la Belgique occupée. Tous deux avaient les plus hautes relations. Il est bien évident que s'ils versaient des fonds dans ces proportions considérables à Duval, à Marion, à Landau et à Almereyda, c'est parce qu'ils sa-

vaient que leur journal avait une importance politique.
Pourquoi avait-il une importance politique? C'est parce
qu'il était subventionné par Caillaux pour 40 000 francs
et par le ministre de l'Intérieur, qui lui versait des subventions régulières.

A la lecture de trois ou quatre numéros du *Bonnet
Rouge* il était impossible d'ignorer le travail auquel se livrait ce journal parmi nous. Ce travail était d'autant
plus dangereux qu'il s'agissait d'une campagne violente
qui gagnait un certain nombre de lecteurs et qui se répandait dans le public.

Almereyda a prétendu qu'il était très lu dans le monde
ouvrier. Je ne le crois pas. Le monde ouvrier n'est pas si
bête que de ne pas flairer la scélératesse là où elle se
trouve, et dans *le Bonnet Rouge*, elle était très apparente,
très odorante. Mais *le Bonnet Rouge* était lu dans tous les
milieux interlopes de Paris, surtout parmi les agents allemands et autrichiens, pour lesquels *le Bonnet Rouge* faisait campagne.

A partir d'un certain moment, *le Bonnet Rouge* se répand dans la zone des armées. Il y a eu à ce point de vue
une déposition très intéressante qui a été faite à Marseille
devant le capitaine Bessière, celle d'un chauffeur d'Almereyda, un Hollandais, nommé Édouard Klisser. Lorsque Almereyda avait son permis pour aller dans la zone
des armées, il emmenait avec lui son chauffeur et dans
une des cinq ou six automobiles que possédait Almereyda, il emportait des ballots de journaux qu'il distribuait dans la zone des armées. Ces distributions eurent
lieu en 1915, 1916, et elles ne devaient avoir leur plein
effet que dans l'année 1917.

Non seulement Almereyda, mais encore tout son entourage, jouissait des faveurs gouvernementales.

Almereyda avait deux ménages. L'un était son ménage
régulier, et l'autre se composait de la marchande de cocaïne de Montmartre, Émilienne Brévannes. C'était chez
Émilienne Brévannes que se passaient naturellement les
tractations les plus dangereuses.

Or, au moment de l'offensive de Verdun, c'est-à-dire quelques semaines avant l'offensive, puis en pleine offensive, alors qu'il était impossible à aucune femme d'officier de se rendre dans la zone des armées, Mme Clairo-Almereyda d'une part et Émilienne Brévannes de l'autre, obtiennent de pénétrer dans la citadelle. C'est vous dire quelle était l'influence de ces bandits. Ces deux femmes pénètrent ainsi dans la citadelle de Verdun pour aller distribuer leur abominable canard dans un des moments les plus tragiques de la guerre.

Ce même chauffeur, Édouard Klisser, a déposé, sous la foi du serment, de l'intimité d'Almereyda et de M. Malvy. Il a raconté notamment qu'au moment du changement de cabinet, alors qu'il était question que M. Malvy quittât l'Intérieur pour passer aux Colonies, Malvy et Almereyda se promenaient en voiture découverte et qu'il entendait leur conversation. Malvy disait à Almereyda : « Il faut absolument que tu ailles parler à Briand. Tu sais toi-même combien il est important pour vous tous que je reste au ministère de l'Intérieur. » D'après Klisser, Almereyda se fit conduire chez M. Briand, puis il redescendit de chez lui au bout d'une vingtaine de minutes. Almereyda dit à Malvy : « Mon vieux, j'ai enlevé l'affaire, tu restes au ministère de l'Intérieur. »

D'ailleurs, chaque fois qu'il était question que M. Malvy quittât le ministère de l'Intérieur, *le Bonnet Rouge* poussait des cris et élevait des protestations indignées comme s'il s'agissait d'assassiner la France. Il apparaissait au *Bonnet Rouge* que M. Malvy était indispensable au bonheur de la France.

On peut dire que, pendant les trois premières années de la guerre, l'inamovibilité de Malvy seul dans les différents ministères était garantie par ce journal qui était d'une part par Malvy lui-même, et d'autre part par l'argent allemand, subventionné dans les proportions que je vous ai dites.

Le Bonnet Rouge n'était pas seul dans ce cas ; il était le plus important, mais il y avait à côté de lui un journal intitulé *Ce qu'il faut dire*, qui n'était pas quotidien, journal appartenant à *Sébastien Faure*, autre protégé de Malvy; il y avait aussi le journal *la Tranchée Républicaine*, dirigé par Goldschild dit Goldsky qui avait lui-même ses petites et grandes entrées au ministère de l'Intérieur et qui vient d'être condamné dans les conditions que vous connaissez maintenant par le troisième Conseil de guerre. Il y avait également un nommé Jacques Landau qui vient d'être condamné à huit ans de travaux forcés (à mon avis il méritait bien davantage) qui était familier aussi du ministère de l'Intérieur et sur le même pied qu'Almereyda dans l'intimité de Malvy.

J'arrive au procès dont je vous parlais tout à l'heure, qui cette fois nous fut fait par Almereyda. Il nous poursuivit en diffamation parce que nous l'avions accusé de trahison. Ce procès se déroula en avril 1917. C'était M. de Monzie, ami de Malvy, et ami aussi d'Almereyda, qui était l'avocat du *Bonnet Rouge*. Or, M. Malvy nous a dit qu'à la fin de 1915 il avait retiré toute sa confiance à Almereyda, qu'il l'avait même sermonné en plusieurs occasions. Je crois savoir comment se passèrent ces sermons entre le bandit et l'employeur de bandits.

Toujours est-il que notre procès vint devant la 5ᵉ Chambre du Tribunal correctionnel, et fut plaidé par Mᵉ de Monzie. L'avocat du *Bonnet Rouge* dit ceci dans sa plaidoirie : « Messieurs Daudet et Maurras accusent *le Bonnet Rouge* d'être un succédané de *la Gazette des Ardennes*, et ils déclarent que Duval et Marion sont des agents de l'ennemi. » C'était en effet en propres termes ce que nous avions dit. J'ajoute que, comme vous le verrez par la déposition de M. le contrôleur Moreau, c'étaient ces attaques qui avaient déterminé la partie saine du ministère de l'Intérieur et de la Préfecture de Police à adresser au ministre un rapport sur les missions en Espagne et en Suisse des gens du *Bonnet Rouge*.

Je ne me rappelle pas quels ont été les termes employés par Mᵉ de Monzie, mais voici le sens de sa plaidoirie. Il dit aux juges de la 5ᵉ Chambre : « Comprenez bien, Messieurs, qu'un homme comme Almereyda, qui a dans la direction de son journal des hommes politiques importants (nous sommes en avril et mai 1917), dont plusieurs ministres, vous pensez bien qu'un homme tel qu'Almereyda ne se rend pas tout bonnement en Suisse, pas plus que Duval ou Marion ne le font eux-mêmes, parce que telle est leur fantaisie. Non, Messieurs, quand l'honorable M. Almereyda, l'honorable M. Marion, et l'honorable M. Duval veulent se rendre en Suisse ou en Espagne, savez-vous ce qu'ils font? Ils vont au ministère et ils disent au ministre : « Nous allons accomplir une mission importante, nous allons nous renseigner sur les agissements des Allemands, nous vous apporterons des documents très intéressants. Donnez-nous l'autorisation d'aller en Suisse. Et, ajoutait Mᵉ de Monzie, ce n'était pas la peine que ces messieurs de l'*Action Française* se mettent la cervelle à l'envers pour rechercher des numéros de passeports délivrés à ces messieurs. Tout le monde au Ministère savait bien que ces passeports avaient été donnés à ces messieurs, parce que l'on considérait Almereyda, Duval et Marion comme de très bons serviteurs de la France et comme faisant pour notre pays une propagande dans le genre de Mᵍʳ Baudrillart. » (*Rires.*)

Voilà, Messieurs, quels ont été à peu près les termes de la plaidoirie de Mᵉ de Monzie. Vous pourrez d'ailleurs vous en assurer, car j'en ai la sténographie absolument exacte.

Vous trouverez, Messieurs, extraordinaire qu'un an et demi après, comme le prétend M. Malvy, la subvention ait été cessée au *Bonnet Rouge* et qu'Almereyda ait été menacé d'arrestation, alors qu'à la date que j'ai indiquée, Mᵉ de Monzie, ami intime de M. Malvy, qu'il défendait en août devant le Conseil général du Lot, vint dire devant la justice : « Pas du tout, c'est avec la pleine volonté et l'autorisation du ministère que

M. Almereyda et ses amis, Marion et Duval, sont allés en Suisse et en Espagne. Ils étaient revêtus de toutes les estampilles officielles. »

Mᵉ de Monzie ajoutait, je m'en souviens : « C'est ainsi qu'ils ont été recommandés à M. Armez, notre agent consulaire à Saint-Sébastien, qui s'est mis à leur disposition, et à M. Juge, agent de la propagande française en Espagne. C'est grâce à ces hauts appuis qu'Almereyda ainsi que Duval et Marion, ont pu accomplir leurs missions en Suisse et en Espagne. »

A distance, tout ceci est comique, mais quand on pense à ce que ces messieurs, ainsi subventionnés par le ministre de l'Intérieur, ont coûté à la France, on trouve que c'est un peu moins drôle! Le procès eut lieu. Nous fûmes condamnés pour diffamation envers Almereyda. En effet, nous nous étions trompés sur un point : ce n'était pas à Carthagène qu'était allé Almereyda avec l'autorisation de son ami Malvy, c'était plus exactement à Bilbao, où, dans les conditions qui ont été racontées se trouvait un bateau allemand qui se mettait en communication avec le rivage et qui faisait parvenir aux agents allemands des instructions et des subsides.

Je vous parlais tout à l'heure de Jacques Landau. Ce personnage avait une bonne amie qui s'appelait Mˡˡᵉ X. Elle aussi faisait partie de la bande apostillée et recommandée par le ministre de l'Intérieur. D'ailleurs tous les gens apostillés et recommandés par le ministre de l'Intérieur étaient en général des escarpes et ils avaient tous des missions de confiance. Dans ce cas présent, c'est Mˡˡᵉ X. qui reçoit une mission de confiance en Espagne. Cette demi-mondaine, qui n'avait pas de vues spéciales sur la littérature française, va faire de la propagande française en Espagne où naturellement elle va s'aboucher avec Gaston Routier et les milieux germanophiles et elle rapporta ses documents dans la valise diplomatique qu'on lui avait confiée.

Voilà, Messieurs, ce qui se passait pendant la première année de guerre.

RABBAT ET ZUCCO

On vous a aussi raconté l'histoire de *Rabbat*. Rabbat est un personnage très singulier et très savoureux, si les faits ne se passaient pas dans des circonstances aussi graves. Rabbat était un Syrien, marguillier de l'église Saint-Julien-le-Pauvre. Cette église de Saint-Julien-le-Pauvre a à sa tête un archimandrite des plus distingués. Tous les ans, cet archimandrite, qui ne se doutait pas de ce qui se passait, priait le prince abbé Max de Saxe de vouloir bien venir faire des conférences pour une solennité religieuse. Le prince Max de Saxe, bien entendu, était un agent allemand, et en sa qualité d'agent allemand, il avait en secret sous ses ordres Rabbat, marguillier de Saint-Julien-le-Pauvre.

Lorsque vint la guerre, Rabbat était associé avec un autre bandit qui s'appelait *Zucco*. Vous avez tous vu ce nom dans des annonces mirifiques qui s'étalaient avant la guerre à la quatrième page des journaux, et suivant lesquelles on pouvait avec 5 francs gagner quelque chose comme 500 millions. Ce qui est certain, c'est qu'avec les 5 francs versés par le public, Zucco et Rabbat, sans rien débourser, pouvaient gagner un certain nombre de centaines de mille francs.

Ce même Zucco, au commencement de la guerre, reçut une mission pour aller en Italie. Pendant que Duval recevait une mission en Suisse et la maîtresse de Landau une mission en Espagne, Zucco recevait une mission en Italie. Quant à Rabbat, il obtenait tous les passeports qu'il voulait pour se rendre en Suisse. Quand il ne demandait pas ces passeports lui-même, parce que c'était trop voyant, c'était une femme de son entourage qui obtenait du ministère de l'Intérieur tous les passeports nécessaires. En Suisse, Rabbat se livrait au trafic des titres volés dans les pays occupés.

A un moment donné, ce trafic fut dévoilé, l'*Action Française* parla, elle raconta les accointances de Zucco et de Rabbat avec Almereyda, ainsi que les subventions accordées au *Bonnet Rouge*.

Le même chauffeur Klisser a raconté qu'un jour Almereyda avait besoin d'argent. Il était en automobile avec Rabbat. Il fit arrêter la voiture et dit à Rabbat : « Écoute, mon petit Rabbat, tu vas monter chez toi et me rapporter 20000 francs. Si tu ne me les rapportes pas, ce soir, je te ferai coffrer par Malvy. » D'après la déposition de Klisser, Rabbat alla chez lui et revint avec la somme qu'il remit à Almereyda.

Ce qui est certain, c'est que les faits concernant Rabbat comme ceux concernant Zucco et le D⁓ Lombard ainsi que Garfunkel se retrouvent tout au long dans le rapport dont je vous parlais et qui est au dossier d'Almereyda.

L'AFFAIRE GUILBEAUX

J'arrive à *Henri Guilbeaux*. Dans ces mêmes dossiers Almereyda, du ministère de l'Intérieur et de la Préfecture de police, tout un chapitre est consacré à Henri Guilbeaux, et ses menées. On y indique clairement, bien qu'en termes voilés, que Guilbeaux est d'accord avec M. Malvy.

Ici, se pose un problème fort curieux. Je me suis demandé si les dossiers qui concernaient *le Bonnet Rouge*, qui avaient été communiqués d'une part au capitaine Bouchardon, et, beaucoup plus tard, M. Malvy n'étant plus au pouvoir, à la Commission d'instruction, avaient été remis au complet. Je ne le crois pas. Je pense même à l'heure actuelle que beaucoup de dossiers et beaucoup de pièces qui concernent *le Bonnet Rouge*, qui ont été remis à la Commission d'instruction, sont encore incomplets. Je n'ai pas le sentiment que l'on ait tout communiqué. J'ai eu le double de ces dossiers entre les mains. Dans ce double, il est nettement sous-entendu que le ministère de l'Intérieur a aidé de diverses façons ces gens-là.

C'est ainsi qu'il y a un dossier Duval qui m'a été remis à la fin de 1916. Dans ce dossier, il est question de permis qui ont été obtenus par Duval pour se rendre en Suisse. Il y est question notamment d'un permis n° 8469 qui lui a été octroyé le 11 mai 1916. Celui qui a rédigé la note, et qui est un policier des services de M. Malvy, ajoute : « Ce permis lui a été prorogé jusqu'au 22 juin 1916, jour où se terminaient les séances du comité secret de la Chambre. » Le rédacteur de cette note indique ainsi que le permis de Duval a été prorogé pour permettre à celui-ci de porter en Suisse le compte rendu de la séance complète de la Chambre.

Je ne sais pas si le dossier dont j'ai communiqué partie au capitaine Bouchardon au moment de l'affaire Duval a été communiqué au complet à la Commission d'Instruction ; je n'en ai pas le souvenir.

J'arrive donc à un personnage qui n'est plus mystérieux mais qui l'a été pendant longtemps et qui a été dans les bonnes grâces du ministre de l'Intérieur comme Almereyda lui-même. Ce personnage, on ne l'a connu ici que grâce à un certain nombre d'articles dont j'ai écrit quelques-uns et dont d'autres ont été écrits par Henry Bérenger, d'autres aussi par Louis Dumur dans le *Mercure de France*. Ce personnage a été un des vibrions les plus actifs de la défection russe et des mutineries militaires en France. C'est Henri Guilbeaux. Il vient d'être arrêté en Suisse dans des conditions sur lesquelles je reviendrai, car elles sont assez significatives.

Henri Guilbeaux était un ami de la bande du *Bonnet Rouge*. Il n'est pas douteux, en suivant la trame des faits, qu'il a bénéficié des faveurs spéciales du ministère de l'Intérieur.

Henri Guilbeaux est un sujet français. Au commencement de la guerre, il a été réformé et envoyé à Saint-Brieuc. Là, il a obtenu un passeport le 2 juin 1915 pour passer en Suisse. Or, depuis longtemps, les services de la police signalaient, dans Henri Guilbeaux, un personnage suspect pour la bonne raison qu'il avait été le correspondant d'un journal allemand bien connu, le *Berliner Tageblatt*. Henri Guilbeaux et sa femme, née Henriette Cobral, passent donc en Suisse. Là, avec l'argent d'un agent allemand nommé Hartmann, dont il a été aussi beaucoup question pendant ces derniers temps et qui est inculpé lui-même d'intelligences avec l'ennemi, mais c'est un sujet alsaco-américain qui ne sera certainement pas extradé, il fonde une revue intitulée *Demain* dans laquelle il défend avec ardeur et habileté les intérêts allemands, déprécie l'alliance franco-anglaise, puis, haussant le ton, en arrive fatalement à entamer une campagne abominable qui s'est poursuivie pendant deux ans et demi.

Il m'est apparu que Guilbeaux s'était tenu en relations constantes avec les gens du *Bonnet Rouge*. Mais, voici, Messieurs, qui est bien singulier.

A un moment donné, il a bien fallu, sur l'insistance des personnages renseignés, interdire l'entrée en France de *Demain*, la revue de Guilbeaux. A partir de ce moment-là, Guilbeaux s'est senti menacé et il n'est plus venu en France sous son vrai nom mais en prenant le nom une fois de Jacques Burkley et plusieurs fois de André Lefaivre. Je connais ces faits par le dossier en question provenant du ministère de l'Intérieur.

Je me demande dans ces conditions comment il est possible que M. Malvy ait pu ignorer ces faits, d'une part, et d'autre part, comment Guilbeaux a pu avoir en sa possession de faux papiers pour pénétrer en France, à l'aide, on peut le dire, de la connivence du ministre de l'Intérieur.

La besogne à laquelle s'est livré chez nous Henri Guilbeaux n'est pas douteuse. Il y a à ce propos un fait topique que l'on rencontre dans un numéro de sa revue du commencement de mai 1917.

C'est que Guilbeaux annonce, dans des termes exprès, les faits des mutineries militaires qui n'éclateront que trois semaines plus tard. Je ne reproduirai pas les termes de cet article devant vous, d'abord parce que je ne m'en rappelle que la teneur générale, et ils sont tellement abominables que la censure, encore aujourd'hui, n'en permettrait pas la publication.

Vous voyez, Messieurs, où je veux en venir. Voilà un homme, agent allemand reconnu. A un moment donné, on demande à M. Hudelo, directeur de la Sûreté, ce qu'il faut penser de Guilbeaux. Nous sommes alors en 1917. M. Hudelo, à la demande de Longuet, donne à Guilbeaux une attestation, évidemment d'ordre du ministère, déclarant qu'il n'a rien à reprocher à Guilbeaux au point de vue des sentiments nationaux.

Il est tout à fait fantastique qu'alors que la revue *Demain* paraît depuis deux ans, que dans chaque numéro la France est insultée, qu'alors qu'on y annonce les mutineries militaires avant que celles-ci n'éclatent, le chef de la Sûreté générale donne un pareil satisfecit à un homme qui se promène en France librement avec de faux papiers, sous un faux nom et qui par ailleurs a été envoyé en Suisse avec un passeport dûment légalisé pour y faire le travail que l'on sait et y préparer, en même temps que les mutineries militaires françaises, la Révolution russe, car Guilbeaux était l'ami le plus intime de Lénine. Lorsque Lénine et ses amis sont partis en train blindé, à travers l'Empire d'Allemagne pour rejoindre la Russie, Guilbeaux était sur le quai de la gare pour adresser ses adieux émus à Lénine.

D. — Avez-vous terminé ce que vous avez à dire en ce qui concerne Guilbeaux ?

R. — Oui.

M. le Président. — Nous sommes obligés d'entrer en Chambre du Conseil. Nous continuerons l'audition des témoins à la prochaine séance.

AUDIENCE DU SAMEDI 20 JUILLET

M. Léon Daudet continue sa déposition.

M. Léon Daudet. — Monsieur le Président, Messieurs de la Cour, Messieurs,

L'AFFAIRE GASTON ROUTIER

Je voudrais en commençant vous dire quelques mots d'une affaire que je considère comme fort importante et qui s'appelle l'affaire Routier.

Gaston Routier, qui fut journaliste français, qui eut une certaine situation et qui fit plusieurs séjours en Allemagne, a été acheté, au commencement de la guerre, par la police allemande. Il s'est mis au service de la nation ennemie. Tandis que Guilbeaux, dont je vous montrais hier les affinités avec le ministère de l'Intérieur et M. Malvy, opérait son travail de trahison en Suisse, Gaston Routier opérait le sien en Espagne.

En Espagne, il s'aboucha avec *Max Nordau*. Gaston Routier paraît avoir accompli, pendant les premiers jours de la guerre, une besogne assez modeste et assez cachée ; mais avec le temps il s'enhardit et s'entendit avec le gouvernement allemand dans des conditions que je ne peux exposer ici mais que j'indiquerai à MM. les Sénateurs juges en quelques minutes au cours du huis clos que je demanderai, si vous voulez bien me l'accorder à la fin de ma déposition.

Gaston Routier s'entendit avec l'ambassadeur d'Allemagne à Madrid, le prince de Ratibor, pour publier un journal allemand de langue française, comparable à la *Gazette des Ardennes* et au *Bonnet Rouge* de M. Malvy et qui se serait appelé le *Journal de la Paix*. Des discussions eurent lieu entre le gouvernement allemand et Routier sur la somme à verser à celui-ci. Routier demandait six mille francs par mois pour ses frais de publication du journal. Le prince de Ratibor consulta le gouvernement de Berlin, lequel déclara que l'on donnerait les six mille francs par mois si Routier pouvait faire entrer le journal en France. A quoi Routier répondit qu'il avait des amis dans le gouvernement français et qu'il pouvait s'engager à faire pénétrer son journal en France. Néanmoins, le gouvernement allemand, méfiant, ne lui accorda que trois mille francs. Mais sur ces entrefaites, la colonie française de Madrid, qui connaissait Gaston Routier, publia dans le journal *El Liberal*, à la date du 1er avril, une protestation, signée de tous ses membres, dans laquelle elle disait en propres termes que Gaston Routier s'entendait avec le gouvernement allemand.

Veuillez bien, Messieurs, retenir cette date du 1er avril...

Un sénateur. — De quelle année ?

M. Léon Daudet. — Le 1er avril 1917. C'est le gros moment de l'assaut donné par l'argent allemand et par les agents de l'Allemagne en France au moral de la Nation et de l'Armée.

Il n'est pas possible qu'à ce moment-là les services du ministère de l'Intérieur aient ignoré la protestation publiée dans le grand journal de Madrid par les membres de la Colonie française et dénonçant Gaston Routier comme un agent allemand. D'ailleurs, le 6 avril, je commençais dans l'*Action Française* la même campagne contre Gaston Routier et je publiais un certain nombre d'articles en indiquant les raisons pour lesquelles on était certain que Routier s'entendait avec le gouvernement allemand. La censure ne m'aurait pas permis de publier les documents sur lesquels ma certitude était basée mais néanmoins j'affirmai cette entente et je publiai la protestation des Français établis à Madrid.

Les services de l'Intérieur, c'est-à-dire M. Malvy, ne firent absolument rien contre Gaston Routier. On le laissa continuer pendant les mois d'avril, mai et juin son travail meurtrier en Espagne, de la même façon qu'on laissait continuer et que l'on favorisait le travail de Guilbeaux en Suisse.

Ce n'est que le 29 juin, alors que j'étais allé trouver M. Maginot, ministre des Colonies, que j'avais eu avec lui une conversation au cours de laquelle je lui avais signalé quelques-uns des méfaits de son collègue

M. Malvy, ce n'est qu'à ce moment-là, c'est-à-dire trois mois après, alors que le travail de Routier était fait, que les mutineries militaires avaient eu lieu, ce n'est, dis-je, que trois mois après, au dire même de M. Bouju, contrôleur général au ministère de l'Intérieur, qu'une mesure fut prise contre Gaston Routier. Ceci se passait, je le répète, à la date du 29 juin.

De ce que je vais dire maintenant, je n'ai pas la preuve absolue, c'est-à-dire la preuve écrite, mais le fait m'a été certifié par de nombreux correspondants.

Un des amis et des compagnons de jeu et de débauche de Malvy... (*Quelques sénateurs protestent.*)

Je vous demande pardon, mais je tiens à tout vous exposer... (*Parlez! parlez!*)

Un des amis et compagnons de jeu et de débauche de Malvy m'avait été indiqué comme passant souvent toute la nuit jusqu'à l'aube avec Malvy, Leymarie et des agents du service de la Sûreté générale du Ministère de l'Intérieur, pour jouer aux cartes, faire ces fameuses parties de poker et d'autres exercices variés. Je n'ai pas eu le moyen de faire une enquête personnelle sur ce point. J'ai dit à la Commission d'Instruction ce que je pensais là-dessus.

Il reste à M. Malvy à expliquer comment, connaissant dès le 1er avril et même antérieurement à cette date, par les services spéciaux de certains ministères que je ne veux pas désigner que Gaston Routier était surveillé, le ministre de l'Intérieur soit resté pendant trois mois en le laissant poursuivre sa besogne d'espionnage, sachant ce que l'on disait de lui en France, sans faire interdire à cet individu l'entrée du territoire français.

Le cas de Gaston Routier est aussi significatif et aussi important pour l'Espagne que celui de Marion, Duval et Guilbeaux pour la Suisse.

Je ne peux pas énumérer ici, Messieurs, car je fatiguerais votre attention, tous les faits et gestes d'agents ennemis qui ont été soutenus, défendus et munis de pièces favorables par le ministère de l'Intérieur, soit directement par M. Malvy, soit par un de ses agents qui était M. Leymarie, actuellement condamné à deux ans de prison pour complicité d'intelligences avec l'ennemi, et M. Maunoury qui depuis vingt-quatre heures vient d'être inculpé de complicité de commerce avec l'ennemi, en attendant qu'il soit, comme je l'espère bien, inculpé d'intelligences avec l'ennemi. Il faut vous dire, en effet, que le ministère de l'Intérieur et la Préfecture de police étaient aux mains de M. Malvy et de ses subordonnés Leymarie et Maunoury. Leymarie et Maunoury sont frappés et M. Malvy est, à l'heure actuelle, inculpé devant vous.

Voilà à peu près comment les choses se sont passées en ce qui touche Gaston Routier.

LE DEUXIÈME BUREAU DU G. M. P.

Au début de la guerre, voici ce qui se passait à la place de Paris, alors que le gouvernement français était à Bordeaux, où, entre parenthèses nous estimons, nous, *Action Française*, qu'il avait parfaitement bien fait d'aller, car il était absolument inutile que le gouvernement et les deux Parlements restassent ici pour servir d'appât aux Allemands. Je vous dis ceci pour que vous sachiez que dans notre journal nous ne faisons un grief à personne de ce point de vue et que nous avons toujours soutenu qu'il fallait débarrasser la Ville de Paris de tout ce qui pouvait constituer un appât pour les Allemands.

Le gouvernement était donc parti pour Bordeaux. Il avait emmené avec lui Malvy, lequel avait emporté avec lui ses bagages importants, qui lui étaient précieux. C'était donc sur les épaules du Bureau militaire, du *Deuxième bureau* de la Place de Paris, c'est-à-dire sur le général Galliéni, le général Maunoury, le général Clergerie, le colonel Bourdeau et le commandant Baudier, que reposait toute la charge de poursuivre et de traquer tous les espions qui donnaient l'assaut au moral français, dans le même temps où les armées allemandes donnaient l'assaut à la capitale dont elles s'étaient rapprochées dans les conditions que vous savez. M. Malvy s'était trompé en pensant que ces hommes continueraient les mêmes errements. Le *général Clergerie*, le *commandant Baudier* et le *colonel Bourdeau* étaient des patriotes passionnés, éclairés, qui prirent l'affaire au sérieux, qui entendaient faire leur devoir et qui l'ont fait dans des conditions telles qu'ils ont collaboré grandement à la victoire de la Marne, car c'est par l'activité de notre service de renseignements militaires que l'on a appris ce que voulait faire von Klück et qu'alors il fut possible de repousser l'armée allemande dans les conditions que tout le monde connaît.

Les hommes dont je parle, le général Clergerie, le colonel Bourdeau et le commandant Baudier, se sont préoccupés immédiatement de la question des frontières. Cette question était capitale. C'est, je vous l'ai dit, par la Suisse et l'Espagne que nous pouvons avoir des renseignements de contre-espionnage les plus importants et j'ajouterai les plus immédiats sur les projets et intentions de l'ennemi.

Or, il a été constaté qu'à ce moment-là les services de la Préfecture de police commandés par un homme bon, honnête, mais très faible, qui était M. Laurent, ne faisaient absolument rien. Le peu qui était resté de la police de M. Malvy contrecarrait complètement tous les efforts du général Clergerie, du colonel Bourdeau et du commandant Baudier. Notamment en ce qui touche la frontière suisse, je vous donnerai quelques chiffres que vous pourrez vérifier.

Dans l'espace de trois mois, il est venu trois mille personnes par la frontière de Lausanne à Paris, en septembre, octobre et novembre 1914 et dans le même temps, alors que ces facilités résultaient de l'état de choses laissé par M. Malvy, à son départ pour Bordeaux, trente étrangers seulement recevaient du consulat d'Allemagne à Lausanne la permission d'aller à Berlin. Vous voyez de quelle façon différente étaient dirigées les deux polices.

En présence de cet état de choses, le colonel Bourdeau s'est ému. Il fut complètement brisé.

Puis-je parler ici de la situation de la frontière?

Dans le courant des années 1914, 1915 et 1916 et une partie de 1917, M. Malvy étant revenu à Paris, on constatait les va-et-vient par la frontière des personnes les plus notoirement connues comme agents de l'ennemi et désignées à M. Malvy par ses propres services comme des agents de l'ennemi, qui recevaient à trois, quatre ou cinq jours d'intervalle des permissions pour aller plusieurs fois par semaine en Suisse porter aux Allemands, soit des instructions, soit des relations des missions qu'ils avaient eues à accomplir en France.

J'ai eu entre les mains et j'ai communiqué à la Commission d'Instruction à la Haute-Cour, des bordereaux de la société des Wagons-Lits, car ces gens-là, bien entendu, ne sont pas des ouvriers ni même de petits bourgeois, ils ne voyagent qu'en wagons de luxe. Dans le courant de trois mois de l'année 1915, M. Malvy et le ministère de l'Intérieur ont, je le répète, donné des passeports à trois ou quatre jours de distance à des personnages notoirement suspects. J'ai cité notamment les noms de *Lenoir, Guillaume Desouches, Alexandre Raffalovitch*, agent allemand de la *Banque de Petrograd*, un des auteurs de la défection de la Russie; *Soutter*, directeur de la *Maggi-Kub*, société allemande, ardemment défendue par M. Malvy et par le *Président Monier* aujourd'hui déchu, contre toutes les attaques et toutes les révélations. Cette affaire Maggi-Kub, que je ne veux pas vous exposer, car il me faudrait pour cela plusieurs heures et je vous fatiguerais... (Oui! oui! parlez!)

Cette affaire *Maggi-Kub* est une des plus saisissantes qui soient. Elle montre nettement la volonté du président Monier et des services du ministère de l'Intérieur de laisser passer en Suisse et revenir autant de fois en France qu'il l'a voulu, Soutter, directeur d'une compagnie qui se dit française et qui est tout entière constituée, sauf quelques rares exceptions, avec des capitaux allemands et qui est l'unique fournisseur des armées allemandes en temps de guerre.

Il a été reconnu que Soutter, qui est allé plusieurs fois en Allemagne, est à la fois directeur de la Société à Paris, de l'usine de Kemptal, en Suisse, laquelle est à deux cents mètres de la frontière, et qu'il est directeur de l'usine de Singen. Aussi n'y-t-il pas le moindre doute sur la besogne qu'il fait, et cela avec l'assentiment de Malvy, depuis le commencement de la guerre.

On pourrait citer les noms de tous les agents allemands qui sont actuellement sous les verrous, inculpés, arrêtés ou qui le seront, et qui faisaient la navette, avec l'assentiment du ministre de l'Intérieur, c'est-à-dire avec M. Malvy, entre la Suisse et l'Allemagne, d'une part, et, d'autre part, entre l'Allemagne et l'Espagne.

Cette situation continuant ainsi pendant quelques mois, il y eut des scandales. Le premier en date est le scandale *Desclaux*, sur lequel je ne m'appesantirai pas. Le bandit Desclaux a été condamné dans les conditions que vous savez. Il avait été le chef de cabinet et l'homme de Caillaux. C'est pour cette raison que Malvy, ami de Caillaux, prit la résolution « d'avoir la peau du général Clergerie et du commandant Baudier ».

C'est aussi parce que le commandant Baudier avait rédigé sur l'espionnage allemand à Paris, et notamment sur la *Maggi-Kub* et Soutter, un certain nombre de rapports accablants qui doivent être dans les dossiers, que l'on résolut de le briser de façon à laisser toute liberté à l'espionnage allemand à Paris.

Je laisse à ces messieurs du deuxième Bureau le soin de vous dire dans quelles conditions cette abominable manœuvre a été exécutée contre la Patrie et en face de l'ennemi.

M. le général Clergerie, le commandant Baudier et le colonel Bourdeau, ont été frappés, chassés, ainsi que le général Maunoury, pour n'avoir pas subi les complaisances malsaines de Malvy, et pour avoir dévoilé les agissements de personnages notoirement connus comme espions, comme la *Kovacs* de l'avenue du Bois-de-Boulogne, et *Frida Lippmann*.

Je renonce à exposer ici dans le détail les conditions dans lesquelles ces femmes plus que suspectes ont agi avec l'assentiment et l'aide des services du ministère de l'Intérieur alors qu'elles auraient dû être frappées par la justice militaire.

Toujours est-il que dans les premiers mois de 1916 éclatent l'affaire Garfunkel, dans laquelle sera inculpé le policier Maunoury, et où Malvy est engagé bien avant Maunoury, l'affaire Desclaux, l'affaire Lombard, l'affaire des réformes frauduleuses, l'affaire du *Bonnet Rouge*, organe de Malvy, et quelques autres affaires dans lesquelles nous trouvons toujours M. Malvy.

En vertu de l'autorité que Malvy tenait de je ne sais qui ou plutôt, je sais bien de qui, le général Clergerie, le commandant Baudier et le colonel Bourdeau furent remplacés au deuxième Bureau des Renseignements, au poste le plus délicat de la Défense nationale, par un homme que je ne veux pas accuser, mais qui est considéré comme un homme suspect, qui porte l'uniforme de capitaine et qui s'appelle M. Ladoux.

Ladoux a été au deuxième Bureau des Renseignements l'agent dévoué et toujours bien disposé du ministère de l'Intérieur. Il l'a été dans des conditions telles que des tractations innommables se sont passées dans le bureau même du ministre de l'Intérieur, sous les ordres de M. Malvy, notamment pour la vente du *Journal* à l'Allemagne, d'abord par Bolo, puis Lenoir et Desouches.

Le capitaine Ladoux s'est livré à des manœuvres qui lui valent aujourd'hui d'être poursuivi devant les tribunaux en chantage et en extorsion de fonds. C'est vous dire quel est l'homme auquel, dans le moment le plus redoutable et le plus tragique, avait été confié par M. Malvy et par ses services le poste le plus dangereux pour la Défense nationale.

A partir de ce moment MM. Malvy, Leymarie et Almereyda et les autres sont associés dans la besogne que je vous ai décrite.

Almereyda vit sur un pied qui a été estimé à 450 000 francs par an. Du haut en bas du ministère de l'Intérieur c'est la sarabande des agents de trahison. On joue, toutes les nuits, au ministère de l'Intérieur. Almereyda, Landau, Goldsky y ont leurs petites et grandes entrées. Cela vous sera affirmé par des fonctionnaires du ministère de l'Intérieur. D'ailleurs, comment Malvy aurait-il fermé la porte du ministère à un homme qu'il subventionnait?

Malvy a déclaré qu'il avait, à un moment donné, conseillé aux parlementaires (auxquels je n'en fais aucun grief) qui s'étaient trouvés amenés à collaborer au *Bonnet Rouge* de se méfier d'Almereyda. Je dis que je ne leur fais, à ces parlementaires, aucun grief de ce fait de collaboration, car vous savez tous comment les choses se passent dans les journaux. On est parfois amené à écrire dans un journal, sans bien savoir ce qu'est la direction, et sans connaître au fond les dessous de la direction et de l'administration. Je connais trop la presse pour m'étonner que les parlementaires auxquels il est fait allusion aient collaboré au *Bonnet Rouge*. Mais je dis que M. Malvy ment lorsqu'il déclare qu'il a prévenu ces parlementaires. En effet, s'il les avait prévenus, il n'est pas douteux que ces messieurs, dont je ne tiens pas à citer les noms ici, car je ne désire ajouter aucun scandale à ceux qui existent et qui sont déjà assez grands, il n'est pas douteux, dis-je, que si M. Malvy les avait prévenus, ils n'auraient pas continué leur collaboration à un journal que le ministère de l'Intérieur leur aurait désigné comme suspect.

LE CHÈQUE DUVAL

Mais il y a mieux. M. Malvy a menti à la Chambre dans des conditions incroyables lorsqu'il a raconté que c'était lui qui avait ordonné l'arrestation de *Duval*, et qu'en 1916 celui-ci avait été fouillé par ses ordres. C'est complètement faux. En 1916, Duval n'a pas été fouillé par les ordres de M. Malvy. S'il avait été fouillé en 1916, par ses ordres, quand en 1917, Duval qui a été fouillé vraiment cette fois, non pas par les ordres de M. Malvy, mais malgré M. Malvy, par le contrôleur général Moreau qui avait ordonné de surveiller Duval, à ce moment-là le service du contrôle de Bellegarde aurait averti le ministère de l'Intérieur qu'en 1916, Duval avait été fouillé par les ordres de M. Malvy.

La vérité est qu'en 1916 et 1917, M. Malvy a laissé parfaitement faire Almereyda, Duval, Marion et Goldsky. Non seulement il les a laissé faire, mais il les a encouragés. Goldsky était à ce moment-là dans ses bureaux. Vous entendrez des témoins qui diront qu'Almereyda était, jusqu'au dernier jour, tout à fait de la maison au ministère de l'Intérieur. Par conséquent, il n'est pas exact que M. Malvy ait signalé à ses collègues le danger qu'il pouvait y avoir à continuer leur collaboration au *Bonnet Rouge*. D'autre part, il est inexact que M. Malvy ait donné aux autorités de la frontière à Bellegarde, l'ordre de fouiller Duval ou Marion. Ces déclarations de M. Malvy sont absolument contradictoires avec les déclarations qui ont été apportées par M. de Monzie, ami de M. Malvy, et son collègue dans le département du Lot, dans le procès que nous intentait le bandit Almereyda.

Le 14 mai 1917 — je vous prie de retenir les dates, car elles sont extrêmement importantes — la police de Bellegarde que j'ai cru pendant longtemps dans ma naïveté, car vous savez que rien n'est naïf comme un polémiste (*rires*), être représentée depuis longtemps par le capitaine Ladoux, alors qu'elle n'était pas du tout représentée par lui, mais qu'elle était, en réalité, représentée par le capitaine Bessières, la police de Bellegarde, non pas sur les ordres de M. Malvy, mais malgré M. Malvy, faisait fouiller Duval, et dans la poche de celui-ci on trouvait un chèque de 150000 francs d'une banque suisse, qui a été identifié comme venant de Mannheim, dont je parlerai.

Duval crie, tempête, se réclame de ses amis du ministère de l'Intérieur, de Leymarie, de Malvy. On lui dit : « Tout cela est bel et bien, mais vous allez prendre l'air dans Bellegarde pendant quelques moments, nous allons réfléchir, et nous vous dirons dans deux heures ce que vous aurez à faire. » Je vous donne à penser le tour que fit Duval dans Bellegarde. Le bandit revient et on lui dit : « Ce que vous avez dit est très intéressant, mais néanmoins, nous avons transmis le chèque au service du contrôle à Paris. »

Duval rentre à Paris. Grand conciliabule des bandits Almereyda, Landau, Goldsky, en un mot tous les gens du *Bonnet Rouge*. Ils se doutent que l'*Action Française* va avoir vent de la chose et que nous n'hésiterons pas, malgré la censure, à renseigner nos lecteurs et la Nation française sur la manière dont est surveillée la frontière, sous la conduite de Malvy.

C'est à ce moment-là que sont faites toutes les démarches sur lesquelles je ne reviendrai pas, car elles sont banales, mais elles ne l'étaient pas au moment où nous les avons révélées. Ces révélations ont amené, comme vous le savez tous, les inculpations successives du plus petit au plus grand, puisque Almereyda entraînait Leymarie, lequel a entraîné M. Malvy, lequel a entraîné M. Caillaux.

Almereyda, qui était un scélérat, mais qui n'était pas tout à fait un sot, avait bien vu la chose. Dans un des derniers numéros du *Bonnet Rouge*, je crois que c'est le numéro du 10 juillet, après la fameuse séance de la Chambre, où Barrès avait demandé à M. Malvy ce qu'il comptait faire du *Bonnet Rouge*, Almereyda disait : « Je vois bien que dans cette affaire je paye un peu pour les autres. Duval, mon malheureux ami, paye pour moi, comme moi je paye pour de plus grands que moi. » De plus grands que lui, c'était Malvy, ministre de l'Intérieur, c'était Joseph Caillaux, le grand inspirateur de l'espionnage franco-allemand et le protecteur de Malvy.

C'est alors que le scandale se produisit. Il faut vous dire que j'ignorais jusqu'à la fin de juin l'histoire de la saisie du chèque Duval. On ne peut pas tout savoir. En lisant *le Bonnet Rouge* avec soin, je m'apercevais bien que le ton à notre égard était singulièrement changé. On avait mis une sourdine aux injures et aux menaces, mais je ne savais pas ce qui s'était passé.

Je connaissais la trahison, je savais ce qui venait de se passer dans un certain nombre de régiments. Je pensais que la coupe était pleine et que, si la France continuait à être menée de cette façon, sous l'inspiration de M. Caillaux et la direction de M. Malvy, elle courait absolument à l'abîme.

ENTREVUE AVEC M. MAGINOT

C'est alors que j'ai cherché dans le personnel ministériel quelqu'un qui voudrait bien me recevoir ; mais à vrai dire, je ne me faisais aucune illusion. Je sais trop ce qu'est la camaraderie, je ne dirai pas la camaraderie parlementaire, mais bien la camaraderie dans tous les milieux. Je savais que M. *Maginot* fréquentait souvent M. Malvy, mais que c'était un honnête homme, qui s'était battu en véritable patriote, et je me disais : « Il ne m'écoutera pas ou bien il m'écoutera et me dira : « Je prends bonne note de ce que vous me dites et je « verrai ce qu'il y a à faire. »

Bref, le 27 juin (c'est pour vous montrer que je ne voulais pas procéder par le scandale), j'allais trouver M. Maginot dans son cabinet. J'entre et je lui expose ma petite affaire. Vous la connaissez. M. Maginot m'écouta comme un homme absolument stupéfié, qui ne connaissait rien des détails. Il avait bien vu quelques numéros du *Bonnet Rouge*, mais il ne savait pas ce qui était derrière ce journal. Je lui racontai ce que je savais de Routier, de Guilbeaux, d'Almereyda. Je supposai d'abord que M. Maginot allait me répondre : « Mais tout ce que

vous me dites là, ce sont des contes à dormir debout ! »
Pas du tout, il prit quelques notes sur un bout de
papier, et me dit : « Je parlerai de tout cela à M. Ribot ».
Je me dis à part moi : « M. Ribot a des charges écra-
santes et il va dire comme tous les autres, que je suis un
insensé, un énergumène, que j'ai inventé tous ce
noms-là, que *le Bonnet Rouge* est un brave journal républicain, et il n'en sera plus question. »

Mais pas du tout, il était une chose que j'ignorais et
qui, pour moi, fut réellement providentielle, comme elle
semblera providentielle à ceux qui croient à la Providence, ou merveilleuse pour ceux qui croient au hasard.
Dans le même temps, on était venu raconter à M. Ribot
cette fameuse histoire du chèque Duval saisi à la frontière
dans les conditions que vous savez. M. Ribot avait eu la
puce à l'oreille et, comme un honnête homme qu'il est,
il avait dit : « Non, pas de ça, Lisette ! Il faut aller jusqu'au bout ! » Et il était tombé d'emblée, je ne dirai pas,
parce que ce ne serait pas respectueux, sur la bûche, mais
sur le Garde des Sceaux Viviani qui, ayant donné
20 000 francs de subvention au *Bonnet Rouge*, trouva que
le moment n'était pas choisi pour raconter l'affaire du
chèque Duval.

Néanmoins, il n'y avait plus moyen de s'en tirer, et
j'imagine qu'à ce moment-là, ce pauvre M. Malvy a dû
passer par de légères sueurs. Il s'est dit : « Voilà les petites affaires de mes amis qui vont être troublées. » J'imagine que ce colloque intérieur de M. Malvy a dû se passer
d'une façon intéressante.

C'est alors qu'éclate à la Chambre l'incident Barrès, et
qu'intervient le grand discours qui a été prononcé devant
vous et, il faut bien le dire, que c'est ce discours de
M. Clemenceau, prononcé le 22 juillet devant le Sénat,
qui a sauvé la France. En effet, si nous avions continué
à vivre dans ces conditions, nous étions perdus. Je n'ai
pas à dire un mot de plus.

En présence de cette situation, que va faire M. Malvy? Cette situation peut être considérée comme déses-

péré, non pas pour M. Malvy, mais pour M. Caillaux.

C'est alors que M. Malvy prend Leymarie à la direction de la Sûreté générale en lui disant : « Débrouille-toi avec cette histoire. » Et lui-même disparaît. Il s'en va en villégiature à Veules-les-Roses.

Maintenant que la justice est déclenchée, on prévoit bien qu'il n'y a plus moyen d'arrêter sa marche, car je ne pense pas qu'il y eût parmi vous un sénateur, pas plus qu'il n'y eût un député au courant des choses, qui tolérerait que la justice ne suive pas son cours. Quoique je ne sois pas républicain, je ne fais pas l'injure à un républicain de supposer une seule minute qu'en présence d'un semblable crime contre la Nation, il puisse admettre que les fauteurs de ce crime ne soient pas punis.

LEYMARIE

Leymarie devient donc directeur de la Sûreté générale. Je puis dire, sans être taxé d'exagération, que Leymarie est un bandit, exactement au même titre qu'Almereyda et Duval. Il vient d'être condamné pour complicité avec les bandits. Or, qui est complice de bandits est un bandit.

Il s'agit maintenant, chose capitale, de faire qu'Almereyda ne parle pas, car Almereyda est un maître chanteur de premier ordre. Almereyda, se sentant perdu, n'hésitera pas à raconter tout ce qu'il sait et tout ce qu'il est seul à savoir de ses relations avec Caillaux et de sa complicité avec Malvy.

Leymarie, comme directeur de la Sûreté générale, a forcément la haute main sur les prisons. Vigo Almereyda est un morphinomane, par conséquent, un homme très facile à supprimer. L'argument, pour quiconque a la moindre notion de médecine, se présente tout seul. On dira que c'était un homme au dernier degré de la cachexie, qu'on lui a supprimé son poison, que pendant plusieurs jours il l'a réclamé, puis que ne pouvant l'obtenir, il s'est tué.

En effet, à point nommé, mais d'une façon extraordinaire, comme si les agents du ministère de l'Intérieur avaient remonté la pendule pour fixer le moment où Almereyda devait tomber, Almereyda tombe. On dit naturellement que c'est un morphinomane, qu'on lui a supprimé son poison, vous savez la suite. On examine d'un peu près le cadavre, et l'on s'aperçoit qu'Almereyda a été strangulé. Par qui? A l'instigation de qui? Je vous laisse, Messieurs, tirer vous-mêmes la conclusion. Quant à moi, je l'ai tirée dès la première minute. Quand j'ai appris par un télégramme, que l'on m'a envoyé de Paris, qu'Almereyda avait été strangulé dans sa prison, je me suis dit : « Voilà le travail par lequel le ministre de l'Intérieur ferme la bouche à son complice. »

LE CAS DE CHANRON

J'arrive, Messieurs, après avoir franchi un certain nombre de faits particuliers, à une histoire qui prend son intérêt dans les révélations actuelles, mais dont je ne me porte pas garant. Je l'apporte devant vous pour que vous vouliez bien l'examiner, parce que vous allez voir qu'elle est suggestive.

Elle est très curieuse par les coïncidences dans lesquelles elle s'est présentée.

Il s'agit d'un homme dont j'ai parlé à la Commission d'instruction, un blessé de guerre, réformé n° 1, qui s'appelle *Chanron*. Cet homme était à Bruxelles au moment de l'arrivée des Allemands. Il a entendu bien des choses et il a réussi à échapper aux Allemands en se cachant sous un faux nom pendant quelque temps. Il est ensuite allé à Rotterdam et il a raconté à notre Consul à Rotterdam, M. Planon, ce qu'il avait entendu dire. M. Planon, notre Consul, lui dit : « Ce que vous me racontez est très intéressant, écrivez donc à M. Malvy. » Et au mois d'août 1915, M. Chanron, dont on a dit que c'était un homme exalté et qui est peut-être un homme mécontent, et, après ce que vous saurez, cela se comprend très bien quand je vous dirai ce qui lui est arrivé, M. Chanron donc écrit en août 1915 une lettre à M. Malvy dans laquelle il lui dit qu'il apprit à Bruxelles qu'un des agents de l'espionnage allemand en France est un homme assez influent, lié avec un certain nombre de personnes, qui répond au nom de Bolo et qui se fait appeler Bolo Pacha. A cette lettre était jointe une note également adressée à M. Malvy personnellement, dans laquelle il était dit qu'un certain Lipscher se vantait d'avoir déposé au procès Caillaux moyennant une somme de 50 000 francs et d'être l'homme de Caillaux dans ses tractations avec l'Allemagne.

Voilà ce que M. Chanron racontait par l'intermédiaire de M. Planon, notre Consul à Rotterdam, dont la déclaration par conséquent ne peut pas être suspecte.

M. Chanron revient en France, et à son arrivée, il est appréhendé, il est fourré en prison d'abord à Dieppe, puis à Rouen où il reste quelque temps; on le fait sortir de prison et il arrive à Paris. On le mande à la Préfecture de police (toujours d'après ses dires, mais il m'a montré des pièces à l'appui de ses déclarations) pour savoir ce qu'il a à déclarer. M. Chanron se rend à la Préfecture de Police et là M. Hudelo lui dit : « C'est bien simple, si vous continuez à insister sur ce que vous avez écrit à M. Malvy, ou nous vous fourrons en prison ou nous vous faisons expulser de nouveau. Tenez-vous tranquille. »

Voilà ce que m'a raconté M. Chanron. Je vous répète ses déclarations. Je n'ai pas pu par moi-même aller au fond de cette histoire, mais il serait facile de savoir ce qu'en pense notre Consul de Rotterdam et quels sont les termes de la lettre que M. Chanron a écrite à ce moment-là au ministre de l'Intérieur. Il m'a montré cette lettre.

Il y a aussi un autre témoignage que vous entendrez, c'est celui du préfet de la Haute-Vienne, M. Truc, qui apprit par ses services particuliers que des Allemands, au moment de la déclaration de guerre, voulaient regagner l'Allemagne, mandés par leur Gouvernement, car vous savez qu'au moment de la déclaration de guerre, l'Allemagne a procédé de deux façons. Elle a demandé à un certain nombre de ses agents de rentrer, elle a donné cet ordre aux agents les plus compromis, à ceux dont la présence n'était plus acceptable en France, et elle a laissé les autres chez nous, ceux qui se faisaient passer pour de très bons Français et qui naturellement ont continué à fournir des renseignements à leur pays.

Trois de ces agents ont été signalés par le préfet de la Haute-Vienne, qui avait eu vent de leurs agissements lors de la mobilisation. Ils ont été signalés au ministère de l'Intérieur qui a répondu qu'il fallait les relâcher et les laisser partir en Allemagne. M. Truc, préfet de la Haute-Vienne, exigea un ordre écrit et M. Malvy, parait-il, le lui aurait donné.

Voilà comment les agents de l'étranger, notoirement connus comme espions, signalés comme tels par les services mêmes de M. Malvy, jouissent des faveurs du ministère de l'Intérieur, alors qu'ils se livrent chez nous à la triste besogne que tout le monde sait.

LES MUTINERIES MILITAIRES

J'arrive à l'affaire des *mutineries militaires*. Ici, je serai sobre et discret pour deux raisons que vous comprendrez tout de suite et sur lesquelles je n'insisterai pas.

La première est une raison nationale et ensuite c'est parce que vous entendrez des témoins beaucoup mieux qualifiés que moi et qui vous narreront des choses qui vous feront frémir. C'est une raison pour moi pour traiter aussi brièvement que possible cette question des mutineries militaires.

Lorsque M. Malvy, au cours de son interrogatoire, est venu soutenir que les mutineries militaires étaient le fait de la longueur de la guerre, des fatigues excessives, du manque de permissions et autres balivernes du même ordre, je peux lui répondre que c'est parfaitement le contraire de la vérité.

Nous sommes à un point de la guerre beaucoup plus avancé qu'au moment des mutineries militaires. Nos armées, sous l'habile direction de leurs chefs, les généraux

Foch et Pétain, ne nous donnent pas précisément l'impression d'être déprimées et fatiguées par le manque de permissions et les derniers communiqués font bonne justice de cette allégation.

Je soutiens au contraire que ces mutineries militaires ont été montées comme une machine réglée et bien réglée, ici, à Paris, au ministère de l'Intérieur, par la coopérat'on des gens du *Bonnet Rouge*, de la *Tranchée Républicaine*, de M. Malvy, de M. Leymarie et accessoirement de M. Maunoury.

Ces mutineries ont eu une grande extension. Je ne vous indiquerai pas les numéros des régiments, vous les connaissez déjà par le rapport de M. Pérès. Elles ont été inquiétantes, mais par grand bonheur, et c'est là un des bienfaits de la censure, elles n'ont pas été connues du public. De telle sorte que les dommages causés d'une façon transitoire à l'armée française ont été réparés et que la blessure s'est cicatrisée spontanément, malgré le ministère de l'Intérieur, chose énorme, par le courage, la lucidité d'esprit et le bon sens naturel de nos soldats et de leurs chefs.

J'ai étudié de près le mécanisme de ces mutineries militaires qui vinrent après l'échec de l'offensive allemande et qui s'échelonnent de la nuit du 22 au 23 mai 1917, jusqu'aux environs du 21 juin suivant.

Vous savez, on l'a déclaré devant vous, qu'à ce moment-là, la situation intérieure du pays était très mauvaise. Il y avait non seulement *le Bonnet Rouge*, mais encore des tracts, nombreux, perfides et assassins qui étaient répandus jusque dans la zone des armées. Je me rappelle que les directeurs des journaux de Paris ont été convoqués au ministère des Affaires étrangères devant M. Ribot et M. Painlevé, que je voyais pour la première fois, pour nous demander ce qu'il y avait à faire. Ces messieurs avaient l'air très inquiet et très ennuyé. Ils nous disaient : « Le moral du pays qui, jusqu'ici a été bon, tend à devenir mauvais. Messieurs, vous qui êtes en contact avec l'opinion publique (ce qui est un peu une illusion parce que les journaux sont plutôt des remparts de papier où l'on peut trouver l'opinion des journalistes), dites-nous ce que vous en pensez. » Chacun a donné son avis. Mon opinion était qu'il ne fallait pas du tout parler des grèves dans les journaux.

Vous savez que, par doctrine, nous ne sommes pas, à l'*Action Française*, pour la liberté de la presse. Nous ne sommes pas non plus pour les ordonnances Polignac, mais pour une liberté tempérée. Quand j'émis cette opinion, un de ces messieurs leva les bras au ciel, et dit : « C'est impossible. Il faut réserver la question des grèves, ou en parler beaucoup. »

Il a été entendu que l'on ne donnerait sur les grèves que le strict nécessaire. Je crois qu'en effet cette attitude de la presse parisienne a été excellente pour la cessation de ces mouvements qui étaient provoqués par des agents et qui n'étaient pas du tout des mouvements spontanés, loin de là.

En ce qui touche les mouvements qui se sont produits dans l'armée, je vous indiquerai que je suis arrivé à en reconstituer le mécanisme de la façon suivante :

Au moment où la guerre s'est stabilisée sur le front et où il fallait que les soldats eussent du fil, des aiguilles et mille petits autres accessoires qui leur étaient nécessaires pour la vie du front, le G. Q. G. s'est demandé comment cela pourrait leur parvenir dans la zone des armées. Il fallait bien s'adresser aux mercantis. C'est alors que l'on s'adressa aux services de l'Intérieur, c'est-à-dire en l'espèce aux services de M. Malvy et de M. Leymarie. Les services de l'Intérieur ont répondu immédiatement qu'ils pourraient fournir cela et, en effet, ils avaient sous la main ce qu'il leur fallait, ils avaient le *Bonnet Rouge*, c'est-à-dire Almereyda, Landau et à ce moment l'homme qui était le directeur de ces petites poussettes que vous connaissez et qui transportent du café, c'est-à-dire cet homme qui est extrêmement suspect et que je m'étonne de ne pas avoir encore vu interroger et qui s'appelle Cahen de Caïffa.

Cahen de Caïffa, au mois de mars 1917, c'est-à-dire deux mois avant les mutineries de Cœuvres, sur les conseils, je puis le dire, de Malvy, qui n'était pas étranger à l'opération, versait deux cent mille francs dans *le Bonnet Rouge*. Il versait cette somme dans le journal dans des conditions qu'il serait peut-être long d'analyser mais que je vais vous indiquer d'un mot, et qui sont extrêmement curieuses. Il versait ces deux cent mille francs moyennant la remise d'une contre-lettre, déclarant qu'il était bien entendu que, si Almereyda ne tenait pas son engagement, il rembourserait cette somme dans la première, la deuxième et la troisième années qui suivraient la guerre. Je vous demande un peu comment un commerçant aussi avisé que Cahen de Caïffa consent à verser deux cent mille francs à un homme tel que Miguel Almereyda, sans avoir une intention bien précise.

D'autre part, il y avait comme commanditaire du *Bonnet Rouge* un nommé *Marion*, qui était tout-puissant au Syndicat des bistros.

Vous comprenez, Messieurs, comment on a pu ainsi dresser une liste de mercantis, avec la collaboration de Cahen de Caïffa et de Marion, ou plutôt du Syndicat des bistros. C'est ainsi que l'on a envoyé dans la zone des armées toute la fine crapule de Paris, tous les gens qui étaient en relations immédiates avec *le Bonnet Rouge*, *la Tranchée Républicaine* et tous les lascars que vous savez. C'est ce qui vous explique que l'on a donné à boire aux soldats ainsi que cela a été constaté en bien des endroits. Ces faits ont été relatés non pas seulement dans le rapport de M. Henry Bérenger, mais encore dans le rapport Pétain, dans le rapport Nivelle et dans beaucoup d'autres rapports militaires.

On grisait systématiquement les soldats, on leur envoyait des tracts dans lesquels on les excitait à la désobéissance, de même qu'on leur envoyait des ballots du journal *le Bonnet Rouge* que commanditaient simultanément Cahen de Caïffa, l'Allemagne et M. Malvy, ne l'oublions pas.

C'est ce qui vous explique la simultanéité de ces mouvements qui, autrement, serait inexplicable. On sait que, dans un nombre déterminé de régiments, alors que huit jours auparavant tout allait bien, dans la nuit du 22 au 23 mai, se sont produits une série d'actes sur lesquels je n'insiste pas et qui ont été sur plusieurs points d'une violence extraordinaire et tout à fait désastreuse.

La racine du mal, comme l'a dit le général Pétain dans son rapport du 29 mai, était à l'intérieur. Ces événements se sont produits parce que les gens du *Bonnet Rouge*, de Malvy et de Caben de Caïlla étaient dans la zone des armées, en tel nombre et avaient reçu de telles instructions que les choses ne pouvaient pas se passer autrement. Les événements se sont produits sur les points qu'ils avaient visés et tels qu'ils avaient voulu qu'ils se produisissent.

La répression a été sévère, beaucoup de malheureux qui s'étaient laissé entraîner ont été durement punis, et il fallait qu'ils fussent punis. Ceux qui avaient la charge de réprimer ces mouvements et de punir les hommes ont été bien douloureusement émus, comme vous le pensez, d'être obligés de frapper des gens qui, pour quelques-uns, s'étaient battus bravement et héroïquement, dont plusieurs avaient gagné la médaille militaire, la croix de guerre et avaient été l'objet de je ne sais combien de citations. Ils avaient cédé à des excitations monstrueuses. Bien entendu, ces excitations n'étaient pas tombées de la lune, elles provenaient des milieux que vous savez. Des ballots de numéros du *Bonnet Rouge* étaient colportés par les soins de qui? Par les soins du ministère de l'Intérieur. Il y avait au ministère de l'Intérieur un service, dont vous parlera M. Georges Desbons, qui à ce moment avait à sa tête Guillaume Desouches. Ce service du ministère de l'Intérieur distribuait des numéros non échoppés du *Bonnet Rouge* qu'Almereyda faisait prendre à l'imprimerie et porter dans la zone des armées. Cette distribution se faisait sous l'œil bienveillant et avec la complicité de Malvy.

Voilà comment les excitations ont été transmises.

J'ai demandé à la Commission d'instruction d'entendre le colonel du Jonchay, du 4e spahis, qui a présidé le Conseil de Guerre à Soissons et qui, en cette qualité, sait des histoires à faire sangloter de douleur, mais aussi de rage, quand on pense aux malheureux soldats français qui ont payé ces défaillances de leur vie par la faute de ce journal abominable, qui était alimenté par le chef de la police française.

Le colonel du Jonchay a entendu un homme qui lui disait, comme président du Conseil de Guerre : « Mais, mon colonel, nous lisions *le Bonnet Rouge*, nous lisions qu'il y avait la grève, qu'il allait y avoir la révolution à Paris. »

On remettait à ces malheureux soldats des numéros non échoppés du *Bonnet Rouge*. Vous verrez, Messieurs, en lisant ces numéros, si je mens ou si j'exagère ; vous verrez toutes les ordures, toutes les abominations que Duval et les autres amis de Malvy publiaient dans ce journal infâme.

Ce soldat disait au président du Conseil de Guerre : « Nous savions que M. Malvy commanditait ce journal ; on nous disait que c'était le journal de M. Malvy, le journal du Gouvernement. On déclarait qu'il allait y avoir la révolution à Paris ; nous voulions y aider. » Cet homme a été fusillé parce que, comme beaucoup de ses camarades, il avait cru aux infamies que faisait écrire M. Malvy et que distribuaient les poussettes de Cahen de Caïffa. Lorsque l'on songe à la situation des malheureux qui ont été les victimes de ces excitations abominables, on frémit d'épouvante.

Il a été dit dans la presse, et répété dans le rapport de M. Pérès, que j'avais porté mon accusation contre MM. Malvy et Leymarie au sujet des mutineries militaires à la suite d'un document que, pour simplifier, j'appellerai le document Henry Bérenger.

LE DOCUMENT HENRY BÉRENGER

Je vous dirai dans quelles conditions j'ai eu ce document entre les mains.

Je m'occupais de la question de savoir comment étaient nées ces mutineries. J'en ai percé le mécanisme et je viens de vous l'exposer. J'ai cherché des preuves à l'appui. C'est dans ces conditions que j'ai été amené à me rencontrer avec votre collègue qui m'a montré cette pièce. Je lui ai demandé de me la confier, et quoi qu'il ne m'eût pas donné l'autorisation d'en faire usage, j'ai cru devoir en faire l'usage que vous savez pour le bien du pays. Je me suis peut-être trompé, dans tous les cas j'ai suivi ma conscience et votre collègue n'était pour rien dans mon indiscrétion. Mais il n'était pas du tout dans mon intention de prétendre que l'affaire de *Cœuvres* était la base de ma démonstration. Dans ce document il était parlé non seulement de l'affaire de Cœuvres, mais aussi de celle du *Raincy* qui, à mon avis, est encore plus importante que l'affaire de Cœuvres. J'avais, sur ces deux affaires, des notions qui se sont précisées depuis. Mais le fond de ma préoccupation et ce qui m'avait ouvert les yeux, c'était d'une part ce que je savais des services du ministère de l'Intérieur, du *Bonnet Rouge* et de *la Tranchée Républicaine* et, d'autre part, ce que contenaient le rapport du général Nivelle en date du 28 février, et le rapport du général Pétain du 29 mai 1917.

Le rapport du général *Nivelle*, que vous connaissez, est extrêmement explicite. Il a un caractère réellement prophétique ; il nous montre les points de départ du mal, et il indique la façon dont les choses risquent de se passer. Il est bien entendu que le général Nivelle, commandant d'armées, qui a la direction d'un poste qui sollicite toute son activité, n'est pas au courant comme moi des menées de l'intérieur et qu'il ne sait pas, quand il écrit à M. Malvy, qu'il s'adresse précisément à l'homme qui a organisé lesdites mutineries militaires.

Dans ce rapport des personnes sont nommément désignées et signalées au général Nivelle comme étant ceux qui expédient ces tracts. Parmi ces noms, nous trouvons ceux d'Hélène Brion, Sébastien Faure, dont vous connaissez les avatars, sur lesquels je n'insiste pas.

Mais un mois après, c'est-à-dire le 23 mai, commencent des troubles militaires. Le général *Pétain* revient à la charge et il le fait, lui aussi, dans des termes extrêmement précis, et il le fait avec une formule qui éclaire la situation de lueurs étranges lorsque l'on sait ce que vous savez. Il dit que la racine du mal est à l'intérieur. Il aurait été bien plus dans la complète vérité s'il avait écrit « l'intérieur » avec un grand i, au lieu de l'écrire avec un petit i.

Le général Pétain parle des agents provocateurs qui sont dans la zone des armées, notamment auprès de tels et tels régiments dont il donne les numéros.

Ces agents provocateurs avaient tout de suite attiré mon attention. Vous verrez, dans le document Bérenger, comment, à la gare du Raincy, où se sont produits les troubles redoutables que vous savez, on avait envoyé quelques dizaines de personnages de la 22ᵉ Section qui avaient été convertis en inspecteurs de la Sûreté et qui surveillaient la gare du Raincy. C'est là un point particulier, sur lequel j'appelle toute votre attention.

Dans mon accusation formelle contre M. Malvy au sujet des mutineries militaires, je ne faisais pas seulement allusion au document Bérenger, mais aussi à la longue suite de documents, parmi lesquels la lettre du 28 février du général Nivelle et celle du 29 mai du général Pétain, que vous avez d'ailleurs à l'heure actuelle dans les dossiers de l'instruction.

Sur cette question des mutineries militaires, il a été rédigé un nombre considérable de rapports, auxquels on peut se reporter très utilement. Dans l'un d'eux, voici ce qui a été certifié par le docteur *Lardet*, directeur de la maison de Fontevrault, dans le Maine-et-Loire, où l'on avait envoyé un millier de soldats compromis dans les mutineries. Le docteur Lardet disait que, sur un millier de militaires, il y en avait à peine une centaine qui savaient à peu près ce qu'ils avaient fait; les neuf cents autres ignoraient pourquoi on les avait amenés là. On les avait grisés, entraînés, ils s'étaient livrés à des actes profondément regrettables mais dont ils ne soupçonnaient pas la portée.

Le lieutenant *Bruyant* a, devant le troisième Conseil de Guerre, indiqué la cause de ces mutineries, dans une formule saisissante. C'est que le lieutenant Bruyant était bien qualifié pour le savoir, puisque maintes et maintes fois il avait demandé, dans le courant de ces mois tragiques, à M. Leymarie d'insister auprès de son patron Malvy pour que l'on interdit la distribution aux armées du *Bonnet Rouge* et de la *Tranchée Républicaine*, qui étaient signalés de tous côtés comme faisant un mal terrible sur le moral des soldats.

Le lieutenant Bruyant a déclaré que, suivant lui, la cause de ces mutineries était la campagne de propagande menée par des individus coupables d'intelligences avec l'ennemi. Je n'ai jamais dit autre chose.

Je pense que ce que le lieutenant Bruyant a déclaré, il le redira devant vous. Il a pu faire des observations sur place, il a vu *le Bonnet Rouge*, à l'arrivée, il l'a vu, je dirai, d'une façon centripète, et moi, je l'ai vu d'une façon centrifuge, je l'ai vu au départ, mais nous avons constaté ensemble les dégâts qu'il avait accomplis. Ces dégâts ont pu être réparés heureusement, mais ils ne pouvaient l'être qu'à partir du moment où on en connaissait la cause.

A ce moment se préparaient des événements de toutes sortes; ces événements avaient commencé par la grève des midinettes. Ils s'étaient aggravés de plus en plus.

Le 14 juin, M. Georges Desbons, qui a figuré dans le procès où était impliqué l'homme dont je vais vous parler, m'a raconté et, au besoin il le répétera devant vous, qu'à cette date du 14 juin, il s'est produit à la Villette une émeute excessivement significative.

Vous savez que les gens du *Bonnet Rouge* répandaient dans la zone des armées le bruit qu'à Paris les Annamites, les Algériens, les Kabyles tiraient sur les femmes des mobilisés. Cela se disait partout. Le 14 juin dans l'après-midi, boulevard de la Villette, M. Malvy étant alors ministre de l'Intérieur, il y eut une discussion entre quelques Kabyles et la population. Les soldats qui passent s'en mêlent et l'affaire s'aggrave. D'autres soldats arrivent et prêtent main-forte aux agents. On apprend qu'il y a, au 153 du boulevard de la Villette, un cabaret tenu par un nommé Missoun, chez lequel des Kabyles se rendent en grand nombre. Missoun s'avance sur le pas de sa porte pour haranguer la foule et éviter qu'il y ait des histoires. A ce moment, une dizaine d'agents en bourgeois font irruption dans le cabaret. Les Kabyles sont enchantés, croyant que les agents en bourgeois viennent leur prêter main-forte, mais pas du tout : ces agents en bourgeois prennent les Algériens qui sont à l'intérieur, ils les sortent violemment et les passent à la foule qui les assomme. Ces faits se répandirent dans le public et pendant tout le reste de la journée, ce quartier de la Villette fut non pas à feu et à sang, mais très agité, et l'on vit le moment où le sang allait couler.

Missoun, le cabaretier, a été poursuivi, Mᵉ Georges Desbons était son avocat. Ce Missoun, à la suite de ces faits, ayant soutenu mordicus que c'étaient bien des agents en civil qui étaient entrés chez lui, ainsi que la preuve en a été faite dans l'enquête, fut frappé d'un arrêté d'expulsion par Malvy.

Vous verrez par les dépositions qui seront faites devant vous que, dans tous les ordres donnés aussi bien au moment de la grève de la couture que dans d'autres circonstances, le ministre de l'Intérieur fut nettement favorable à la propagation des tracts.

Quant à moi, j'ai été personnellement témoin d'un fait significatif. Je débarquais à la gare d'Orléans dans le courant du mois de juillet, un peu après la cessation des mutineries militaires. Dans cette gare d'Austerlitz, se trouvait un énorme train garé sur une des voies. Sur chacun des wagons, il y avait des écriteaux portant : « Finissons la guerre! Mort aux officiers! » etc. « Soulevons-nous! En voilà assez! Vive la Révolution sociale! » J'allai trouver le sous-chef de gare, et comme des flots de permissionnaires arrivaient à la gare d'Austerlitz, je dis à ce fonctionnaire : « Monsieur le chef de gare, il est incompréhensible que vous laissiez dans la gare un train portant de pareilles inscriptions. » Ce sous-chef de gare me dit : « Que voulez-vous, nous laissons ce train là parce que l'on ne nous a pas donné d'ordre pour l'enlever. » Lorsque j'arrivai au journal, je demandai la communication avec le cabinet de M. le Préfet de Police. Là on me dit : « Nous n'y pouvons rien. Ce que vous me dites est très intéressant, mais s'agissant de la surveillance des gares, il faut vous adresser à la Sûreté. » Je répondis en propres termes : « Je ne m'adresserai pas à la Sûreté parce qu'elle est composée d'une bande d'agents allemands. » Là-dessus, la communication fut interrompue. (*Sourires.*)

Ainsi, depuis une dizaine de jours, un train très important, affecté aux permissionnaires, était garé sur le quai de la gare, portant les inscriptions que je viens de vous dire et que déchiffraient les soldats en passant. Il en était ainsi partout.

J'avais des renseignements émanant de hauts fonctionnaires de la police qui pourront déposer devant vous et vous apprendront qu'à ce moment-là, il y avait dans Paris une bande de dix mille escarpes. Mais une fois qu'on les avait arrêtés, ordre était donné de les relâcher.

On dira qu'il y avait là, de la part de Malvy, soit un relâchement général, soit un sentiment de crainte. Je vous dis, moi, que tous les faits que j'ai rapportés montrent qu'il y avait chez lui la volonté bien nette d'amener des troubles ou de laisser se perpétrer ceux que son journal *le Bonnet Rouge* avait déchaînés.

LA LETTRE AU PRÉSIDENT DE LA RÉPUBLIQUE

C'est dans cet état d'esprit et avec la connaissance que j'avais de ces faits, que je résolus d'aller plus loin et de m'adresser au chef même du Gouvernement, c'est-à-dire à *M. Poincaré*. Je lui écrivis alors une lettre privée dans laquelle je portais deux accusations basées sur les mutineries militaires et l'autre sur l'affaire du Chemin des Dames, et dans lesquelles j'ajoutai en général que, pendant toute la durée de son ministère, M. Malvy n'avait cessé de trahir la France.

Clemenceau avait été moins loin que moi, il avait accusé Malvy d'avoir trahi les intérêts de la France. Moi, j'allais plus loin que lui ; j'étais bien renseigné, je savais ce qu'avaient fait Maunoury et Leymarie, j'étais renseigné sur l'affaire Duval.

Je portai cette lettre qui, peu après, fit à la Chambre le bruit que vous savez et que, pour ma part, je n'avais pas voulu. Je pensais bien que je serais appelé en témoignage, mais je ne pensais pas que ma lettre ferait un pareil scandale. Je voulais au contraire éviter ce scandale, et c'est pourquoi j'avais eu recours à ce procédé de la lettre privée. Si j'avais voulu me servir d'un autre moyen, je n'avais que le choix. Je pouvais porter une accusation publique dans *l'Action Française* et faire paraître mon article malgré la censure. J'aurais été l'objet d'une suspension ou peut-être d'une suppression, mais j'aurais éclairé mon pays.

J'ai voulu, au contraire, agir discrètement. J'ai déposé cette lettre à la Présidence de la République. J'ai été stupéfait quand j'ai vu que cette lettre était lue à la Chambre et qu'à ce moment M. Malvy faisait les déclarations que vous savez.

J'étais allé porter ma lettre le 30 septembre 1917 à l'Élysée. Le 2 octobre, quarante-huit heures après, un officier du ministère de la Guerre vint nous prier, Maurras et moi, alors que Maurras n'était pour rien dans cette histoire, de nous rendre au ministère de la Guerre.

Nous nous rendîmes donc au ministère de la Guerre. Là, nous nous trouvâmes en présence de M. Painlevé, de M. Steeg et d'un troisième personnage que, dans son trouble, M. Painlevé oublia de me présenter et qui n'était autre que M. Péret, garde des Sceaux qui, à un moment donné, dit à M. Painlevé : « Faites donc savoir à ces messieurs qui je suis. » Pour ma part, j'avais cru qu'il s'agissait d'un agent de la Sûreté, que l'on avait fait venir pour entendre mon témoignage sur les mutineries militaires. (*Rires.*)

Je vous raconte tout ceci, Messieurs, dans le détail pour bien vous montrer la marche des choses, et vous indiquer exactement comment cela s'est passé.

M. Painlevé ne nous fit pas du tout un accueil sévère, mais plutôt un accueil étonné, il me dit : « Monsieur Daudet, vous avez écrit cette lettre au Président de la République? — Oui, Monsieur le Président du Conseil. — Voulez-vous vous expliquer sur cette lettre? »

J'avais apporté avec moi le *document Bérenger*. Vous comprenez parfaitement que je n'avais pas la prétention d'expliquer à cette heure, dans le cabinet de M. Painlevé, ce que je suis en train de vous raconter depuis hier 4 heures de l'après-midi Je montrai ce document à M. Painlevé qui eut l'air de tomber de la lune, qui ne savait pas du tout de quoi il s'agissait. Il me dit alors : « Je vais m'en occuper. » Et il retint ce document que je lui remis.

Très gentiment, et même tout à fait cordialement. M. Painlevé, M. Steeg, Maurras et moi nous examinâmes sous quelle forme je pourrais porter mon accusation, pour qu'elle soit bien légale et régulière contre M. Malvy. Il n'y avait à ce moment-là ni dans le ton, ni dans les paroles de M. Painlevé, aucune indignation. Il y avait de l'étonnement simplement. On examina comment l'accusation pouvait être portée et ces messieurs dirent à M. Péret: « De quelle façon M. Daudet peut-il intervenir pour porter son accusation? »

Je ne suis pas assez fort légiste pour savoir ce qui pouvait être le plus légal en la circonstance, et je me suis laissé faire comme un enfant. On m'a dit : « Vous êtes au courant de l'affaire du chèque Duval, votre accusation peut porter sur cette affaire. »

C'est ainsi que pour l'affaire du chèque Duval, je fus convoqué pour m'expliquer devant le capitaine Bouchardon. Les premiers mots du capitaine Bouchardon furent ceux-ci : « Monsieur Daudet, je vais vous entendre, mais je vous préviens qu'en ce moment je ne suis pas mandaté dans cette affaire Malvy. Je m'occupe du *Bonnet Rouge* et de ses annexes. Vous me dites que l'affaire Malvy est une annexe de l'affaire du *Bonnet Rouge*. Je vais vous écouter sur cette annexe, mais pour les mesures à prendre ensuite, je ne peux rien faire. Néanmoins, je vais vous entendre. »

C'est ainsi que, pendant six jours, j'ai déposé devant le capitaine Bouchardon sur l'affaire du *Bonnet Rouge*. Je lui remis notamment un document dont je vous ai parlé, et qui montre Almereyda comme étant en fait le Préfet de police de Paris.

Le temps se passe, les événements que vous savez se succèdent et, finalement, M. Malvy se trouve placé dans l'alternative ou de ne pas me poursuivre ou de me poursuivre devant la Cour d'assises. En effet, je ne voulais pas me retrancher derrière le fait que j'avais écrit ma lettre au Président de la République et j'avais eu le soin de renouveler mes accusations dans l'*Action Française*, précisément pour donner à M. Malvy la possibilité de me poursuivre devant la Cour d'assises. Je vous indique ceci pour vous montrer quelle était ma bonne foi et pour que vous sachiez bien que je ne voulais me retrancher derrière aucune argutie juridique. Après avoir porté une accusation de cette taille, j'entendais au contraire prendre la responsabilité complète de cette accusation.

M. Malvy pouvait donc me poursuivre normalement devant la Cour d'assises. Au lieu de cela il a préféré avoir recours à votre haute juridiction, devant laquelle j'ai déposé pendant trois jours.

LA QUESTION DU CHEMIN DES DAMES

J'arrive à la deuxième partie de mon accusation contre M. Malvy.

Les journaux qui soutenaient M. Malvy se sont naturellement précipités sur ces deux chefs d'accusation précis dont l'un paraissait à ce moment assez hasardé pour ceux qui n'étaient pas au courant des faits.

Je crois qu'à l'heure actuelle, dans vos esprits, la liaison des mutineries militaires avec ce qui se passait au ministère de l'Intérieur est beaucoup moins chimérique qu'elle ne paraissait à ce moment. Je suis persuadé que lorsque vous aurez examiné à fond l'affaire du Chemin des Dames vous arriverez à une opinion voisine de la mienne.

La question du *Chemin des Dames*, je vous l'ai dit, est pour moi liée à celle des *documents d'Orient*. C'est ainsi que j'en arrive à m'expliquer sur l'affaire des documents d'Orient, qui a été amorcée par moi dans ma déposition devant le capitaine Bouchardon.

J'avais été prévenu depuis longtemps, par les bavardages de la bande du *Bonnet Rouge*, de l'existence de cette affaire. Je vous ai dit que cette bande composée de morphinomanes, d'avorteurs et autres gaillards du même acabit, se réunissait souvent. Des individus de cette sorte ne gardent pas généralement pour eux des secrets importants. Ils sont dans l'intimité de personnages politiques, ils le disent, ils s'en vantent même quand ils n'y sont pas autorisés.

J'avais donc su que la maîtresse d'Almereyda, Émilienne Brévannes, déclarait dans les milieux qu'elle fréquentait, c'est-à-dire dans les bars de Montmartre : « On veut créer des ennuis à Miguel (c'était au moment où il était question de l'arrestation d'Almereyda) ; soit, Miguel sera fusillé, mais il y en a quelques autres qui seront fusillés avec lui, Malvy, Leymarie et peut-être un troisième, Paix-Séailles. »

Ces propos ont attiré mon attention. Je ne comprenais pas d'abord pourquoi Paix-Séailles, qui était directeur du *Courrier Européen* était englobé dans cette affaire de documents d'Orient. Je m'informai et j'appris alors l'histoire que vous connaissez aujourd'hui. Des documents avaient été livrés. Dans cette opération étaient mêlés Malvy, Leymarie, ainsi qu'Almereyda. Je cherchai ce que signifiaient les propos d'Émilienne Brévannes. L'affaire en est venue à se préciser à ce point que la responsabilité de Paix-Séailles était complète, puisqu'il a été condamné à deux ans de prison avec sursis.

J'ai donc déposé sur l'affaire des documents d'Orient devant le capitaine Bouchardon. Je n'avais pas sorti cette affaire de mon imagination de romancier. Il n'était pas du tout question de l'affaire Lenoir-Desouches, et alors je n'ai pas hésité à accuser Lenoir et Desouches de complicité avec le ministre de l'Intérieur, c'est-à-dire Leymarie et Malvy, devant le capitaine Bouchardon. L'affaire Lenoir-Desouches n'est pas encore venue devant la justice, elle sortira à un moment donné, on entendra Leymarie, le capitaine Ladoux, Charles Humbert, et nous verrons si la responsabilité de Malvy sera éliminée aussi facilement qu'elle l'a été dans l'affaire Paix-Séailles.

Je savais, d'autre part, par un agent secret dont je n'ai pas à dire le nom, mais qui est un personnage extraordinaire, qui a accompli des actes étonnants et qui a été complètement méconnu, qu'un certain nombre de personnages se rendaient en Allemagne, où ils faisaient des voyages extrêmement fructueux. Au cours des voyages qu'il a faits en Allemagne, cet agent secret que vous pourrez peut-être interroger dans le huis clos, a obtenu des renseignements extrêmement curieux.

Lors de son deuxième voyage en Allemagne, cet agent, qui était en relations avec les chefs de l'espionnage et du contre-espionnage allemand, et notamment avec un homme fort intelligent qui a vécu longtemps à Paris, comme tous les Allemands qui font de l'espionnage chez nous, et que l'on appelle le lieutenant Gebsattel, cet agent reçut de la bouche du lieutenant Gebsattel la confidence suivante : « Mon ami, vous nous avez rendu service... » Il croyait en effet que cet agent français avait rendu service à l'Allemagne... « ... Vous nous avez rendu service. Maintenant, nous allons vous confier une mission de confiance auprès d'un homme qui est à nous en France et au Gouvernement depuis le commencement de la guerre. »

Dans la pensée de cet agent, cet homme était M. Caillaux. Mais je lui fis observer que M. Caillaux n'était pas au Gouvernement depuis le commencement de la guerre. Au contraire, dans mon esprit, étant donné ce que je savais des relations de Malvy et du *Bonnet Rouge*, je conclus que cet agent ne pouvait être que M. Malvy. Telles ont été mes déductions au sujet de cette révélation.

L'agent en question me fit ensuite d'autres révélations au moins singulières, sur lesquelles il m'est impossible de m'étendre publiquement, mais qui sont alors des révélations positives, concernant le rôle d'espions de l'Allemagne.

M. Malvy étant accroché à Almereyda et à sa mémoire — et comment ! — il est très important de savoir par la bouche même du Gouvernement allemand qu'Almereyda est un agent allemand. Or, nous savons qu'Almereyda est un agent allemand et nous le savons par le Gouvernement allemand lui-même. M. Malvy a été en mesure de le savoir. Je ne sais pas si le fait a été rapporté, je sais que pour Routier, il lui a été rapporté, mais je ne sais pas que pour Almereyda il le lui ait été. Cependant il aurait dû lui être rapporté... Je m'explique d'une façon un peu sibylline... Si vous voulez bien m'accorder cinq minutes de huis clos, je vous dirai ce que signifient précisément mes paroles.

Comme la question se pose bien de savoir à l'heure

actuelle si Almereyda est au service de l'Allemagne...

(Plusieurs sénateurs demandent le huis clos.)

M. le Procureur général. — Monsieur Daudet, vous déclarez que vous avez, dans votre déposition, à donner des détails qui vous paraissent nécessiter le huis clos?

M. Léon Daudet. — Oui, Monsieur le Procureur général.

M. le Procureur général. — Ce n'est pas vous qui pouvez demander le huis clos. Je suis disposé à le demander, mais je vous prie de me faire savoir si vous voulez que je le demande de suite ou si vous pensez qu'il vaille mieux réserver cette partie de vos déclarations pour la fin de votre déposition?

M. Léon Daudet. — Oui, pour la fin de ma déposition, cela ne demandera que quelques minutes.

M. le Président. — Lorsque vous aurez terminé votre déposition, vous nous le ferez savoir et M. le Procureur général demandera le huis clos. Veuillez continuer votre déposition.

M. Léon Daudet. — Messieurs, je vous ai parlé de *Guilbeaux*, de la protection qui était accordée à cet agent. Je vous ai dit quel était le rôle funeste qu'il avait joué en Suisse. Il a eu dans ce pays un rôle tellement funeste que vous avez pu voir tout dernièrement dans les journaux qu'à point nommé il est poursuivi par le gouvernement suisse pour avoir fomenté les émeutes de Bienne en Suisse. La situation de Guilbeaux est donc la suivante. Il est poursuivi par le gouvernement suisse pour avoir fomenté des émeutes et il est inculpé par le gouvernement français d'intelligences avec l'ennemi. Il n'est pas douteux que si jamais Guilbeaux comme Routier tombaient entre les mains de la magistrature militaire, il irait rejoindre Duval et Bolo à Vincennes très rapidement, car son rôle a été encore plus complet, plus funeste que celui de ces deux exécutés. Ces troubles de Bienne ont été organisés par Guilbeaux, à la suite d'une conférence d'un pasteur antimilitariste qui s'appelle Humbert Droz. Ce nom avait plusieurs fois frappé mes oreilles. J'ai reçu à un moment donné une lettre qui figure au rapport de M. Pérès, lettre d'un infirmier nommé *Bornat*, qui accompagnait un malade en Suisse, et qui avait entendu dire à la Chaux-de-Fonds d'abord que le pasteur Droz était un agent de l'Allemagne, ce que nous savions tous, et, en outre, que c'était à cet agent que Malvy avait fait passer les renseignements sur notre offensive du Chemin des Dames.

Je rapprochai de cette indication ces deux faits, d'abord, que Malvy, qui n'avait aucune espèce de raison pour y figurer, avait été appelé au Comité de Guerre, et cela sur la réclamation du *Bonnet Rouge*, qui avait déclaré qu'une place au Comité de guerre devait être faite au ministre de l'Intérieur.

En même temps, j'apprenais par M. Ybarnegaray, député des Landes, que, s'entretenant un jour avec l'amiral Lacaze, alors membre du Gouvernement, sur la situation militaire, en lui faisant remarquer que la situation ne lui paraissait pas aussi bonne qu'en 1916, l'amiral Lacaze répondit à M. Ybarnegaray : « Nous ne pouvons rien y faire, Malvy trahit. »

Cette affirmation, jointe à ce que je savais par ailleurs, continua à attirer mon attention. Je connaissais d'autre part les innombrables navettes faites entre la France et la Suisse par des gens munis de passeports soit par M. Hudelo, soit par Leymarie, dans les conditions que je vous ai dites au commencement de ma déposition de ce matin.

A ce moment parut un numéro du journal espagnol l'*A B C*, qui n'est pas complètement germanophile, car dans ce journal, il y a des articles qui sont favorables à la France, qui paraissent sous la signature de M. Martinez Ruiz sous le pseudonyme de « Azorin ». Ce journal a une partie francophile et une partie germanophile.

Dans ce journal l'*A B C*, un rédacteur qui était attaché au Grand Quartier Général allemand, racontait, avec des erreurs de plume considérables, que le gouvernement allemand avait eu connaissance point par point de notre fameuse attaque du mois d'avril, et que, par conséquent, il avait pu parer sur tous ses points à notre offensive.

A ceci, l'honorable rapporteur M. Pérès fait deux objections. La première, c'est qu'il y a des absurdités dans le compte rendu de l'*A B C*. Il se peut qu'il y ait des absurdités, le rédacteur espagnol a peut-être mal compris ce que lui disaient les Allemands en ce qui touche notamment l'emplacement de l'artillerie.

M. Pérès ajoute qu'il est très difficile de dissimuler à l'ennemi des mouvements de deux à trois cent mille hommes.

Lorsque M. Pérès a écrit son rapport, la preuve n'était pas encore faite que, dans la guerre actuelle, il est très possible de dissimuler à l'ennemi des mouvements de deux à trois cent mille hommes. Nous sommes aujourd'hui plus au courant des conditions dans lesquelles on avait préparé l'attaque du 16 avril et des grandes précautions qui, au contraire, avaient été prises pour assurer le secret de nos mouvements.

On m'a fait aussi cette objection que, dans cette attaque du Chemin des Dames, un sergent négligent avait placé dans sa sacoche un plan d'attaque. Ce sous-officier avait été fait prisonnier, les Allemands l'avaient fouillé et avaient saisi le plan d'attaque. Par conséquent, ils avaient des renseignements très précis sur ce qui allait se passer.

Cette objection n'est pas fondée. Ce sergent n'avait dans sa sacoche que ce qui concernait le plan d'attaque du fort de Brimont, et pas autre chose. Or, ce n'est pas seulement en ce qui touche le fort de Brimont que les Allemands ont connu notre plan d'attaque.

Le moment n'est pas venu de rechercher quelles ont été les responsabilités, soit civiles, soit militaires, dans cette affaire. Ces responsabilités ont été graves, elles ont eu des conséquences extrêmement pénibles, et il était naturel, sachant ce que je savais de M. Malvy, ayant sur ce point les précisions de la déclaration de Bornat, et, depuis, d'une autre déposition dont je vais parler, que j'en déduise que l'attaque du Chemin des Dames avait échoué grâce aux renseignements qui avaient été fournis aux Allemands par le ministre de l'Intérieur, par toutes les voies qui seront indiquées ultérieurement.

J'ai remis ces documents, je crois, à la Commission d'instruction. Depuis, on m'a fait savoir, et on pourra l'interroger, qu'un caporal, nommé J...., appartenant au 89⁰ d'infanterie au dépôt de Sens, a été fait prisonnier le 16 avril. Je n'ai pas interrogé ce caporal, mais j'ai des renseignements qui me viennent d'un ami sûr, qui le connaît. Ce caporal a été amené devant les officiers allemands, on l'a interrogé sur le nombre des attaques intervenues, et il n'a pas pu répondre. On l'a interrogé ensuite sur quelques autres points, il a donné des renseignements faux. Enfin, sans aucune raison, l'officier allemand qui l'interrogeait lui a dit : « Connaissez-vous M. Malvy, qui est au Gouvernement? » Je vous donne, Messieurs, ce renseignement tel qu'il m'a été rapporté, mais cela coïncide avec le rapport de l'agent secret. Alors, le caporal J... a répondu à l'officier allemand : « Non, je ne le connais pas, je n'en ai entendu parler que par les journaux. » L'officier allemand a alors ajouté : « Malvy est un très brave homme, il nous est très sympathique. » (*Sourires.*)

Je n'ai pas la prétention d'apporter la preuve de cet épisode. C'est un ensemble de faits qui coïncident pour montrer que le ministre de l'Intérieur était en rapports avec ses agents qui travaillaient en Suisse ou en Espagne, et d'autres comme Routier, Rosenberg, Margulies, et qui vous montrent les faveurs accordées à tous ces gens-là.

Tout ceci coïncide avec ce que disent les lettres et documents sur la connaissance de notre offensive. C'est ce qui m'a fait dire que Malvy avait livré notre plan d'attaque du Chemin des Dames. Voilà quelle a été 'origine de mon accusation.

Bien entendu, je ne peux pas apporter un document signé « Malvy », disant : « J'ai reçu du Gouvernement allemand telle somme pour avoir livré le plan d'attaque du Chemin des Dames. » Mais en présence de toutes les présomptions terribles qui figurent dans le rapport et dans le réquisitoire contre Malvy, lorsque l'on suit l'enchaînement des faits, on est porté à aller jusqu'à l'extrémité de cette accusation.

CONCLUSION

J'ai maintenant à résumer ma déposition et vous en tirerez la conclusion.

Il est question, dans le rapport, de la moralité de Malvy. Il me déplairait, en raison même des attaques abominables, infâmes, qu'il n'a cessé de faire porter sur les miens par *le Bonnet Rouge* pendant deux ans, ainsi qu'on peut s'en rendre compte en consultant la collection du *Bonnet Rouge*, d'avoir l'air d'exercer une vengeance.

Je pourrais donner sur ce chapitre des renseignements qui répondent à ce qui est indiqué dans le dernier paragraphe de M. Pérès, notamment en ce qui concerne la femme avec qui vivait Malvy, et qui avait une installation à Arcachon et au Vésinet. Mais je ne le ferai pas. Je n'insisterai pas là-dessus.

Malvy est un joueur, cela a été démontré. Je le considère comme un débauché. j'ai apporté des preuves, je pourrais en apporter d'autres sur ce point, mais je n'insiste pas.

De tout ce que j'ai su, de tout ce que l'on m'a dit, de tous les documents, généraux ou précis, qui me sont parvenus, j'en ai retiré cette conviction profonde que Malvy avait de la manière la plus certaine trahi la France. Je l'en ai accusé publiquement, je ne m'en repens pas, et si c'était à recommencer, je recommencerais.

M. le Président. -- La défense a-t-elle quelque chose à dire sur la déposition du témoin?

M. le bâtonnier Bourdillon. -- Aucune.

M. le Président. — Monsieur le Procureur général, avez-vous une question à poser au témoin?

M. le Procureur général. — Monsieur Daudet, vous avez dit à la Cour dans quelles conditions, suivant vous, MM. Malvy et Almereyda étaient en relations avant la guerre, en 1911. Vous avez même dit que ces relations s'étaient manifestées d'une façon tout à fait étroite à l'occasion d'un cambriolage qui avait eu lieu à l'appartement de M. Malvy pendant qu'il était à Bordeaux.

M. Léon Daudet. — Oui, Monsieur le Procureur général.

M. le Procureur général. — Les dates ne cadrent pas entre vos déclarations relativement au cambriolage et les déclarations de Lacour. Comment avez-vous su de Lacour que Malvy avait eu des rapports avec Almereyda, avant la guerre?

M. Léon Daudet. — Je l'ai su de Lacour; je crois qu'il me l'a dit en 1911, mais j'ai tant de dates dans l'esprit que j'ai pu parfois me tromper. Lucien Lacour était détenu en même temps qu'Almereyda, mais ils étaient avec les criminels bien qu'ils fussent détenus pour raisons politiques. C'est alors qu'Almereyda lui dit : « Mon vieux, ne te fais pas de bile, j'ai un copain, Malvy, qui va devenir sous-secrétaire d'État, nous allons être mis au « politique ». Quelques jours après, en effet, M. Malvy devenait sous-secrétaire d'État et Almereyda a été mis de suite au régime politique. Quelques jours après, sur sa réclamation, Lucien Lacour a été mis au même régime.

M. le Procureur général. — Vous avez déclaré sous la foi du serment que ceci vous a été rapporté par Lacour. Quelle créance pouvez-vous faire à ces déclarations?

M. Léon Daudet. — J'ai toute confiance en lui. Lucien Lacour était avant la guerre ouvrier menuisier. C'était un Camelot du Roi. Il s'est battu vaillamment, il a été blessé et actuellement il est en congé temporaire, je crois. Je ne connais pas exactement sa situation au point de vue militaire.

M. le Procureur général. — Monsieur Malvy, vous contestez avoir connu Almereyda à aucun titre avant la guerre?

M. Malvy. — Je le conteste de la façon la plus formelle.

M. le Procureur général. — En ce qui concerne le cambriolage qui a eu lieu chez M. Malvy, de qui tenez-vous ces renseignements, Monsieur Léon Daudet?

M. Léon Daudet. — Je les tiens de M. Georges Desbons, avocat, qui les a confirmés par lettre.

M. le Procureur général. — Ces renseignements sont au dossier. Ils ont été donnés par M. Desbons dans l'instruction devant le capitaine Bouchardon. Le dossier est versé à la procédure.

Monsieur Malvy, contestez-vous qu'Almereyda ait été mêlé aux recherches relatives au cambriolage de votre appartement?

M. Malvy. — Il a été complètement étranger à ces recherches. En ce qui concerne les fameuses *Roses d'Agadir* dont a parlé M. Léon Daudet, je fournirai des explications sur ce point lorsque vous le voudrez.

M. le Procureur Général. — J'ai fait citer M. Georges Desbons qui s'expliquera sur ce point.

Monsieur Léon Daudet, vous avez dit que le dossier d'Almereyda au ministère de l'Intérieur ou à la Préfecture de police contenait un certain nombre de pièces faisant la preuve des accusations diverses que vous portez contre M. Malvy, notamment en ce qui touche le nommé Guilbeaux?

M. Léon Daudet. — Oui.

M. le Procureur général. — Je ne veux pas insister sur les conditions dans lesquelles ces pièces vous sont parvenues... (*Mouvement.*) Ce que tout le monde désire avant tout, c'est la découverte de la vérité. J'aurais beaucoup de réserves à faire sur un certain nombre de pièces qui sont arrivées au dossier, mais je reconnais que de chaque côté, du côté de la défense aussi, il y a eu à cet égard des productions qui seraient critiquables. Ce que nous voulons surtout, c'est connaître la vérité. Je vous demanderai, sous la foi de votre serment prêté, de dire la vérité : Comment pouvez-vous déclarer que ces pièces étaient au dossier? Les avez-vous vues? Qu'est-ce qui vous permet de l'affirmer?

M. Léon Daudet. — Monsieur le Procureur général, j'ai reçu un certain nombre de pièces émanant de la Préfecture de police et de la Sûreté générale (c'est, je crois, ce que l'on appelle des « fuites ») au cours des années 1915, 1916 et 1917. Par ces pièces, dont beaucoup signalaient des suspects, j'ai pu constater que, si une partie du haut personnel de la Préfecture de police et de la Sûreté ne faisait pas tout son devoir, une autre partie de ce même personnel le faisait d'une façon complète et me procurait des renseignements dans les conditions où il pouvait me les procurer. J'ai remis un certain nombre de ces pièces ou de ces renseignements sur les agents de l'étranger à M. le Président de la Commission d'instruction. Certaines de ces pièces qui m'étaient communiquées ne m'étaient pas laissées ; j'en ai fait faire des extraits. J'ai remis un certain nombre des dossiers d'Almereyda, qu'on laissait à ma disposition. Dans plusieurs de ces dossiers il y avait des renseignements par exemple sur la tenancière de la maison de la rue de Hambourg, sur la femme Franken dite Egly ; dans d'autres pièces il y avait des renseignements sur l'affaire Routier, sur les faux passeports de Guilbeaux.

Ce qu'il y a d'intéressant dans ces dossiers, veuillez bien le remarquer, c'est que la responsabilité de M. Malvy est nettement indiquée et engagée sans que son nom soit prononcé. En ce qui touche cette dernière partie du dossier concernant Almereyda, le dossier des fameux faux passeports Guilbeaux ou plutôt des passeports de James Burkley et André Lefaivre, passeports délivrés par le ministère de l'Intérieur pour aller en Suisse, j'ai été plus loin et j'ai cherché à savoir qui les lui avait remis. J'ai été en relations avec un ancien directeur du Contrôle postal télégraphique dont vous pourrez entendre la déposition, le commandant L... J'ai obtenu de lui beaucoup de détails. Ce commandant avait été chargé d'enquêtes à Royan et dans la région de Bordeaux, faites sous les ordres mêmes de la Sûreté générale. Le commandant L.... avait fait faire des filatures et ces recherches avaient abouti à la dactylographe de M. Malvy. Cette dactylographe s'en était plainte à M. Malvy ; celui-ci avait convoqué pour le lendemain l'homme qui avait fait la filature, mais le jour venu, il ne le reçut pas. Le commandant a dû déposer devant la Commission d'instruction à propos de cette surveillance.

Au ministère de l'Intérieur, il y avait des dactylographes dont les agissements étaient très singuliers : l'une d'elles notamment faisait des voyages en Suisse. Au cours de l'un de ces voyages, elle a été arrêtée à la frontière et fouillée, un rapport a été fait. Je ne veux pas dire le nom de cette jeune fille parce qu'elle a pu être impliquée par Malvy dans cette affaire sans savoir ce qu'on lui faisait faire. Le rapport a été défavorable. Je ne me rappelle pas avoir déposé sur ce point devant la Commission d'instruction.

Le commandant L...., en sa qualité d'officier chargé du service du contrôle télégraphique, se souvenait parfaitement avoir vu les noms de James Burkley et d'André Lefaivre au bas des télégrammes adressés de Suisse en France dans les années 1916 et 1917. C'étaient les deux pseudonymes de Guilbeaux.

M. le Procureur général. — Sous la foi du serment, vous pouvez dire d'une façon très nette que vous n'avez pas porté ces diverses accusations sans les avoir appuyées sur des pièces qui vous étaient arrivées par la voie que vous indiquez et qui étaient extraites d'un des dossiers d'Almereyda?

M. Léon Daudet. — C'est bien cela.

M. le Procureur général. — Il résulte de l'ensemble de certaines dépositions que ces dossiers auraient été réduits à des proportions extrêmement minimes...

M. Léon Daudet. — Je le crois.

M. le Procureur général. — Pouvez-vous dire, toujours sous la foi du serment, que le dossier Almereyda n'était plus tel, lorsque vous l'avez revu, qu'il était auparavant lorsqu'il contenait les pièces qui ont servi de base à vos accusations ?

M. Léon Daudet. — Je l'atteste sous la foi du serment. Lorsque j'ai eu porté mes accusations contre M. Malvy, les dossiers ont été immédiatement truqués, par les soins de Maunoury notamment.

M. le Procureur général. — Où étaient ces dossiers ?

M. Léon Daudet. — On m'a dit que ces dossiers étaient dans un coffre-fort de la Préfecture de police.

M. le Procureur général. — Qui vous a dit cela ?

M. Léon Daudet. — Je ne peux pas l'indiquer.

M. le Procureur général. — Nous verrons si les explications de M. Léon Daudet sont confirmées par les témoignages que nous entendrons, voilà tout.

Vous avez dit, à un moment donné, que des numéros du *Bonnet Rouge* non échoppés avaient été distribués aux armées ainsi que des tracts défendus. Qu'est-ce qui vous permet de donner cette affirmation et d'où tenez-vous ce renseignement ?

M. Léon Daudet. — Je tiens ces renseignements des milieux journalistiques et d'imprimeries, mais je le tiens aussi de la déposition dont je vous ai parlé du soldat qui a comparu devant le colonel du Jonchay.

M. le Président. — La parole est à M. le Procureur général pour ses réquisitions sur le huis clos.

M. Jenouvrier. — J'aurais une question à poser à M. Malvy. Le témoin Daudet a déclaré qu'un sieur Routier avait rédigé en Espagne un journal nettement francophobe et que ce journal entrait très librement en France. Est-ce vrai ?

M. Malvy. — En ce qui concerne Gaston Routier, je vous apporterai le dossier qui se trouve au ministère de l'Intérieur. Vous comprenez que je ne puis pas, à l'heure actuelle, vous donner de renseignements précis sur Gaston Routier, mais je m'engage bien volontiers à vous apporter le dossier. Ce que je puis vous dire dès maintenant, c'est que je n'ai jamais vu ni connu Gaston Routier.

M. Jenouvrier. — Ma question ne visait pas la personne de Gaston Routier, mais l'entrée libre en France du journal rédigé par lui en Espagne.

M. Malvy. — Je crois déjà pouvoir affirmer que non seulement le service de surveillance des étrangers à la frontière n'a jamais laissé passer Gaston Routier, mais encore a interdit l'entrée en France de son journal. Je vous apporterai des précisions sur ce point.

M. Jenouvrier. — Seconde question. M. Léon Daudet a affirmé que des suspects notoires recevaient dans les années 1915, 1916, 1917, librement, des passeports pour se rendre en Suisse; notamment, la Compagnie des Wagons-Lits indiquerait la présence de certains individus suspects munis de passeports. Avez-vous connaissance personnellement de la délivrance de ces passeports?

M. Malvy. — Non, Monsieur le Sénateur, les passeports sont délivrés uniquement par la Préfecture. J'affirme sous la foi du serment que je ne suis jamais intervenu auprès de la Préfecture de police pour la délivrance des passeports.

M. Jenouvrier. — Troisième question. M. Daudet a déclaré sous la foi du serment qu'un nommé Chanron vous aurait adressé une lettre qui vous aurait été transmise par le consul de Rotterdam dans laquelle il vous signalait les agissements d'un sieur Bolo. Avez-vous reçu la lettre?

M. Malvy. — Je n'ai jamais reçu la lettre de ce M. Chanron. J'ai appris par les journaux qu'il avait été arrêté à Dieppe. C'est la Sûreté militaire qui a procédé à son arrestation.

M. Jenouvrier. — Dernière question. M. Daudet a déclaré que le préfet de la Haute-Vienne ayant arrêté un certain nombre d'Allemands avait reçu de vous l'ordre écrit de les relâcher. Est-ce exact?

M. Malvy. — J'ai lu dans la déposition du préfet de la Haute-Vienne qu'il avait déclaré que, quelques jours avant la guerre, il aurait, par téléphone, appelé l'attention d'un agent du ministère de l'Intérieur sur la présence d'individus allemands et que cet agent du ministère de l'Intérieur lui aurait dit qu'il allait se renseigner. Quelque temps après, il lui avait dit : « Vous pouvez les laisser partir. » Je n'ai jamais eu connaissance de ces faits. Je ne peux pas dire dans quelles conditions la réponse a été faite à M. Truc. Le préfet de la Haute-Vienne déposera sur ce point.

M. Gavini. — Tout à l'heure, M. Léon Daudet a dit à la Cour qu'il tenait de quelqu'un, que des pièces auraient été distraites du dossier Almereyda. Je voudrais demander au témoin quel est ce quelqu'un de qui il tient le renseignement qu'il vient de nous donner sous la foi du serment.

M. Léon Daudet. — Monsieur le Sénateur, je ne puis répondre à cette question. Je ne veux pas brûler les agents qui m'ont documenté.

Plusieurs Sénateurs. — Vous devez dire la vérité.

M. Léon Daudet. — La vérité ne m'oblige pas à brûler des agents qui ont eu confiance en moi.

Plusieurs Sénateurs. — Vous avez raison.

M. Léon Daudet. — J'ai peut-être sauvé mon pays à l'aide des renseignements qui m'ont été donnés. Je ne veux pas que ces gens-là soient inquiétés.

Un Sénateur. — Nous n'avons qu'une chose à faire ici, c'est de constater la réponse du témoin.

M. le Président. — M. le Procureur général, voulez-vous formuler vos réquisitions à fin de huis clos?

M. le Procureur général. — Le témoin ayant déclaré qu'il avait des indications à donner, intéressant la défense nationale, je crois qu'il est intéressant que la Cour ordonne le huis clos. Je demande donc à la Cour de Justice, qui appréciera la valeur de ma demande, de vouloir bien prononcer le huis clos par un arrêt pour la fin de la déposition de M. Léon Daudet.

M. le Président. — Monsieur le Bâtonnier, avez-vous quelques observations à présenter?

M. le bâtonnier Bourdillon. — J'ai déjà eu l'honneur de vous dire que je n'en avais aucune.

M. le Président — Et l'accusé?

M. Malvy. — Aucune.

M. le Président. — Personne ne s'oppose au huis clos?

M. Cornet. — Oui, il y a une protestation, la mienne.

M. le Président. — Dès l'instant qu'il y a une protestation en ce qui touche le huis clos, je suis obligé pour me conformer aux usages, de me rendre à cette observation. Par conséquent, nous allons entrer en Chambre du Conseil.

(Ordre est donné d'évacuer les tribunes.)

A la reprise de l'audience, M. le président rend l'arrêt suivant :

« La Cour, statuant sur les réquisitions de M. le Pro-
« cureur général, ouï, l'accusé et ses conseils, dans leurs
« observations,

« Attendu que pour une partie de la déposition du
« témoin Daudet, la publicité peut être dangereuse pour
« l'ordre public et la défense nationale,

« Vu l'article 80 de la Constitution du 20 no-
« vembre 1848, ordonne que la fin de la déposition du
« témoin Daudet aura lieu à huis clos s'il n'y a pas
« d'observation. »

Nous allons entrer en séance de huis clos. Faites évacuer de nouveau les tribunes.

(La Haute Cour se réunit à huis clos.)

CHAPITRE X

LES DÉBATS

Mes lecteurs trouveront ici une analyse aussi exacte que possible, mais forcément très incomplète, de quelques points des débats du procès Malvy.

Je me suis efforcé, dans les pages qui vont suivre, de mettre en relief certains faits saillants. mais j'ai laissé dans l'ombre ceux de moindre importance. Je renvoie donc les lecteurs qu'une documentation complète intéresserait à la lecture du compte rendu sténographique du Procès Malvy publié par la *Revue des Causes célèbres* [1].

LE RAPPORT PÉRÈS

Le mardi 16 juillet 1918 commencèrent, devant le Sénat réuni en Haute-Cour de Justice, les débats du procès Malvy.

M. Eugène Pérès, ancien bâtonnier du barreau de Toulouse, est sénateur de la Haute-Garonne. Son rapport n'est pas une œuvre exempte de toute critique, mais on ne peut lui dénier de grandes qualités de clarté, de logique et de fermeté.

---

1. 14, rue Laferrière, à Paris.

J'en parle avec d'autant plus d'impartialité que, comme on le verra, M. Pérès n'a nullement cherché à mériter mes suffrages. Dès le début de son rapport, en effet, il fait de consciencieux efforts pour essayer de prouver que ma lettre au Président de la République ne contenait que trois accusations contre M. Malvy et que ces trois accusations n'étaient pas fondées. Mais, si l'honorable rapporteur semble n'avoir voulu retenir que les chefs d'accusation énumérés dans ma lettre à titre d'exemple, il n'en a pas moins été amené à examiner, et avec quelle sollicitude, se conformant cette fois, qu'il le veuille ou non, aux termes mêmes de ma lettre ci-dessus visée, la gestion de M. Malvy pendant ses trois années de ministère de 1914 à 1917.

Cet examen détaillé l'amena à faire des recherches, des confrontations, des enquêtes, qui firent découvrir des complots, des complicités plus graves que ne le faisait même supposer ma lettre au Président de la République.

Le but vers lequel je tendais était donc ainsi atteint. La trahison enfin dévoilée, le pays sauvé. Que pouvais-je demander de plus !

Aussi on se doute de l'accueil que le rapport Pérès recueillit dans la presse malvyste. M. Pérès y est qualifié de « sectaire réactionnaire ».

Le Journal du Peuple écume.

Aussi loin qu'on remonte dans les annales de la Justice je ne crois pas — écrit l'ancien censeur Armand Charpentier — qu'on puisse trouver un document où l'inconscience, le parti pris, la haine et la sottise soient accumulés avec plus d'abondance que dans le rapport de M. Pérès.

On verra, par la suite, que le réquisitoire de

M. Mérillon n'a pas beaucoup plus de succès auprès de nos malvystes. D'ailleurs l'article reproduit est intitulé : « Le Roy a trois procureurs », votre serviteur, MM. Pérès et Mérillon et, en ma compagnie, ces magistrats sont eux aussi flétris à jamais !

M. Pérès, après avoir rappelé l'arrêt de la Haute-Cour de Justice du 28 janvier, ordonnant un supplément d'information sur les poursuites dirigées contre M. Malvy, résume la double accusation sous laquelle la Chambre a renvoyé Malvy devant le Sénat.

Malvy a-t il profité de son admission au Comité de guerre pour prévenir l'ennemi de l'offensive d'avril 1917? M. Pérès estime que les déclarations du témoin entendu rogatoirement devant la commission ne permettent pas d'arriver à cette conclusion.

L'ennemi n'est-il pas d'ailleurs renseigné par d'autres moyens?

« Les mouvements de troupes et de matériel, les conversations téléphoniques surprises ne permettaient pas de dissimuler, dit le rapport Pérès, notre offensive. Il n'y avait pas de surprise possible. Nous connaissions les projets de l'ennemi comme il connaissait les nôtres. »

« Qu'importe, après cela, dit le rapporteur, l'accession du ministre de l'Intérieur au Comité de Guerre? »

Cette impossibilité d'agir par surprise a été contredite à maintes reprises par les faits depuis l'affaire du Chemin des Dames, notamment lors de l'avance allemande sur Château-Thierry en juin dernier.

« A propos des indiscrétions commises à l'occasion de la Dobroudja j'aurais, dit le rapporteur, été amené à lier ensemble deux affaires, celle du

Chemin des Dames et celle des Papiers d'Orient; le 6 octobre 1917 en effet, je déposais devant le capitaine Bouchardon qu'un document secret, concernant les armées d'Orient, aurait été passé par Malvy à Leymarie et de là à Paix-Séailles, lequel le remit à Almereyda. Ce document mentionnait les raisons pour lesquelles une offensive des armées de Salonique était interdite aux Alliés pour le moment. Almereyda, disais-je, fit diligence et communiqua aussitôt par sa voie ordinaire, c'est-à-dire par Duval, le document à la police allemande de Mannheim, celle-ci le transmit à Berlin et le gouvernement impérial prévint aussitôt les Bulgares, qui attaquèrent les Roumains avec le succès que l'on sait. »

M. Pérès déclare que le point de départ des conclusions accusatrices n'a point une valeur indiscutable et que le général Sarrail aurait témoigné que les renseignements étaient connus de tous et se trouvaient dépourvus de portée pour l'ennemi, les plans ayant été changés.

Au surplus, conclut le rapporteur, la poursuite judiciaire, parallèlement menée, n'a jamais impliqué Malvy.

Mutineries militaires. — La question des mutineries militaires est une question d'une exceptionnelle gravité. Mais je suis obligé de rappeler encore ici les termes de ma lettre au Président de la République. Les termes de M. Pérès, ci-dessous rapportés, semblent vouloir faire supposer que j'ai spécialement fait allusion, dans cette lettre, à l'affaire de Cœuvres. Il n'en est rien.

Sachez aussi que des documents d'une authenticité indiscutable montrent la main de Malvy et de la Sûreté générale dans les mutineries militaires et dans les tragiques événements du mois de juin 1917.

Ce n'est donc pas uniquement à l'affaire de Cœuvres que je faisais allusion, mais à toutes les mutineries militaires en général, et elles furent malheureusement fort nombreuses à un moment donné.

« Dans ce qu'il appelle l'affaire de Cœuvres, dit le rapporteur, M. Daudet s'appuyait sur une note du 10 septembre 1917, fournie par M. le Sénateur Bérenger à la commission du contrôle des étrangers.

« Aux termes de cette note, à Cœuvres, le 3 juin 1917, des individus, vêtus d'un uniforme militaire démarqué, auraient été surpris parmi les hommes, les excitant après les avoir fait boire. Le lieutenant Godon, accompagné du sous-lieutenant Mariller, ayant interpellé l'un d'eux pour lui reprocher son abominable métier, celui-ci lui aurait fermé la bouche en exhibant une carte d'agent de la Sûreté. C'est sur cet incident particulier que s'établirait la conclusion généralisée que le mouvement de révolte aurait été l'œuvre du ministère de l'Intérieur. »

Dans quelle mesure, si cet acte était établi, serait-il permis, se demande M. Pérès, d'en faire remonter la responsabilité jusqu'à M. Malvy ?

Le rapporteur examine l'intervention, dans cette affaire, d'un soldat nommé Damiron, chef du contentieux à la Compagnie Gresham, chargé de la défense de certains mutins devant le Conseil de guerre. Au cours de ses démarches pour obtenir une commutation de peine en faveur d'un malheureux égaré par des excitations, il fit à M. Chesnau, secrétaire de M. le sénateur Bérenger, le récit d'une conversation avec le sous-lieutenant Mariller. Celui-ci lui aurait révélé que, pendant les émeutes, le lieutenant Godon se serait trouvé en présence d'un homme, vêtu d'un uniforme sans écusson ni numéro, se prétendant représentant de la Sûreté. Les déclarations ultérieures des témoins Mariller et Godon ont eu du mal à détromper Damiron. Elles ont néanmoins semblé péremptoires à la Commission.

Par malheur, continue M. Pérès, cet incident n'est pas unique. Il n'est qu'un des trop nombreux épisodes d'un vaste complot militaire sur lequel ne peut pas ne pas se projeter l'intégrale lumière de la justice.

Il est indispensable, à mon avis, pour connaître la gravité des événements auxquels le Rapporteur fait allusion de reproduire ici quelques passages du rapport, rédigé le 5 juin 1917, par le lieutenant-colonel Dussauge.

Le 2 juin, à midi, le   . R. I. recevait l'ordre préparatoire de quitter le cantonnement de Cœuvres dans la nuit suivante pour se rendre à Bucy-le-Long. Je fis transmettre aussitôt l'ordre aux bataillons et rien alors ne pouvait laisser prévoir qu'il serait difficilement exécuté. A vrai dire, le spectacle scandaleux offert par d'autres unités les jours précédents avait causé un malaise visible dans la troupe. Le 30 mai, le   R. I. avait traversé nos cantonnements en camions automobiles, les hommes brandissant des fanions rouges, hurlant l'Internationale (des officiers ont été remarqués chantant avec la troupe) et jetant à nos soldats des appels à la « grève » et à la rébellion. Pareille attitude avait été relevée le lendemain parmi les hommes du   régiment de   , transportés également en camions. Le contact du   R. I. dans un cantonnement voisin, le passage des relèves des   et   régiments avaient laissé des impressions nettement démoralisantes. Enfin les hommes du   régiment n'ignoraient pas que des incidents avaient éclaté

aux   , etc., et ces incidents avaient été naturellement
très exagérés.

. . . .

Le détachement fort de   hommes, tous armés,
refusa de m'écouter ; les soldats, sans m'insulter, sans me
bousculer, s'écartaient à droite et à gauche, et conti-
nuaient la marche. — Beaucoup me saluèrent. — De là,
ils se répandirent dans Cœuvres pour entraîner le   ba-
taillon, en tirant en l'air des coups de fusil, en usant de
la force pour se faire suivre de leurs camarades. La
     compagnie, en grande partie, obéit aux mutins. Au
total, meneurs et terrorisés,   hommes prirent la route
de Villers-Cotterets, en déclarant qu'ils marchaient sur
Paris après s'être joints aux   hommes qui les attendaient dans la forêt de Compiègne. Mais plus de   re-
vinrent à la faveur de la nuit, et le reste ne dépassa pas
les bois immédiatement au sud de Cœuvres.

. . . .

Actuellement, il reste   manquants. (Le 5 juin au
matin.)

L'incident de *Cœuvres* ainsi relaté venait donc au lendemain de la mutinerie du   d'infanterie qui n'était
pas sans influence sur lui, on vient de le voir. Celle-ci,
elle-même, jointe à une manifestation semblable du
     régiment, était signalée par le général Pétain, à la
fin d'un rapport au ministre de la Guerre du 29 mai
1917, rendant compte que ces deux formations avaient
décidé de marcher le lendemain sur Paris, et faisant
l'exposé *des actes d'indiscipline collectifs qui se multipliaient,
de façon inquiétante, depuis quelques jours.*

Depuis quelques jours, les actes d'indiscipline collectifs et les manifestations se multiplient de façon inquiétante. Ils sont certainement organisés, et laissent pres-
sentir des mouvements plus sérieux.

Ces douloureuses révélations soulèvent dans l'assistance une émotion considérable. Cris, protesta-

tions, puis le calme renaît, et M. Pérès continue sa lecture.

Dans l'ordre chronologique, les troubles se placent simultanément du mois de mai à la mi-juin 1917. C'était une véritable offensive contre le moral de presque tout le front et de trop nombreux enfants de France, de bons soldats, même des héros, ont dû porter le poids immédiat des responsabilités plus ou moins conscientes. Mais les vraies responsabilités étaient ailleurs et la Commission, pour les déterminer, s'est crue obligée de remonter aux mutineries. Ses recherches, comme on va le voir, n'ont pas été vaines.

Ces causes ont été envisagées dans des documents dont on ne saurait contester l'importance. Ils émanent du général Pétain et du lieutenant-colonel Dussauge. Dès le 29 mai 1917, le rapport du général Pétain les voyait telles qu'elles ont été ensuite dénoncées par le lieutenant-colonel Dussauge.

Sans doute il est possible que les mutineries militaires aient pris dans une certaine mesure, mais très faible, quelques prétextes d'ordre militaire : désillusion de l'offensive de Champagne en avril, retards dans les permissions. Mais ces motifs ne sont qu'occasionnels et ils n'auraient jamais à eux seuls produit l'explosion constatée. *Cette atmosphère a été exploitée par les meneurs, qui ont eu le talent de masquer ainsi ce qu'avait d'abominable leur entreprise antipatriotique.*

Ce mouvement a une paternité supérieure, capable d'un effort prolongé, continu, d'une action habile, tenace. Et cette paternité a sa reconnaissance dans des signes de ressemblance irrécusables. Dans les réponses des mutins on retrouve tout le symbole des apôtres minoritaires ou anarchistes, tous les couplets de leurs réunions, tous les thèmes de leurs journaux ou de leurs tracts : « La victoire est impossible, le Gouvernement nous bourre le crâne, la poursuite de la guerre c'est la famine, les étrangers prennent la place des combattants... », etc. (On retrouve là les thèmes favoris du *Bonnet Rouge*, de *la Tranchée Républicaine*, du *Pays*.) S'il faut une preuve nouvelle des sources d'imputation, on la trouve dans le personnel qui a conduit l'attaque.

Plusieurs malheureux, qui avaient pris l'initiative de la rébellion, ont fait des aveux impressionnants, au moment d'être conduits au poteau d'exécution. L'un, appartenant à la X° armée, a reconnu avoir cédé à l'entraînement d'une organisation centrale de l'intérieur, qui possède des correspondants chargés de répandre ses instructions et ses mots d'ordre dans les régiments. Un autre a déclaré textuellement :

Le mouvement a été organisé par quelques-uns, avec lesquels nous étions en correspondance assidue. Le mot d'ordre a été donné pour une date déterminée, dans certains régiments... ainsi en même temps que le 18° R. I., trois autres régiments devaient refuser de marcher... nous avons été des poires... ce n'était pas prêt. Ces chefs de file ont donc eux-mêmes obéi à des directions émanant d'individualités dont l'action était concertée et que l'on devait rechercher parmi les propagandistes de l'intérieur, bien connus d'ailleurs et signalés quotidiennement dans la presse ; et le ministre de l'Intérieur (Malvy) avait incontestablement le devoir de prendre à leur égard toutes les mesures édictées par la loi.

Les a-t-il prises ?

Le rapporteur est forcé de reconnaître que non

et que non seulement il ne les a pas prises, mais
que ses services, à qui ce soin incombait, la Sûreté
générale, la Préfecture de police, non seulement ne
faisaient rien, mais mettaient même une mauvaise
volonté évidente à rechercher les criminels qui lui
étaient signalés.

L'autorité militaire voulait-elle agir ? Malvy s'opposait personnellement, rarement de façon ouverte,
mais par des moyens détournés, aux mesures que
le G. Q. G. jugeait indispensable de prendre contre
la racaille défaitiste, dont on lui signalait les agissements.

Cette ingérence de l'autorité militaire ne fut pas
longtemps du goût de Malvy, et il s'employa avec
succès à l'annihiler.

Les relations du Gouvernement militaire de Paris
et de la Préfecture de police furent d'abord cor-
diales, ce fut alors, selon l'expression du général
Clergerie « la lune de miel ».

Elles devinrent au contraire très tendues à partir
de l'affaire Desclaux. C'était, en effet, le deuxième
bureau du gouvernement militaire qui avait fait arrêter Desclaux, ami personnel de Joseph Caillaux ;
la préfecture de police ne le pardonna pas au Gouvernement militaire et Maunoury, directeur du cabinet
de la Préfecture de police, ami de Leymarie, fit dès
lors une opposition « enflammée » à l'œuvre du
deuxième bureau. C'est le général Clergerie qui la
qualifia ainsi.

L'affaire Garfunkel mit également aux prises, dit
M. Pérès, le deuxième bureau du Gouvernement militaire et la Préfecture de police. Mis au courant
des poursuites qui allaient être dirigées contre lui,
l'inculpé, dit le général Clergerie, en profita pour

prendre la fuite et passer en Suisse, où ce n'était plus l'autorité militaire mais la Sûreté générale qui devait s'occuper de lui. Or la Sûreté générale était sous l'autorité du ministre de l'Intérieur. Le Gouvernement militaire s'adressa donc à la Sûreté générale, pour lui demander de faire procéder à l'arrestation de Garfunkel. Celle-ci manifesta une mauvaise volonté évidente, envoyant à l'inculpé, pour l'arrêter, deux de ses amis. Il fallut que le général Clergerie déléguât le commandant Baudier, chef de son deuxième bureau, afin de signifier à M. Richard, directeur de la Sûreté, qu'à défaut d'arrestation immédiate, il opérerait lui-même, pour amener, trois jours après, cette arrestation, à la profonde stupeur de Garfunkel, qui n'en croyait pas ses yeux. Il a été, après extradition, condamné, on le sait, à cinq ans de prison.

Mais, continue le rapporteur, ce succès du Gouvernement militaire devait se racheter.

Est-ce pour arriver à ce résultat qu'on a suscité l'affaire Kovacs?

Je passe sur cette affaire scandaleuse à laquelle j'ai fait, comme pour la précédente, maintes fois allusion dans *l'Action Française* et qu'a analysée Clemenceau le 22 juillet 1917, dans son discours historique au Sénat.

Nous sommes dès maintenant en plein antagonisme de Malvy et du deuxième bureau. Malvy reprocha, en mars 1916, devant la Commission du budget de la Chambre, au deuxième bureau de faire de la politique, mais il dut se rétracter quelques jours après. Effectivement on ne trouva, dans l'exercice du deuxième bureau, aucune immixtion d'ordre politique. Une seule de ses surveillances a été de nature à atteindre gravement un homme public — et Caillaux — et encore n'en a-t-il pas eu l'initiative, c'est dans *l'affaire Lipscher* [1].

On trouvera dans les *Procès de trahison* tous les détails concernant cette significative affaire.

Rapports de la Sûreté générale et de l'autorité militaire. — A partir du 31 janvier 1916, date de la suppression du deuxième bureau, l'armée se trouva privée de toute relation directe avec la Préfecture de police. Il semblait donc indiqué que celle-ci et la Sûreté générale dussent accomplir avec d'autant plus de zèle le rôle de surveillance sur les suspects et les défaitistes. On va voir qu'il n'en sera rien, bien au contraire.

Au mois de décembre 1916, le général en chef signalait au ministère de la Guerre la propagande antimilitariste de l'intérieur et demandait que la Sûreté générale lui communiquât ses renseignements à ce sujet. Le Gouvernement militaire décida alors de désigner un officier chargé d'établir la liaison entre l'autorité militaire et la Sûreté générale. M. le lieutenant Bruyant fut chargé de remplir cette mission.

(On se souvient que M. le lieutenant Bruyant fut, à la suite de sa déposition accablante dans l'affaire du *Bonnet Rouge*, injurié par toute la presse malvyste, caillautiste et défaitiste.)

Voilà donc le lieutenant Bruyant, dit le rapporteur, chargé d'établir les relations entre la Sûreté générale et les armées. Le *Livre Rouge* des suspects lui fut à ce titre communiqué. En dehors de ce document, il n'en reçut que d'anodins, tendant à

---

1. Voir le développement de ces affaires dans la *Revue des Procès de trahison*.

faire croire qu'il n'y avait pas de sérieuse propagande défaitiste. Il arriva cependant à tirer de M. Hudelo, alors directeur de la Sûreté générale, un certain nombre de renseignements et de rapports.

Alors, le lieutenant Bruyant obtint du général Nivelle, commandant en chef, qu'il écrivît, en février 1917, une lettre au ministre de l'Intérieur, dénonçant la propagande pacifiste de l'intérieur et demandant que des mesures énergiques fussent prises pour y mettre fin.

« Le général Nivelle dénonçait particulièrement l'action de Merrheim, de Sébastien Faure et d'Hubert..

« Cette lettre du commandant en chef fit l'effet au ministère de l'Intérieur d'un pavé dans la mare aux grenouilles. Les services responsables du ministère s'émurent ; le ministre, M. Maly, déclara que la lettre était un coup de poignard dans le dos. Il sollicita pour ainsi dire du commandant en chef qu'il fît amende honorable. »

Où l'attitude de l'Intérieur parut encore plus suspecte, ce fut aux mois de mars et d'avril, à la veille des graves mutineries qui devaient se produire en mai et juin. A ce moment critique, l'Intérieur, dit le lieutenant Bruyant, « se montra de glace ».

« On ne fait rien, dit le témoin, il y a comme une sorte de trêve. »

Cependant, du 11 au 22 avril, se succèdent des correspondances dénonçant quantité d'actes ou de gens coupables de propagande pacifiste ; du 11 mai au 4 juin, des notes sur les menées anarchistes révolutionnaires.

Le 2 juin, le général Pétain signale au ministre

de l'Intérieur les mesures à prendre pour poursuivre les organisations de propagande. Le 4 juin, il rappelle qu'on a « signalé à l'Intérieur, le 14 avril, la propagande qui a fait son œuvre » et il souligne que sa continuation prouve l'inefficacité des mesures prises.

C'est alors que Leymarie, devenu sur ces entrefaites — ô honte ! — directeur de la Sûreté générale, supprime les relations mensuelles entre le G. Q. G. et celle-ci, et déclare que « c'est le front qui a troublé l'arrière. »

Conclusion : Le ministre a été prévenu et l'autorité militaire s'est plainte de « l'inefficacité des mesures prises par lui ». Les mutineries ont éclaté et la patrie a été en danger.

Le Carnet B. — M. Pérès explique alors que la Commission d'instruction a cru devoir rechercher, par une enquête sur les faits et les actes, quelle avait été l'attitude générale du ministre de l'Intérieur, et la façon dont il s'était comporté dans l'ensemble des services de sa charge, pour la sauvegarde de l'intérêt national. Et c'est dans ces conditions que le rapport aborde la question du Carnet B, qui, dressé avant les hostilités, comprenait 2,501 noms de suspects français et étrangers, à arrêter au moment de la mobilisation. Or, dès le 2 août, le ministre de l'Intérieur donna des instructions pour qu'on n'arrêtât pas les individus de nationalité française portés au Carnet B pour raisons politiques.

Malvy ne manquera pas de dire qu'il a eu raison de faire confiance à ce moment-là à la classe ouvrière. Les événements postérieurs démontrent-ils que la politique suivie par lui à ce moment-là ne fut pas téméraire ?

Tout d'abord il ne faut pas confondre, comme le fait injurieusement Malvy, la classe ouvrière avec les individus portés sur le Carnet B.

La classe ouvrière, digne de ce nom, est composée de braves gens, de bons Français et n'a rien à voir avec les inscrits du Carnet B.

Le carnet B renfermait en effet 2 501 noms de suspects français et étrangers. Ces suspects étaient classés en deux catégories :

1° Les gens dangereux pour l'ordre social.

2° Des espions ou suspects d'espionnage.

Malvy et Almereyda. — Pendant plusieurs mois, dans *l'Action Française* et dans *La Guerre totale,* j'ai dénoncé le rôle criminel de cet ancien directeur du *Bonnet Rouge.* On apprendra sans surprise qu'il était un des inscrits du Carnet B.

Almereyda a-t-il joué auprès de M. Malvy, se demande M. Pérès, comme on l'allègue, le rôle de conseiller intime?

Almereyda, dit le rapporteur, venait tous les jours au ministère de l'Intérieur, souvent avec Landau, Goldsky et autres, et cela jusqu'à la veille de son inculpation. Les divers fonctionnaires du ministère de l'Intérieur entendus sur ce point sont unanimes.

M. Richard, comme M. Hudelo, se montrèrent surpris de ces fréquentations intimes du ministre avec un homme taré. M. Malvy, confirmé par M. Leymarie, prétend ne se souvenir que de cinq ou six visites d'Almereyda jusqu'en juillet 1916. A cette époque, éclairé sur son compte, M. Malvy aurait rompu avec lui.

Or, il est prouvé que M. Malvy recevait encore Almereyda en septembre 1916 et même en mars 1917.

A cette époque même, il amenait le sieur Cahen — le Cahen de Caïffa — à verser une subvention au *Bonnet Rouge.*

Après avoir exposé les conditions dans lesquelles, sur les démarches réitérées de Leymarie, Goldsky obtint des sursis d'appel, M. Pérès parle des relations d'Almereyda avec les escrocs Rabbat et Zucco.

Quel pouvait être le fondement de l'influence d'Almereyda? L'hypothèse que fait le rapporteur est qu'en réalité, si Almereyda jouissait d'une telle faveur auprès de M. Malvy, c'est peut-être qu'il était cautionné par une haute personnalité politique, Joseph Caillaux.

En effet celui-ci n'avait-il pas versé à Almereyda des subventions?

De l'action occulte d'Almereyda, M. Pérès multiplie les formidables et scandaleux exemples.

Tel est le régime de confiance et de liberté fait aux suspects. Nous allons voir ses résultats.

Propagande pacifiste. — Toute l'année 1914, dit M. Pérès, s'est écoulée sans agitation suscitant l'inquiétude. L'ennemi se croyait certain d'obtenir par les armes une victoire rapide. Mais, à partir de 1915, les déceptions de son offensive l'acculèrent aux pires moyens. N'ayant pu nous vaincre sur le terrain militaire, il va tenter de nous affaiblir en entretenant à l'arrière une propagande défaitiste, dont il escomptait les effets démoralisants sur le front. Cette propagande « n'a pas cessé d'être signalée au jour le jour par les préfets des départements, par les commissaires en province, par le Préfet de Police et par le Service du Contrôle de la Sûreté dans des notes et dans des rapports communiqués au directeur de la Sûreté générale *qui les a communiqués toujours au Ministre* ».

C'est ainsi que s'exprime un fonctionnaire des plus distingués, M. Moreau, Contrôleur général en retraite des services de police administrative au ministère de l'Intérieur.

La situation en 1916 révèle un mal latent qui impose la vigilance. La Sûreté générale, qui juge la situation grave, essaye alors .de dresser un tableau aussi complet que possible, de tous ces symptômes morbides. C'est le « Livre Rouge ».

Le 6 janvier, continue le rapporteur, le journal *Ce qu'il faut dire* publie *intégralement*, sous la signature de Sébastien Faure, un manifeste *cependant largement échoppé* par la censure et imprimé à « La Ruche ». Avis en est donné à la Préfecture de Police. Le rapport est classé au dossier de la propagande avec la mention suivante : « Après avis du Cabinet (M. Maunoury), consulté M. Hudelo directeur de la Sûreté Générale :

« Pas de perquisition, ni au domicile de Sébastien Faure, ni au journal *Ce qu'il faut dire.* »

Vis-à-vis des anarchistes étrangers, ce sont les mêmes coupables complaisances. Ici se place l'analyse de la dramatique affaire Mauricius.

La notoriété de Sébastien Faure est plus vaste, dit M. Pérès. C'est en effet un des premiers rôles de la propagande défaitiste et l'on reste frappé de stupeur en voyant les complaisances, je dirai même les complicités, qu'il trouve dans les circonstances les plus honteuses. C'est ainsi que le ministre de l'Intérieur subventionne notamment l'ignoble établissement pseudo-scolaire connu sous le nom de « La Ruche » où Sébastien Faure avait repris l'enseignement en commun du vice et de l'impudeur pratiqué précédemment par le trop fameux Robin de Cempuis. Malvy intervient aussi personnellement pour arracher Sébastien Faure aux mains de la Justice.

Le Conseil des Ministres fut un jour saisi d'une demande de poursuites contre cet ignoble individu. M. Sembat opina pour un simple avertissement. Cet avis prévalut et M. Autrand, alors préfet de| Seine-et-Oise, fut chargé par Malvy de convoquer Sébastien Faure.

L'entrevue avec le ministre eut lieu le 26 janvier 1915 et, dans un tract imprimé à « La Ruche », Sébastien Faure en fit le récit qui sera traduit en russe et inséré dans le *Natché-Slovo* du 16 février. Or, peu de jours après cette publication, Malvy manifestait à M. Autrand le désir de conférer avec Sébastien Faure, en vue de lui faire modifier quelques passages de sa version. Et, en effet, peu de jours après, paraissait une deuxième édition de ce tract où toute une partie était supprimée.

Des explications embarrassées de Malvy lui-même, il résulte qu'il a détruit, jeté au feu des pièces, des dossiers publics relatifs aux menées anarchistes. Certaines copies de lettres brûlées ont été néanmoins retrouvées. Elles avaient été en effet retenues par prudence, le rapporteur dira même « par méfiance », par les services de la Sûreté, lorsqu'ils avaient remis les originaux. Cette méfiance est symptomatique.

Cette bienveillance envers Sébastien Faure ne devait pas se lasser, et elle devait se manifester dans des circonstances particulièrement honteuses : l'affaire de mœurs des Buttes-Chaumont, où l'anarchiste satyre était pincé en flagrant délit d'attentat à la pudeur sur des enfants.

Un an plus tard, recherché pour des faits de même nature, Sébastien Faure s'est évadé de Paris. Arrêté à Marseille, il a comparu devant la 10ᵉ chambre du tribunal correctionnel de la Seine qui l'a condamné, par jugement du 28 janvier 1918, à six mois de prison.

Tel est l'éducateur politique et moral subventionné par le ministre de l'Intérieur !

Le « Livre Rouge » de M. Perette met en relief l'influence pernicieuse des propagandistes révolutionnaires russes qui, pour la plupart, incontestablement recevaient des subsides allemands par l'intermédiaire du fameux Parvus, agent notoire des empires centraux.

De l'ensemble des témoignages recueillis et des documents officiels consultés, le rapporteur dégage une double constatation : Le ministre de l'Intérieur a fait preuve, avant la révolution russe, d'une grande faiblesse à l'égard des révolutionnaires russes et d'une grande mansuétude vis-à-vis de ces mêmes individus après la révolution.

Ce qui précède montre le rôle du ministre de l'Intérieur dans la *période préliminaire*, pour ainsi dire préparatoire des troubles militaires, en ce qui concerne les perturbateurs. Mais, d'autre part, on se rappelle que les causes premières de la révolte à l'avant n'ont pas été attribuées seulement à l'influence défaitiste de l'arrière, et que *le déclenchement même de la rébellion se rattache directement, d'après sa date chronologique aussi bien que par ses causes immédiates, au mouvement gréviste débordant de l'intérieur vers l'armée* et que celle-ci a pris pour la révolution en marche.

Après une allusion à l'incident dit du « Cassini », le rapporteur arrive à *l'affaire du chèque Duval*, que j'ai exposée dans *la Guerre totale* et sur lequel je ne reviens pas.

Quant au système général de défense de l'accusé, il se ramène à cette brève formule : « Le ministre n'a pas fait autre chose que réaliser la volonté des gouvernements successifs auxquels il prêtait son concours. Ce système de défense met en cause MM. Viviani, Aristide Briand, Ribot et Painlevé, qui furent présidents du Conseil des Cabinets dont fit partie Malvy comme ministre de l'Intérieur.

Ces anciens chefs de gouvernement, qui se sont succédé d'août 1914 à novembre 1917, renouvelleront devant la Haute-Cour les déclarations qu'ils ont faites devant la Commission d'instruction.

Après avoir déclaré qu'il n'appartenait pas à la Commission d'apprécier si les effets de la politique suivie par l'ancien ministre de l'Intérieur avaient été aussi heureux que celui-ci l'indique, le rapporteur termine par des renseignements de moralité sur l'inculpé.

J'ai cru nécessaire de les reproduire ici dans leur intégralité.

La Commission d'instruction s'est demandé, déclare M. Pérès, s'il lui appartenait de compléter le dossier, comme dans toute information judiciaire, par la recherche des renseignements de moralité. Elle a été conduite à une décision affirmative par le désir de justification manifesté par M. Malvy dans cet ordre d'idées, qu'il déclare le plus pénible pour lui parmi toutes les attaques dont il a été l'objet. Il faut donc proclamer que rien ne permet de retrouver dans les actes du ministre de l'Intérieur lui-même une pensée d'intérêt pécuniaire. Si le nom de M. Leymarie s'est trouvé malencontreusement mêlé à une grosse et heureuse spéculation d'actions Moteurs Salmson, au moment de leur admission à la cote, la documentation fournie n'autorise pas à soutenir judiciairement ni qu'il y ait fait autre chose que révéler, comme on dit, *des tuyaux de Bourse*, quoique, sur les apparences, le remisier auquel il donnait les ordres par le téléphone ministériel l'ait pris pour un souscripteur personnel, ni que la quote-part modeste à lui réservée ait été acquise à titre gratuit. Il n'en est pas moins vrai que M. Malvy a pu ouvrir imprudemment la porte à des soupçons mal fondés, par le goût excessif qu'il a laissé voir pour le jeu. La plupart de ses loisirs, dont les graves soucis d'une lourde charge n'auraient pas laissé supposer le nombre, de jour ou de nuit, se trouvent absorbés par cette passion, soit au ministère de l'Intérieur lui-même, soit chez des tiers... En dehors de ces sortes de fréquentations, les quelques diners dont on a reconstitué l'approximative composition laissent loin derrière eux les excès simultanés de table et de langage qu'on lui a inexactement prêtés. Pas davantage il n'y a lieu de s'arrêter aux incriminations le représentant comme un client assidu des lieux publics de plaisirs plus ou moins interlopes ni des maisons de débauche clandestines, à plus forte raison comme le héros, dans ces établissements, d'actes répréhensibles sinon criminels, Tout cela est pure calomnie.

Et voici le passage concernant la maîtresse en titre de Malvy, la fille suspecte Nelly Béryl, ramassée par lui dans une maison de rendez-vous :

Mais il a voulu lui-même, conjointement avec ses explications relatives à son amour du jeu, aborder un , terrain plus intime, plus délicat par cela même, et, on peut le dire avec lui, aussi plus douloureux. Qu'un homme marié, père de famille, ait une faiblesse en s'abandonnant à une intrigue illicite, la juridiction criminelle a-t-elle le droit d'en tenir rigueur quand le véritable juge, dont le nom rappelle dans son prétoire des souvenirs trop respectables pour être oubliés, a donné son absolution d'épouse et de mère? Pourquoi faut-il que cet homme soit un homme d'État, et que son auto-

rité tutélaire gouverne la société? Pourquoi ses erreurs
privées ont-elles emprunté une consécration officielle à
des actes juridiques que l'amnistie privée ne peut pas
empêcher d'avoir été? Une femme a rencontré, sur le
navire la ramenant en France, un officier qui devient son
confident, et à qui elle avoue ses ambitions théâtrales
vers une scène subventionnée. Pour y accéder, lui ré-
pond-il, il faut être la maîtresse au moins d'un ministre.
C'était peut-être plus qu'une boutade, mais ce n'était,
après tout, qu'une figure. Or, peu après, elle avait la
fierté de lui faire part que tout cela était devenu réalité.
Une villa au Vésinet, un chalet à Arcachon, le Gouvernement arrivant ensuite juste à Bordeaux, ces choses,
bientôt connues, défrayent tapageusement les conversations d'abord, ensuite les chroniques. Mais voici la gros-
sesse, et la terreur des pressentiments, et la mort subite,
et le convoi funèbre conduit avec le confident, et l'écra-
sement public de la douleur, toutes les servitudes, toutes
les misères de l'inconduite, l'atroce supplice de la déses-
pérance solitaire. Alors, c'est la confession désemparée
de la faute, et c'est l'admirable pardon, le geste surhu-
main de rédemption dont un cœur de femme idéalise
l'infinie grandeur. Est-ce le relèvement suprême? Il y a
au fond du calice et la présence réelle de l'enfant dou-
blement adultérin et la lie des dispositions testamen-
taires que l'éponge reste impuissante à effacer. Plus de
200 000 francs reconnus à titre de dette ou de dépôt,
avec prière de prendre soin de l'orphelin, sous un dé-
guisement qui dresse un inexorable dilemme. Ou bien
la libéralité d'un argent qu'on doit sentir inavouable s'il
est antérieurement acquis, qu'on doit craindre accusateur s'il date de la liaison dernière, car déjà commencent
à sourdre des insinuations qu'il est le prix caché des
complaisances. Ou bien le dépouillement, au profit de
l'enfant naturel, d'un fils aîné légitime, dont le tuteur
sera par surcroît le père de l'autre avec lequel il a si manifestement des intérêts opposés, sous la surveillance
d'un conseil de famille pris dans le cabinet ministériel

avec MM. Leymarie et Périé, de telle sorte que cette mission de confiance enferme encore celui qui en est investi dans cette inéluctable alternative : trahir les dernières volontés, en manquant au fidéicommis, au profit de l'un, ou trahir la fonction légale de protection en l'exécutant, en faveur de l'autre.

Troublant spectacle, en vérité, de faiblesse de caractère et de sentimentalité aveugle, problème déconcertant de psychologie personnelle, qui éclaire ou qui obscurcit, on ne sait, le problème de psychologie politique, selon qu'il en révèle le secret ou qu'il donne le change sur des apparences et qui intéresse, en tout cas, la défense autant que l'accusation.

Sous l'enveloppement volontaire des termes, Malvy est ici nettement et justement marqué d'infamie.

La lecture du rapport Pérès se termina dans une atmosphère de gêne indicible. A maintes reprises les sénateurs juges avaient manifesté, par des gestes et des cris, leur stupeur devant la précision et la gravité des faits qui leur étaient signalés et qui se succédaient toujours plus nombreux, toujours plus dramatiques.

Il m'a semblé indispensable de donner au rapport Pérès une place prépondérante dans cette analyse, par ailleurs forcément abrégée, des débats de la Haute-Cour. Les Français qui ont suivi nos campagnes contre la trahison, dans *l'Action Française*, pourront ainsi se rendre compte que si M. Pérès semble, au début de son rapport, n'avoir retenu, pour les écarter comme insuffisamment prouvés, que les chefs d'accusation mentionnés, à titre d'exemple, dans ma lettre au Président de la République, il n'en ressort pas moins, d'une manière éclatante, que tous les autres faits analysés par lui ont été signalés pendant de longs mois dans *l'Action Française* et soumis par moi à la commission d'enquête.

RÉQUISITIONS

DE M. LE PROCUREUR GÉNÉRAL MÉRILLON

Le rapport Pérès avait été jugé accablant. Accablantes devaient être les réquisitions de M. Mérillon.

Après avoir, au cours d'une discussion juridique serrée, déterminé les règles de la compétence et les pouvoirs de la Cour de Justice, tels qu'ils résultent de l'examen de la loi du 3 janvier 1918, le Procureur général examine l'accusation. Comme son prédécesseur, M. Mérillon a tenté de faire ressortir que l'accusation terrible portée contre M. Malvy, ne résulte pas de l'examen des faits dénoncés dans ma lettre au Président de la République. Je n'y reviens pas. Comme je l'ai maintes fois repété, ce qui importe avant tout c'est que le crime ait été signalé et puni.

Nous écartons, déclare donc M. Mérillon, les accusations directes et principales visant en termes exprès :

1° La communication personnelle des documents militaires secrets ;

2° Les renseignements fournis à l'ennemi en vue de lui faire connaître les projets de l'État-Major français pour l'attaque du Chemin des Dames ;

3° La provocation directe aux mutineries militaires par des agents envoyés à cet effet à Cœuvres.

Mais la résolution de la Chambre ne défère pas seulement M. Malvy à la Cour de Justice pour ces trois faits déterminés. La Chambre a voulu et entendu que tout ce qui pouvait accuser M. Malvy d'avoir favorisé l'ennemi pendant toute la durée de ses fonctions fût porté devant la Cour de Justice et jugé par elle et, sous une formule des plus générales, la résolution de la Chambre l'a renvoyé devant le Sénat sous la prévention *d'avoir, de 1914 à 1917, favorisé l'ennemi en provoquant ou excitant des mutineries militaires.*

Nous avons donc à examiner si l'information a révélé à la charge de Malvy des faits de nature à le constituer soit auteur principal soit seulement complice des crimes prévus par l'un des articles 77 à 81 du Code Pénal.

M. Mérillon déclare que rien ne permet de dire que Malvy ait trahi la France à prix d'or. Mais, par contre, il résulte, dit-il, de l'information suivie contre l'accusé, des charges plus que suffisantes d'avoir, *par ses négligences coupables, par ses encouragements, par la méconnaissance de ses devoirs, prêté une aide et un concours malheureusement efficaces aux crimes commis contre la Patrie par des hommes dont la trahison est aujourd'hui établie, sans qu'il ait pu ignorer la criminalité et les conséquences des actes qu'ils accomplissaient, ce qui constitue en droit commun, et à plus forte raison dans les conditions de la poursuite actuelle et devant une juridiction comme la Haute-Cour, une incontestable complicité.*

Le crime lui-même est certain et résulte de condamnations définitives : sous l'action de l'ennemi, avec ses instructions et avec les ressources qu'il a fournies sans compter, des misérables ont trahi la France.

Quel a été dans cette trahison le rôle du ministre de l'Intérieur ?

Le fait d'avoir laissé se développer une propagande criminelle qui a produit les résultats que l'on sait constituerait déjà une lourde charge contre le ministre de l'Intérieur. Mais l'accusation entend ne pas se contenter de cette démonstration d'ordre général. Elle entend relever tous les faits établis par l'information, desquels il résulte que Malvy, en sa qualité de ministre de l'Intérieur, a encouragé ou facilité des actes manifestement criminels, et démontrer que la double défense qu'il entreprend, en arguant de sa bonne foi et de l'approbation du Conseil des Ministres, ne résiste pas à l'examen des faits.

Ces déclarations de M. Mérillon produisirent, on l'imagine facilement, une impression profonde sur la Haute-Cour.

Nous ne reviendrons pas sur les faits précédemment étudiés dans le rapport Pérès. Nous ne retiendrons que les faits généraux qui démontrent la responsabilité de l'accusé.

Il faut reconnaître tout d'abord qu'il résulte d'une façon générale de l'information que, *sous la direction de M. Malvy, le ministère de l'Intérieur a suivi une règle de conduite bien déterminée et constante, qui était celle que le Ministre imposait à son personnel et à ses agents d'exécution.*

Lors donc qu'à l'examen des faits nous nous trouverons parfois en présence d'agissements qui, sans être l'œuvre personnelle du ministre, sont la conséquence et la suite nécessaires de sa direction générale, nous aurons forcément à les comprendre dans les charges relevées contre lui.

Son principal collaborateur a été M. Leymarie. M. Leymarie a joui de l'entière confiance du ministre, marchant en plein accord avec lui. Il usait parfois de sa signature et il n'est personne qui ne sache qu'il faisait un avec son ministre.

Néanmoins M. Mérillon n'a pas cru devoir admettre un partage quelconque de responsabilités entre le chef et son subordonné.

J'ai prouvé dans de nombreux articles, et avec une persévérance qui mettait en fureur la presse défaitiste, que Malvy, pendant ses trois années de ministère, a défendu, soutenu, encouragé et assisté des hommes qui commettaient contre la Patrie le crime de trahison, relevé comme constituant l'élément principal de l'accusation.

Ces hommes figuraient au nombre des suspects du Carnet B, et un gouvernement soucieux de sauvegarder les intérêts de la défense nationale eût dû, dès les premiers jours de la mobilisation, en faire une sélection spéciale, les avoir à l'œil.

M. Malvy estima, au contraire, qu'il était politique de leur accorder une confiance et une autorité que leur passé ne justifiait en aucune façon.

M. Mérillon s'étend alors sur les relations de M. Malvy avec le nommé Vigo, dit Almereyda, directeur du *Bonnet Rouge*, et sur l'affaire du chèque Duval. Je n'y reviens pas, non plus que sur les affaires similaires.

« D'autre part, pour dégager sa responsabilité, Malvy a bien essayé de revendiquer devant la Chambre le mérite de l'arrestation de Duval ; mais quelques précisions suffisent à montrer qu'il n'a pas dépendu de lui qu'il ne fût jamais arrêté et que son arrestation a eu pour point de départ une démarche de M. Léon Daudet et a été assurée par des mesures prises, de sa seule autorité, par le contrôleur général M. Moreau. »

Quant aux mutineries militaires, M. Malvy ne peut arguer qu'il n'était pas renseigné par les pouvoirs publics, par l'autorité militaire, par les généraux Nivelle et Pétain, et ses collègues pouvaient croire que toutes les mesures nécessaires étaient prises pour parer au danger.

Et nous voyons toujours apparaître, ici comme dans la question des grèves, la manœuvre double déjà signalée au cours du rapport Pérès. *Les circulaires irréprochables, les ordres à la Sûreté générale et à tous les Préfets de prendre les mesures les plus sévères pour maintenir l'ordre se multiplient, mais quand il s'agit de leur donner une sanction, de les appliquer à des criminels ou des anarchistes touchant par un lien quelconque à la Confédération générale du Travail, M. Malvy, agissant par des intermédiaires dévoués ou timorés, intervient pour qu'aucune des mesures édictées officiellement ne leur soit appliquées.*

Le Procureur général aborde l'affaire caractéristique de la *Victoria de Berlin* et l'affaire V..., Belge naturalisé Français. Ce V... était le délégué des sociétés allemandes qui avaient comploté de s'emparer de nos minerais de Normandie. C'était là un complot véritable, avec des opérations secrètes et des agissements déguisés, et le deuxième bureau faisait son devoir en poursuivant une enquête sur l'action extraordinairement dangereuse de ce milieu.

Quand le commandant Baudier sut qu'il allait être congédié, il recommanda spécialement cette affaire au général Clergerie, qui allait bientôt le suivre.

Je passe sur la suppression du deuxième bureau, précédemment racontée.

M. Malvy, dit en terminant M. Mérillon, *avait été imposé au ministère de l'Intérieur pour seconder*

les vues d'une volonté supérieure à la sienne; il entendait dans tous ses actes soutenir les tendances du
maître qui voulait gouverner et diriger le pays en
dehors du gouvernement régulier.

Pour cela, il manquait à la fidélité qu'il devait à son
propre gouvernement.

Il voulait, en outre, s'assurer dans certains partis une
clientèle pour l'avenir, et s'il se faisait, en agissant ainsi,
l'illusion qu'il ne trahissait pas directement son pays, ce
que nous n'avons pas prétendu, il n'en apportait pas
moins à la trahison un concours qui constituait et ne
pouvait pas ne pas constituer une complicité consciente
par aide et assistance.

C'est cette complicité qui le soumet aux rigueurs de
l'article 77 du Code pénal.

Cet article, depuis la suppression de la peine de mort
en matière politique, punit le criminel reconnu coupable
de la peine de déportation dans une enceinte fortifiée.

Cette peine, dans l'échelle des peines politiques, peut
descendre de deux degrés, jusqu'à la détention de cinq
ans au minimum, s'il est accordé à l'accusé des circonstances atténuantes.

Vous apprécierez ce qu'il convient de faire à cet égard,
mais en ce qui concerne la culpabilité même de M. Malvy,
nous ne saurions admettre un instant qu'il fût possible
à une haute magistrature comme la vôtre, chargée par
la Constitution de veiller aux intérêts les plus sacrés de
l'État, de répondre, par une absolution fondée sur une
indulgence politique que le pays ne comprendrait pas,
à la question si nette qui vous est posée :

EST-IL POSSIBLE, EN TEMPS DE GUERRE,
QUAND LA PATRIE EST EN DANGER,
QUAND LE PEUPLE SOUFFRE ET QUAND
LE SANG COULE A FLOTS, DE TOLÉRER,

SANS QU'IL SOIT PUNI, QU'UN HOMME
PLACÉ AU PREMIER RANG DES DÉFEN-
SEURS DU PAYS OUBLIE SON DEVOIR,
NÉGLIGE SES FONCTIONS, ENCOURAGE ET
ASSISTE LES CRIMINELS QUI FONT LE JEU
DE L'ENNEMI ET *TRAHISSE AINSI LES IN-
TÉRÊTS MÊMES DONT IL A LA CHARGE?*

L'INTERROGATOIRE DE MALVY

Notre éminent confrère Maurice Talmeyr, au
cours des débats du procès de la Haute-Cour, a
peint, dans *l'Action Française*, quelques portraits
impressionnants des principaux acteurs du grand
drame dont le Palais du Luxembourg fut le théâtre.

Le portrait qu'il a donné de Malvy, quand le Président Dubost l'eut invité à se lever pour répondre
à son interrogatoire, mérite d'être reproduit ici.

A cette invitation du président Dubost, faite d'une
voix un peu basse et comme compatissante, on voit se
lever un être long, maigre, et qui a comme quelque
chose de serpentin et de dégingandé! Le visage est os-
seux, livide, avec des yeux fatigués, un front d'audace,
une petite moustache noire qu'il tortille volontiers, des
cheveux trop soigneusement pommadés, et, sur tout cela,
une expression d'éreintement et de gaminerie insolente.
Il tient ses mains derrière le dos, s'appuie au banc derrière lui, et s'apprête à aller et venir entre ses deux avocats, qui se sont écartés pour lui donner du champ.

Sous l'audace et la menace du ton et des gestes, auxquelles ajoutent encore une déambulation et comme un
vague tangage continus, la défense de Malvy est d'ailleurs consternante de nullité, autant que choquante par
sa grossière perfidie.

Dénégation mensongère, nullité, perfidie, ces trois qualificatifs résument en effet avec exactitude la défense de Malvy.

Non, ce n'est pas la défense d'un ministre de la Grande Guerre, d'un Chef. C'est tout au plus celle d'un subalterne maladroit et malhonnête, cherchant à se faire couvrir par ses chefs, mettant en cause ses subordonnés, ses successeurs, en un mot n'ayant pas le courage de ses actes. Ce criminel manque vraiment d'allure.

Les arguments de sa défense ont été déjà indiqués dans le rapport de M. Pérès et les réquisitions de M. le Procureur général Mérillon.

Avant tout, il cherche à se faire couvrir par le Conseil des Ministres, toujours tenu au courant des faits *importants*.

Il se retranche aussi derrière les circulaires et les instructions qu'il répand à profusion dans ses services. « Voyez mes instructions, dit-il, on les a appliquées pour me nuire, on ne les a pas comprises. »

Et puis les Parlementaires ont bon dos. C'est sur leur intervention qu'il a dû agir ainsi. Que pouvait-il contre eux ?

C'est aussi le refrain connu des intérêts de la classe ouvrière, des menaces des militants de la classe ouvrière. On ne pouvait porter la main sur les militants de la classe ouvrière !

On sait ceux que M. Malvy qualifiait ainsi : quelques anarchistes, criminels de droit commun universellement méprisés et haïs, des étrangers fraîchement naturalisés. C'est pour protéger cette clique immonde que le ministre de l'Intérieur n'a pas hésité à compromettre les intérêts de la Défense nationale. On croit rêver. Malheureusement, c'est la cruelle réalité.

A bout d'arguments, il met en cause perfidement le ministère Clemenceau, notamment dans la question des grèves, et produit au dernier moment des documents inédits qu'il s'est bien gardé de communiquer à la commission d'enquête. C'est enfin le refrain connu contre les pseudo-manifestations royalistes, mais ce dernier argument ne fait pas recette.

Tout ceci est mesquin, maladroit et vil. On en trouvera la sténographie complète a la *Revue des Causes Célèbres politiques et criminelles*.

LES TÉMOINS

PAUL-PRUDENT PAINLEVÉ

Après ma déposition, que mes lecteurs ont pu lire dans un précédent chapitre, M. Dubost ordonna d'introduire Paul-Prudent Painlevé.

L'ancien ministre de la Guerre est à la barre.

Talmeyr nous a dit qu'à une suspension d'audience, il entendit quelqu'un dire derrière lui en parlant de Painlevé : « Il a l'air d'un professeur de septième, que ses élèves ont l'habitude de chahuter. »

M. Painlevé a dû avouer qu'on lui laissait ignorer bien des choses.

« C'est comme Président du Conseil, dit-il, ayant « M. Steeg comme Ministre de l'Intérieur, que j'ai « été saisi des accusations portées par M. Léon « Daudet contre M. Malvy.

« Je voudrais très brièvement dire au Sénat quel « fut mon rôle dans ces circonstances. »

Il donne alors lecture de ma lettre au Président

de la République et raconte l'entrevue que nous eûmes avec lui, Maurras et moi, au ministère de la Guerre.

De l'enquête qu'il fit alors, il ne devait rien résulter, car il n'y avait rien, mais rien du tout, du moins c'est Painlevé qui le déclare.

Scrutant le caractère inexplicable de la présence de Malvy dans le Comité de guerre il en donne les raisons suivantes :

« Malvy ne s'est pas introduit au Comité de Guerre. *On* l'y a introduit. *On* a considéré que sa présence était indispensable et qu'il y avait des raisons sérieuses pour qu'il en fît partie. *Le parti radical et radical socialiste*, qui représente le groupe le plus important de la Chambre, déclara qu'un Comité de Défense de cette importance devait comprendre des représentants de tous les partis... »

Cette explication saugrenue suscite naturellement des protestations indignées.

— Il n'y a pas de partis, il y a la Défense nationale.

— C'est la France qui nous intéresse, ce n'est pas le parti radical socialiste !

Painlevé est d'ailleurs convaincu que Malvy n'a aucune responsabilité dans les mutineries militaires, qui se sont produites en mai et juin 1917. Il tient à le déclarer hautement, car il n'est pas de ceux, dit-il, que fait taire la peur de la calomnie.

Le témoin estime qu'une des causes des mutineries militaires est la déconvenue de l'offensive du 16 avril.

Paul-Prudent, empêtré dans ses phrases comme dans les fils de fer barbelés, est de plus en plus hésitant et imprécis.

Voici le compte rendu officieux de l'incident relatif au rapport publié à la suite de l'enquête administrative que Painlevé, avec une insigne fourberie, a présentée comme une enquête judiciaire.

En résumé, une enquête avait été ouverte sur les accusations de M. Léon Daudet. Cette enquête eut lieu, elle montra que les accusations n'avaient aucun fondement.

Alors, il parut impossible à l'unanimité du gouvernement, ministres et sous-secrétaires d'État, de laisser l'opinion sous le coup de soupçons aussi atroces et démoralisants; alors, nous décidâmes de communiquer à la presse le résultat de notre enquête.

Plusieurs membres de la Cour demandent la lecture du communiqué fait à ce moment à la presse.

M. Painlevé passe la pièce au greffier, qui en donne lecture.

Painlevé continue par des explications sur les grèves, l'action syndicaliste, l'attitude des instituteurs.

M. le Procureur général. — Avez-vous connu, lorsque vous étiez collègue de M. Malvy, tous les faits que je lui reproche et qui figurent dans l'acte d'accusation touchant Almereyda, *le Bonnet Rouge*, Sébastien Faure?

M. Painlevé. — Je n'ai jamais entendu parler de Sébastien Faure avant d'avoir lu le rapport de M. Pérès et les réquisitions de M. le Procureur général.

Pour ce qui est du *Bonnet Rouge*, j'ignorais complètement les relations de M. Malvy avec ce journal.

En 1912, on m'a demandé mon nom pour un journal républicain, je l'ai donné, ce fut ma seule collaboration. Ce journal était *le Bonnet Rouge*. Je ne l'ai connu ensuite que pour le supprimer. Je n'ai jamais connu

Almereyda. Dans ma correspondance avec le général en chef, il n'a jamais été question du *Bonnet Rouge*. Le général en chef m'a dit qu'il y avait quatre grands journaux à surveiller au sujet de certaines réclamations dont ils se faisaient trop facilement l'écho. Peut-être, une fois, en vrac, me signalant certains journaux socialistes, a-t-il cité *le Bonnet Rouge*, mais je n'en suis pas sûr.

LE DÉPUTÉ MAGINOT

Le député Maginot succède à Painlevé.

On sait que ce député a été glorieusement blessé au début de la guerre. Il entre en s'appuyant sur une canne, et fait sa déposition brièvement, par saccades, sans phrases, mais avec émotion.

M. Maginot. — M. Léon Daudet, directeur de *l'Action Française* est venu me rendre visite au ministère des Colonies le 26 juin de l'année dernière (1917) pour me dire que mon collègue de l'Intérieur était un traître et qu'il profitait de ses fonctions pour commettre les actes qui lui sont reprochés aujourd'hui.

Voici dans quelles conditions j'ai été amené à recevoir M. Léon Daudet.

Quelques jours auparavant, j'avais rencontré un de mes compatriotes, M. Bainville, rédacteur à *l'Action Française*. Dans les conversations que nous eûmes ensemble nous parlâmes de la campagne de M. Léon Daudet contre M. Malvy. Je dis à M. Bainville : « On peut penser ce que l'on veut de la politique de M. Malvy, j'ai été parfois personnellement en désaccord avec lui, je n'ai pas toujours été un admirateur de ses méthodes, mais tout de même, j'estime que rien ne permet de le faire passer pour un traître.

« Si Malvy était capable d'une pareille attitude, s'il pouvait être considéré comme traître, j'espère que vous faites assez crédit à mon patriotisme pour être assuré que je ne resterais pas à côté de lui une minute de plus sur les bancs du Gouvernement. Je serais le premier à réclamer contre lui un châtiment. »

Sur la demande de M. Bainville, je reçus M. Léon Daudet, le 26 juin 1917.

M. Léon Daudet commença par me déclarer que M. Malvy était un traître, qu'il pouvait être comparé à Stürmer. Je lui demandai d'appuyer cette accusation sur des preuves certaines. M. Daudet me parla successivement des gens du *Bonnet Rouge* et de faits dont il a été parlé depuis un certain temps dans *l'Action française* et sur lesquels, je dois le reconnaître, les événements lui ont donné raison.

Il me parla aussi de Margulies, de Routier comme étant des agents de l'ennemi. Quant à M. Malvy, il le considérait comme le chef et le protecteur de tous ces gens-là qui n'étaient que des comparses. M. Daudet formulait ces accusations avec le plus grand calme et avec un accent de conviction qui me stupéfiait. Mais il ne put néanmoins forcer ma conviction. Je reste donc persuadé que M. Malvy n'a pas livré le Chemin des Dames. Pour ce qui est des mutineries militaires, j'estime qu'elles sont dues à l'échec de l'offensive du 16 avril 1917.

Je ne prétends pas que la propagande criminelle n'ait exercé aucune influence sur les malheureux événements qui se sont déroulés alors, mais je crois que le mouvement d'opinion qui s'est déchaîné à cette époque au moment de l'offensive du 16 avril contre cette offensive et contre les chefs qui l'avaient commandée est un mouvement dont le moins que l'on puisse dire aujourd'hui est qu'il était excessif.

HENRY BÉRENGER

La déposition de Bérenger fut méthodique, nette et précise et fit ressortir les nombreuses inexactitudes, pour ne pas dire pire, de la déposition de

Paul-Prudent Painlevé. Celui-ci avait déclaré, on s'en souvient, qu'il n'y avait eu que des actes sporadiques de mutinerie, mais pas l'ombre d'un complot défaitiste et révolutionnaire. Or, Bérenger, rapporteur de la Commission au Sénat, a précisément établi en partie son rapport sur un rapport de Painlevé, où ce dernier constate, en propres termes, que les mutineries militaires ont été l'effet « d'un complot concerté contre la sûreté de l'État ». Painlevé avait également déclaré que l'arrière n'avait jamais été pour rien dans les troubles du front ; or dans le rapport auquel fait allusion Bérenger, il est écrit que les troubles et révoltes étaient dus à « une répercussion de l'intérieur ». Quelle autorité peuvent avoir après cela les déclarations d'un ministre aussi menteur !

Je ne puis, dit en débutant M. Bérenger, que confirmer ici de la façon la plus nette mes dépositions antérieures devant M. le capitaine Bouchardon et devant la Commission d'instruction de la Cour de Justice.

La Commission sénatoriale de l'armée, dès le mois de décembre 1916, préoccupée tout comme moi-même des menaces contre la Patrie et contre l'armée, intervint à la tribune par la parole de son président, M. Clemenceau, qui signala certains incidents survenus dans les usines de guerre où des mobilisés et des soldats s'étaient livrés à une propagande dangereuse pour la suite de la guerre.

La Commission sénatoriale de l'armée se préoccupa de désigner un rapporteur et je fus désigné.

En juin se produisirent de graves événements sur le front. M. Painlevé, alors ministre de la Guerre, a pu lui-même évaluer à cinq corps d'armée l'étendue de la contamination qui s'était produite sur le front ; c'était donc assez grave pour faire craindre une sorte de révolution militaire. *M. Painlevé a employé les termes mêmes de complot contre la sûreté de l'État, de complot réel, de complot concerté.* Ce sont les expressions du ministre de la Guerre.

Ces expressions étaient graves ; elles étaient portées devant la plus grande Commission militaire du Sénat.

Nous fûmes dans l'obligation de convoquer devant nous M. Ribot, président du Conseil d'alors, M. Painlevé, ministre de la Guerre, et M. Malvy, ministre de l'Intérieur, aujourd'hui sur ce banc.

De l'ensemble des conversations échangées il résulte de la façon la plus nette, que nous nous trouvions en présence *d'une véritable répercussion de l'intérieur sur le front. Ce sont les expressions qui furent employées par M. Painlevé, ministre de la Guerre.*

On peut juger de l'impression produite par ce démenti formel donné avec autorité à Paul-Prudent Painlevé.

Bérenger continue :

Ce mouvement était né, non parmi les ouvriers mais dans un certain nombre de milieux qui n'avaient rien à voir avec la classe ouvrière proprement dite, dans les milieux anarchistes et syndicalistes. L'origine de ce mouvement paraissait suspecte et les preuves en furent apportées au cours des séances.

Je fus alors chargé de préparer un rapport sur le contrôle de la Sûreté nationale.

J'ai dû, pour la rédaction de ce rapport, user de tous les moyens d'investigation en mon pouvoir, compulser une multitude de dossiers, entendre toutes les personnes qui désiraient être entendues. C'est ainsi que j'ai été amené à convoquer M. Léon Daudet.

M. Léon Daudet vint me voir. Il me produisit un certain nombre de faits qui ont été depuis révélés exacts, puisque les Conseils de guerre ont condamné à mort les gens qui s'étaient rendus coupables de ces faits, que d'autres ont été condamnés à la réclusion et aux travaux forcés.

Je ne fus pas sans être frappé de sa documentation très touffue, très abondante, mais où beaucoup de lueurs de vérité apparaissaient.

M. Léon Daudet insista beaucoup auprès de moi sur la question de la distribution dans les régiments, dans un grand nombre de régiments, de tracts nettement anti-patriotiques et, disons le mot, germanophiles et inspirés visiblement par des agents de l'étranger. Il insista sur la répercussion que ces tracts avaient eue dans les milieux militaires, dans un assez grand nombre de régiments. Moi-même, à ce moment, je suivais avec une grande angoisse et une profonde inquiétude les révélations qui étaient faites sur ce point.

Sur ces entrefaites, un de mes secrétaires m'apporte une note, rédigée d'après les témoignages d'un soldat, et relative à certaines mutineries qui s'étaient produites à Cœuvres. Des agents de la Sûreté déguisés en militaires excitaient les soldats à la rébellion et les enivraient de vin.

M. Daudet, lancé sur des pistes analogues, me demanda ma note. Je dois dire que rien, dans cette note, ne mettait en cause le ministre de l'Intérieur, car il ne s'agissait pas d'agents directs du ministre et il n'y avait au surplus pas de preuves que celui-ci eût connaissance de ces agissements.

Cette note, M. Daudet l'a communiquée par la suite à MM. Painlevé, Steeg et Péret au cours de l'audience qu'il eut avec eux. Mais je le regrettai, car jamais il n'avait été dans ma pensée d'associer les faits qu'elle relatait aux graves accusations portées contre M. Malvy.

. . . . , ... ; . . . .

De l'enquête que j'ai faite, il ressort qu'il y a eu plusieurs causes à ces mutineries, mais que la principale paraît être la présence d'une organisation occulte venant de l'intérieur dont on n'a pas suffisamment poursuivi ni la trame ni l'origine. Je regrette, je tiens à le dire, que, le Gouvernement ayant déclaré en juin 1917 à la Commission sénatoriale de l'armée, qu'il y avait eu complot contre la Patrie, que ce complot avait failli compromettre l'armée et le pays, aucune instruction générale n'ait été ouverte sur l'ensemble des mutineries militaires, en s'appuyant sur les dépositions faites devant le Conseil de Guerre et sur tous les autres moyens d'investigations dont on pouvait disposer.

Je demande, dit en terminant Henry Bérenger, que la lumière la plus complète soit faite, maintenant qu'il n'y a plus de danger à la faire, sur l'offensive du 16 avril 1917, sur les mutineries militaires et sur la répercussion morale que ces faits ont exercée.

LES TÉMOIGNAGES DES FONCTIONNAIRES DE LA PRÉFECTURE DE POLICE

Les dépositions des fonctionnaires de la Sûreté générale furent accablantes pour l'accusé.

Les uns accusèrent nettement l'ancien ministre, d'autres essayèrent de prendre sa défense, mais avec une maladresse, parfois une mauvaise foi telles que leurs dépositions furent désastreuses pour la défense.

MM. Moreau, Perretto et Dumas accusent avec énergie l'ancien ministre et basent leurs accusations sur des faits précis.

M. MOREAU

M. Moreau est un ancien contrôleur général de la Sûreté. Encore jeune, il donne l'impression d'un homme énergique, droit et sûr. Ce fonctionnaire, aujourd'hui à la retraite, a toujours, déclare M. Mérillon, mérité la haute estime de ses chefs. Le témoin est atteint d'une surdité complète. Il faut écrire les questions qui lui sont posées et les faire passer sous ses yeux. Il lit avec attention, réfléchit quelques instants et répond avec une lucidité parfaite. M. Moreau expose avec le plus grand calme comment le ministre de l'Intérieur ou son cabinet ont souvent annulé les mesures que la Sûreté générale considérait comme indispensables. Il confirme point par point et formellement ce que le rapport et les réquisitions ont appris sur les relations du ministre avec Sébastien Faure et Almereyda.

Le 23 août, j'ai transmis à la Sûreté générale la copie d'une lettre anonyme reçue par Léon Daudet. Dans cette lettre, l'auteur se disait nettement républicain, ne partageant nullement les idées de Léon Daudet. Mais il ajoutait : « La campagne que vous faites contre les Boches à l'intérieur est admirable; je vous signale les gens du *Bonnet Rouge* comme ayant des relations en Suisse, à Bâle, à Genève avec le Banquier Marx, de Mannheim. Ne m'en croyez pas sur parole. Faites une enquête et vous verrez que c'est la vérité. » Je fis faire des recherches de suite au service des passeports. J'ai constaté qu'effectivement des passeports avaient été délivrés à Almereyda pour l'Espagne et à Marion pour les États-Unis.

En présence de ces constatations, j'ai rédigé une note de service pour les commissaires spéciaux de la frontière suisse. Cette note était ainsi conçue :

« Un nommé Almereyda, directeur du *Bonnet Rouge*, Marion et Duval me sont signalés comme ayant des intelligences en Suisse, à Bâle ou à Genève, avec le banquier Marx, de Mannheim. Si ces individus viennent à franchir la frontière, faites une surveillance, faites une fouille et vous m'adresserez le résultat de vos recherches. »

Le 9 septembre, ayant appris que Duval était à Berne, j'ai écrit moi-même au commissaire spécial de Bâle de faire une enquête sur le séjour de Duval à Berne. Il m'a répondu le 20. Le renseignement n'a pas grande importance.

Le 10 septembre, j'ai écrit aux commissaires spéciaux de la frontière d'Espagne, en leur disant de rechercher si on trouvait trace du passage d'Almereyda et de Marion en Espagne. Le 14, le commissaire spécial de Cerbère me dit qu'Almereyda et Marion étaient passés le 24 juin pour aller à Saint-Sébastien et étaient rentrés le 29.

Le 16 septembre, j'ai répondu :

« Par votre note du 14, vous m'informez que les nommés Almereyda et Marion se sont rendus à Saint-Sébastien. Je vous prie de faire une enquête sur leurs agissements, la Sûreté générale ayant le plus grand intérêt à être fixée sur ce point. »

C'est la dernière partie de cette lettre qui a été lue à la tribune comme étant un télégramme adressé au commissaire spécial et comme étant le début de l'enquête.

Je dis l'exacte vérité. Tout ce que je dis peut être prouvé et archi-prouvé.

De septembre à mai, je n'ai plus donné ni reçu d'instructions. Le 15 mai, en exécution des instructions que j'ai données, Duval est fouillé à Bellegarde. On trouve le chèque. Compte rendu en arrive au cabinet du directeur de la Sûreté générale.

J'ai demandé au directeur ce qu'il fallait faire. « Rien, m'a-t-il répondu, puisque l'autorité militaire est saisie. »

Voilà à peu près tout ce que je puis dire au sujet de la surveillance exercée sur Almereyda.

Malvy se débat contre ces accusations si précises avec un embarras manifeste et brandit toujours le même argument. « M. Moreau n'a pas parlé des instructions que j'ai envoyées en Espagne pour faire des enquêtes à Saint-Sébastien sur le séjour d'Almereyda. J'ai dit que cela avait été fait en plein accord avec le directeur de la Sûreté générale, M. Richard. »

M. le Procureur général demande alors au témoin si le nombre des tracts envoyés au front lui a paru considérable.

M. Moreau estime qu'il y en a eu plusieurs milliers. Quant aux lettres de militaires, en ce qui concerne le tract de Sébastien Faure, il y en a eu quelques centaines. D'ailleurs, ajoute le témoin, *elles n'ont pas été brûlées ou plutôt des copies, des photographies en ont été conservées par mes anciens services.*

Ce fut une sage mesure de prudence.

M. Mérillon demande ensuite à M. Moreau s'il sait ce que sont devenus, depuis leur remise au cabinet de M. Leymarie, les dossiers concernant le pacifisme.

Vers la mi-juin, déclare M. Moreau, M. Leymarie m'a donné l'ordre de les faire descendre tous à son cabinet. Je sais qu'un nouveau classement a été fait au cabinet du directeur, mais j'ignore de quelle manière. Ce que je sais par contre fort bien, c'est qu'au mois d'octobre suivant j'ai appris par mon successeur qu'un grand nombre de pièces avaient disparu et que le dossier d'Almereyda, notamment, ne contenait plus que des coupures de presse. C'est pour cela que mon successeur a refusé de prendre possession de ce dossier.

A propos du « Nid Rouge », organisation anarchiste et pacifiste de Lyon comptant des étrangers, M. Moreau déclare que M. Richard, directeur de la Sûreté générale, en a eu connaissance *dès septembre 1916* et que l'expulsion des membres de cette association n'a eu lieu *qu'en mars 1917. De septembre à mars* il y a eu une propagande et on n'a rien fait.

A propos du « Livre Rouge », M. le Procureur
général demande au témoin s'il savait qu'il était
connu du ministre lui-même.

« Oui, déclare M. Moreau, cela est absolument
certain. »

M. le Sénateur Cornet demande alors au témoin
s'il peut donner à la Cour des renseignements sur
les fuites qui avaient lieu au ministère de l'Intérieur.

Je ne connais qu'une fuite, répond M. Moreau, c'est
celle du document dont j'ai parlé tout à l'heure. Deux
pièces ont été lues à la tribune; je ne connais pas d'autres
pièces. Il n'y a jamais eu de fuite dans mon service et
encore la fuite de ces deux pièces n'est-elle pas impu-
table à mes services.

M. Malvy essaye alors de mettre en cause ses
successeurs au ministère.

M. Clemenceau, dit-il, j'en suis certain, a eu entre les
mains lors de son interpellation le « Livre Rouge » et
d'autres documents. A la suite de cette interpellation il
a demandé à M. Clemenceau de restituer ces documents
à la Sûreté générale. M. Clemenceau a renvoyé ceux
auxquels M. Moreau fait allusion. Quant aux autres il
en faisait deux parts : les uns qu'il renvoyait pour
être remis à leur place dans leurs dossiers et les autres
qu'il gardait pour s'en servir lorsqu'il le jugerait bon.
Il y avait donc d'autres fuites que celle des deux documents visés plus haut.

La déposition de M. Moreau est terminée, M. Perrette est introduit.

M. PERRETTE

M. Perrette, d'abord sous les ordres de M. Moreau,
l'a remplacé comme contrôleur général. Il est l'au-

teur du fameux « Livre Rouge » et raconte comment
il fut rédigé.

Nous savions, dit-il, que la France était travaillée
depuis longtemps par des antimilitaristes, des pacifistes,
même avant la guerre. Cette situation devenait intolérable par suite du laisser aller. Nous avons alors résolu
de condenser tous les faits d'après les rapports officiels.
Tout ce qui est mentionné dans le « Livre Rouge » est
rigoureusement exact.

Ce « Livre Rouge », dit le témoin, n'a pas été fait pour
la Haute-Cour, mais pour éclairer le ministre et M. Mal
vy en a eu connaissance.

M. Malvy ayant dit que les rapports de la Préfecture
de police dont il a été fait état au « Livre Rouge » sont en
contradiction avec ceux de la Sûreté générale, M. Perrette répond que ce sont les mêmes.

M. le Procureur général demande ensuite à
M. Perrette des explications sur les fuites du dossier
d'Almereyda.

Le dossier Almereyda a été descendu au cabinet du
ministre quand M. Moreau était contrôleur général.
Vous connaissiez à ce moment la situation et la composition de ce dossier. Il a été remonté ensuite au cabinet du
contrôleur général, quand vous étiez devenu contrôleur
général.

Que s'est-il passé à ce moment? Pouvez-vous dire dans
quel état se trouvait ce dossier?

M. Perrette. — Il y a eu une petite confusion dans ce
récit. Je vais vous expliquer comment cela s'est passé.

Il y avait dans le dossier des notes diverses de M. Moreau et de moi, notes dans lesquelles nous informions
nos chefs du danger de laisser cet homme fréquenter le
cabinet du ministre. Nous disions que l'on faisait remarquer qu'Almereyda était souvent au cabinet du ministre,
que c'était une grave imprudence, car cet individu

condamné pouvait entraîner avec lui tout homme politique qui lui accorderait sa confiance. A plusieurs reprises, des notes qui étaient écrites dans le dossier disparurent. Je m'aperçus de ces disparitions et je cachai le dossier. Je ne l'ai donné qu'à la justice, à M. Drioux, qui me l'a demandé.

Pour arriver plus vite à la déposition de M. Dumas, je franchis celles moins importantes mais néanmoins fort intéressantes de MM. Allec, Labussière, Hyérard, Séjournant et Renard, fonctionnaires du ministère de l'Intérieur.

M. DUMAS

Cette déposition était attendue avec curiosité. Le témoin a été mêlé activement aux affaires du *Bonnet Rouge*. C'est un fonctionnaire subtil et on sent qu'il n'est pas fâché de dire enfin sa façon de penser à MM. Malvy, Leymarie et consorts. Son ancien ministre ne lui en impose plus et il dit ce qu'il a à dire sans se préoccuper des affirmations ou des dénégations de Malvy, qu'il qualifie au besoin d'inexactes.

L'affaire Garfunkel, l'affaire Cochon, l'affaire Sébastien Faure nous sont contées une fois de plus.

Garfunkel. — M. Dumas avait découvert que Garfunkel, entre autres méfaits, cherchait à faire exempter du service militaire moyennant argent certains mobilisés, qu'il exerçait illégalement la médecine et était en relations avec un Allemand. M. Maunoury prescrivit à M. Dumas de faire une enquête. Elle confirma les indications ci-dessus. Mais peu de jours après, M. Maunoury lui ordonna, *par ordre de Malvy*, d'envoyer l'inspecteur qui avait fait l'enquête « recevoir les déclarations de Garfunkel ».

— Mais cela ne s'est jamais fait, dis-je à M. Maunoury. Vous allez entraver l'enquête judiciaire.

— *C'est un ordre du ministre,* me fut-il répondu. Et Garfunkel fila en Suisse.

Chargé d'une enquête sur Almereyda par Malvy, M. Dumas la fit et la conclusion du rapport qui en résulta fut naturellement qu'Almereyda était un homme extrêmement suspect, qu'il y avait lieu de le tenir en surveillance continuelle ainsi que les gens qui gravitaient autour de lui : Marion, Duval, Goldsky, Para, et d'autres.

Or, dit M. Dumas, le 7 septembre je fus appelé au ministère de l'Intérieur et reçu par M. Malvy. M. Malvy me dit : « Monsieur Dumas, je viens de lire votre enquête ; il n'y a pas grand'chose là-dedans, non, pas grand'chose, Almereyda vient de venir me voir ; il avait l'air malade, très souffrant ; il m'a donné des précisions sur sa conduite et même sur ses ressources. Il m'a dit qu'il n'avait pas d'automobiles à lui, mais des automobiles d'un garage de Levallois-Perret. L'argent qu'il dépense au *Bonnet Rouge* provient de M. Boulay, marchand de vins en gros, et de M. Francfort, négociant, fournisseur pour la défense nationale. Almereyda n'est pas allé à Carthagène, prétend-il, mais à Saint-Sébastien. Cela ne me regarde pas, c'est l'affaire de la Sûreté générale qui vérifiera s'il est allé à Carthagène ou à Saint-Sébastien. Voulez-vous vérifier ces assertions? »

Le 18 septembre, je fis une enquête. Les assertions furent vérifiées et reconnues absolument exactes. Mon second rapport confirma le premier. Je le transmis au cabinet du Préfet, qui le fit parvenir sans doute à M. Malvy.

On connaît déjà l'affaire du déserteur Cochon et celle de Sébastien Faure.

On a vu plus haut que Malvy, après avoir lu le rapport de M. Dumas sur Almereyda, lui avait déclaré *qu'il n'y avait pas grand'chose dedans*. M. Guillier ayant demandé la lecture de ce rapport remis à Malvy, en 1916 le greffier fut chargé de ce soin. Ce document résume le *curriculum vitæ* du bandit, que j'ai exposé dans *la Guerre totale*.

Malvy estime qu'il n'y avait pas grand'chose dans ce rapport. La Haute-Cour ne fut pas de cet avis.

CHIAPPE

Chiappe, chef de bureau au ministère de l'Intérieur, est entendu. C'est l'intime de Leymarie dont il a été le chef de cabinet à la Sûreté générale et c'est le premier dont la déposition ne constitue pas une charge pour l'accusé. Talmeyr, qui l'a vu devant la Haute-Cour, en a fait un curieux et amusant portrait.

La figure hardie, le débit provocant, avec un air de dire aux sénateurs qu'il est de force à les mettre dans sa poche et que ce ne sera pas long, il fait penser à un chanteur de café-concert habitué à narguer le public, et semble plutôt arriver de *Ba-ta-clan* que d'un ministère.

Le témoin s'exprime avec optimisme sur les résultats admirables, selon lui, de sa collaboration avec Leymarie.

Il rappelle les perquisitions dans les imprimeries anarchistes, chez les époux Mayoux, les instituteurs pacifistes des Charentes, chez Hélène Brion. Il affirme avoir fait tous ses efforts avec M. Leymarie pour la répression de la propagande pacifiste. Il déclare d'autre part qu'arrivé en juin à la Sûreté générale avec Leymarie, alors que les mutineries militaires commencées en mai n'étaient pas encore terminées, celle-ci n'avait été mise au courant de ces mutineries que par les journaux et les bruits qui circulaient dans le public; qu'elle les avait ignorées officiellement, qu'elle n'avait pas connu la lettre du général Pétain.

Cette affirmation semble bien invraisemblable à M. Mérillon qui la fait répéter plusieurs fois au témoin.

En terminant, Chiappe déclare que Leymarie connaissait la saisie du chèque Duval, mais qu'il ignorait et le rapport du commissaire spécial de Bellegarde et la note de Hudelo sur cette affaire.

Les déclarations fantaisistes de ce témoin provoquent des exclamations d'étonnement dans l'auditoire. Par contre la presse défaitiste manifeste son contentement et qualifie la déposition de M. Chiappe de « loyale, courageuse », « chic » en un mot. Ce qui est significatif, quand on connaît les fureurs qu'avaient déchaînées contre leurs auteurs le rapport Pérès et les réquisitions de M. Mérillon, ce dernier accusé de s'être « précipité dans la casuistique des Pères de la compagnie de Jésus ».

PAOLI

Paoli est secrétaire général à la Préfecture de police.

Le témoin dit qu'il ne peut apporter de renseignements que sur la mise en liberté, en août 1914, d'une centaine d'étrangers qui avaient été arrêtés au moment de la mobilisation sur les ordres de Hennion à la suite de désordres à Paris et en banlieue. Ces arrestations furent opérées dans la journée du 4 août.

Oui mais...

— *Le lendemain de ces arrestations*, déclare M. Paoli *se produisit l'intervention d'Almereyda qui était accrédité auprès du préfet de police par le ministre de l'Intérieur.*

— Mais, demande M. le Procureur général, n'avez-vous pas été étonné de la confiance dont jouissait Almereyda?

— Certainement, déclare le témoin. D'autant plus que M. Hennion connaissait parfaitement le dossier d'Almereyda. Néanmoins, étant données les assurances qu'Almereyda avaient données au ministère de l'Intérieur... M. Hennion a sans doute eu des conversations avec Malvy à cet égard, mais je ne peux vous renseigner à ce sujet.

Malvy. — A quelle date a-t-il été accrédité?

M. Paoli. — Le lendemain du jour où ces individus ont été arrêtés, c'est-à-dire le 5 ou 6 août 1914. Ils ont été arrêtés le 4 août et les interventions d'Almereyda se sont produites le 5 ou 6 août.

— Qu'entendez-vous, demande M. Lucien Hubert, sénateur des Ardennes, par ces mots : Almereyda était « accrédité » auprès de la Préfecture de police?

— Almereyda, répond M. Paoli, est arrivé à la Préfecture de police précédé d'un coup de téléphone de Leymarie et, j'imagine, avec une lettre de celui-ci au directeur de la Sûreté générale.

— Pourquoi, demande alors M. Dominique Delahaye, n'avait-on pas arrêté ceux des 100 individus dont vous avez parlé et qui figuraient au Carnet B?

— *Parce que*, répond M. Paoli, *les instructions du ministre de l'Intérieur s'y opposaient.*

DÉPOSITION
DU LIEUTENANT-COLONEL GOUBET

Le lieutenant-colonel Goubet, contrôleur de l'administration de l'armée, qui, on s'en souvient, restitua à Duval et à Landau, sur l'ordre de Leymarie, le fameux chèque saisi à Bellegarde, vient alors faire sa déposition.

L'attitude de ce témoin causa quelque surprise.

Devant le troisième conseil de guerre, dans l'affaire du *Bonnet Rouge*, le colonel Goubet avait, avec énergie, rejeté toute la responsabilité de la restitution à Duval du chèque de 150 000 francs; devant la Haute-Cour il parut se ranger du côté des témoins défenseurs.

Il rappelle que, devant la Commission d'instruction, il avait déclaré que, selon lui, les accusations relatives à la livraison de l'attaque du Chemin des Dames et à la révolte de Cœuvres n'étaient pas fondées.

Chargé par le général Gallieni de réformer le contre-espionnage, il n'a, dit-il, jamais eu de difficultés avec Malvy. Il donne des renseignements techniques sur les services qu'il dirigeait.

Invité à s'expliquer sur l'affaire du chèque Duval, le témoin déclare que son service n'avait jamais été informé par la Sûreté que Duval passait la frontière. Le chèque fut saisi par un officier du deuxième bureau. Landau fit plusieurs démarches auprès du colonel Goubet pour obtenir sa restitution. Celui-ci renvoya le chèque à la Sûreté qui refusa de le recevoir. Après avoir rendu compte à ses chefs, le témoin alla voir M. Leymarie qui lui dit : « Il n'y a rien dans cette affaire, rendez le chèque. »

A propos des changements du deuxième bureau :

Le 2 septembre 1915, dit le témoin, un décret enleva tout pouvoir judiciaire à l'autorité militaire. Le 2ᵉ bureau du gouvernement militaire subsista. Au mois de novembre, M. Richard, directeur de la Sûreté générale, fit remarquer que cent soixante de ses agents se trouvaient au service du 2ᵉ bureau du gouvernement militaire de Paris. Il redemanda ses agents. J'en référai au général Gallieni.

D. — Vous avez connu le commandant Baudier ?

R. — Si j'avais à le noter sur vingt, je donnerais bien peu de chose à un homme qui a arrêté si peu d'espions.

Le procureur général. — M. Malvy ne vous a-t-il pas dit qu'il tenait à se débarrasser du commandant Baudier ?

R. — Je n'ai pas souvenir d'une insistance très spéciale.

Le procureur général. — Vous avez insisté un peu plus dans votre déposition à la Commission d'instruction. Je voudrais, aurait dit M. Malvy, que vous me débarrassiez du commandant Baudier.

R. — Les termes dont je me suis servi devant la Commission d'instruction sont les termes exacts de mon entretien avec M. Malvy.

Mᵉ Bourdillon prend acte des déclarations du lieutenant-colonel Goubet, en ce qui concerne la suppression du deuxième bureau.

M. Bepmale, sénateur radical-socialiste, qui, on se le rappelle, voulait l'ajournement de la réunion de la Haute-Cour, pose alors la question suivante :

— Le colonel n'a-t-il pas songé à faire arrêter M. Daudet ?

Le colonel rectifie. — Le mot « arrestation » est

un peu exagéré. Je donnerai des explications à huis
clos.

Après avoir déclaré que le rapport de M. Bérenger sur le contrôle de la Sûreté générale a été versé
au dossier de la procédure, M. le procureur général
demande que, conformément au désir exprimé par
M. Bérenger et pour que la lumière soit complète,
on y joigne également le rapport établi par la commission d'enquête, instituée par lettre ministérielle
n° 18194 du 14 juillet 1917, commission qui fut
composée des trois généraux Brugère, Foch et
Gouraud, afin de rechercher les conditions au milieu
desquelles s'est développée l'offensive d'avril.

Il en fut ainsi ordonné.

M. GAUTHIER

M. Gauthier, ancien commissaire spécial du camp
retranché de Paris, est à la barre. Il déclare qu'appelé le 21 octo... au poste de surveillance du camp
retranché de Paris, il fut relevé le 1er février 1916
à la suite de l'affaire qu'il va exposer.

C'est de l'affaire Lipscher qu'il s'agit. Elle sera
expliquée en détails par M. Gauthier et le soldat
Beauquier, mais cet exposé est trop long pour trouver place ici.

Mᵉ GEORGES DESBONS

Mᵉ Georges Desbons, avocat à la Cour d'appel de
Paris, est ensuite introduit. Malgré les interruptions,
parfois inconvenantes, de certains sénateurs, le témoin ne se laisse nullement intimider,

Il raconte le rôle suspect d'Almereyda dans l'affaire du cambriolage dont fut victime Malvy en 1914 pendant le séjour du gouvernement à Bordeaux.

Le témoin, ayant eu à défendre un des cambrioleurs devant la cour d'assises de la Seine, apprit, au cours de l'instruction, qu'on avait dérobé, lors de ce cambriolage, un certain nombre de papiers, notamment un document relatif à la politique extérieure et dit : « les Roses d'Agadir », des dossiers relatifs aux élections de 1914 et d'autres personnels à l'ancien ministre.

Or, rencontrant un jour Almereyda qu'il avait connu jadis au quartier Latin, celui-ci lui proposa de l'aider à retrouver ces documents « intéressants, disait-il, au point de vue républicain » et que son ami M. Malvy l'avait chargé de retrouver.

— Almereyda, ajoute le témoin, me remit la liste écrite de sa main de ces documents, liste qui lui avait été donnée par M. Malvy. Cette liste est chez M. Bouchardon.

Ils ne s'entendirent pas. Mais M. Desbons rencontra une autre fois Almereyda qui lui demanda d'aller le voir.

— C'est pour répondre à cette invitation, dit le témoin, que je me suis rendu au journal *le Bonnet Rouge*, absolument comme si j'avais été voir le village nègre au Jardin d'acclimatation.

Ils ne s'entendirent d'ailleurs pas mieux que la première fois, Almereyda lui avait pourtant offert de le faire nommer sous-préfet, souvenir qui en évoque un autre, car M. Desbons a été depuis sous-préfet d'Embrun et d'Uzès et il raconte à cette occasion, d'une manière éloquente et pittoresque, certains faits scandaleux qu'il a constatés dans sa sous-préfecture.

M. RICHARD

M. Richard occupa le poste de directeur de la Sûreté de mai 1914 au 29 octobre 1916. Le témoin semble fort ennuyé d'être sur la sellette et donne l'impression d'un homme qui préférerait de beaucoup être ailleurs, mais le procureur général le tient bien.

Pour en avoir plus vite terminé, M. Richard dépose avec volubilité, et néanmoins avec prudence. Il dit oui sans dire oui, et non sans dire non, et entend ne rien préciser.

On arrive à parler d'Almereyda.

A plusieurs reprises j'ai porté à la connaissance de M. Malvy les renseignements de la Sûreté sur Almereyda. Ils étaient déplorables et le directeur du *Bonnet Rouge* m'était fort suspect. Aussi son voyage en Espagne attira mon attention, « mais je me rendis compte qu'il n'avait pu matériellement se rendre à Carthagène ».

Sur l'affaire du chèque Duval. — M. Richard cherche à ne pas se prononcer. Il affirme son estime pour M. Moreau qui s'est néanmoins trompé, dit le témoin, en disant que M. Malvy a ignoré les ordres de surveiller Duval.

Pour ce qui est du subterfuge de la double enveloppe signalé par M. Moreau, « on a cru qu'il y avait là un acte de méfiance vis-à-vis du ministre », Ce n'est pas exact : « Je me préoccupais, simplement d'assurer l'arrivée intacte à mon cabinet du renseignement que j'avais demandé et d'empêcher l'indiscrétion d'un employé subalterne... » M. Moreau, de nouveau entendu, mettra les choses au point.

A propos de l'affaire Rabbat. — M. Richard déclare n'en avoir point conservé un souvenir précis. Il soumit un projet d'expulsion au ministre, M. Malvy approuva puis parla de suspendre l'arrêté d'expulsion.

Et puis, avant tout, pas d'affaires, n'est-ce pas, monsieur Richard?

DÉPOSITION DE MM. MOUTON ET HUDELO
LES TÉMOINS « CAMARADES »

M. Mouton, directeur de la police judiciaire, n'est guère plus brillant que son prédécesseur. Il se rend bien compte d'ailleurs qu'il n'est pas sans reproche et ne veut compromettre personne, par crainte de se trouver compromis lui-même. Aussi cherche-t-il à esquiver les questions précises et il a fallu toute l'habileté de M. Mérillon et de quelques sénateurs, MM. Larère, de Las Cases et de Selves, pour arracher au témoin quelques précisions, après l'avoir poussé dans ses derniers retranchements.

Il explique tout d'abord que, depuis le départ de M. Hennion, la direction des recherches est partagée en deux divisions : le service des renseignements dont le chef est M. Dumas et la direction de la police judiciaire dont il est le directeur. En cette qualité M. Mouton n'avait à s'occuper que des crimes et délits de droit commun. Les affaires politiques pacifistes appartenaient à M. Dumas. Mais, M. Mouton ayant sous ses ordres tous les commissaires de police, le service des renseignements de M. Dumas devait s'adresser à lui quand il y avait une opération à faire.

Il veut se dégager de l'affaire Garfunkel. Il a

rompu avec lui quand l'inspecteur de la Sûreté
Fleury l'eut mis au courant de son passé. C'est
même lui qui aurait, dit-il, déterminé son arrestation.

HUDELO

Comme Mouton, Hudelo, ancien préfet de police
semble déposer sous la terreur.

C'est pourtant un gaillard, physiquement du
moins, mais sa déposition donne l'impression d'un
être faible, qui a horreur des responsabilités.

Il explique abondamment qu'il a donné à l'administration qu'il dirigeait une impulsion des plus
heureuses. Par ses soins les gares ont été nettoyées
des gens interlopes et il a établi le contrôle des ouvriers étrangers. Ses rapports avec le G. Q. G. ont
toujours été excellents. Mais Malvy ne l'autorisait
pas à faire des perquisitions aux bourses du travail
pour saisir les tracts. Il avait là-dessus des instructions formelles, qui l'ont mis en rapport très souvent
avec le directeur du cabinet, M. Leymarie. Le ministre était très absorbé — je te crois! — et il lui
était difficile de l'atteindre.

Sa déposition est en contradiction avec ses déclarations devant la Commission. On le lui fait remarquer.

— Je ne me rappelle plus.

On parle du chèque Duval. Le témoin est har-
celé par M. Mérillon, M. de Selves, M. Delahaye. Il
ergote, invoque les défaillances de sa mémoire, se tait.

A propos de l'anarchiste Mauricius, Malvy déclare
que Hudelo lui avait dit que c'était un indicateur.

M. Hudelo. — Je ne le contredis pas, mais je ne me le
rappelle pas. Je ne dis pas que ce ne soit pas.

M. Pérès. — Le témoin savait-il personnellement si Mauricius était un indicateur?

M. Hudelo. — Non.

M. Malvy. — L'avez-vous appris?

M. Hudelo. — Oui, le jour où vous me l'avez dit vous-même. J'ai appris que Mauricius était un indicateur le jour où vous me l'avez fait savoir après un coup de téléphone à la Préfecture de police.

M. Strauss demande au témoin s'il est au courant des fuites qui se sont produites à la Sûreté générale. M. Hudelo déclare qu'il a connu ces fuites. Il a interrogé des fonctionnaires, chargé M. Moreau de les surveiller. Il ne se rappelle pas autre chose.

On revient à Mauricius.

— *Je demande au témoin,* dit M. Pérès, *de se rappeler ici la déposition qu'il a faite devant la Commission.*

M. Hudelo répond oui et non, non et oui. Il confirme, mais il y a, déclare-t-il, des points sur lesquels il peut ajouter, ou d'autres sur lesquels il peut modifier.

Après quelques explications complémentaires de M. Mouton sur l'affaire Lipscher, le Procureur général dit que, la Cour ayant décidé de me confronter à cette audience avec le colonel Goubet, il demande que cette confrontation ait lieu à huis clos.

Le huis clos dura une heure et Painlevé y participa. Il m'est impossible — et je le regrette vivement — de dire ce qui s'est passé au cours de ce huis clos.

A la reprise de l'audience, le colonel Goubet fut rappelé à la barre.

La déposition qu'il fit alors ne recueillit pas dan
la presse caillaumalvyste l'approbation que ses premières déclarations lui avaient value.

Après sa première déposition, Paul Meunier, dans
la Vérité, qui n'a pourtant pas coutume d'exalter
les militaires, désignait comme suit le lieutenant-
colonel Goubet : « Un beau soldat, un honnête
homme. » « Il a miné l'accusation sous des coups
décisifs », clamait *la Victoire*.

Après ma confrontation avec le colonel Goubet, la
même presse ne put cacher son dépit.

Voyons *la Bataille:* « L'œuvre monstrueuse de
démence s'est effondrée, mais pourtant seul Daudet reste debout par la lâcheté des républicains. »

Quant au colonel Goubet, il ne vaut plus rien.
« Il se contredit, il ergote, ses déclarations nouvelles
s'opposent étrangement à celles qu'il apporta dans sa
déposition. Sa versatilité n'accroîtra pas le respect... »

On voit par là qu'au cours de cette confrontation
il ne s'était rien passé de bon pour l'accusé.

A la reprise de l'audience, le Procureur général
fait remarquer au lieutenant-colonel Goubet les con-
tradictions qui existent entre sa déposition et les
propos qu'il a tenus à une personne qualifiée, au
sujet des rapports qu'il entretenait avec le ministère
de l'Intérieur.

Le procureur général. — Vous avez dit ici avoir eu les
plus grandes facilités au ministère de l'Intérieur, et j'ai
su que vous aviez dit le contraire à une personne qualifiée. Vous avez par conséquent dit deux choses complètement différentes. C'est ce que je voulais établir.

C'est un coup dur pour le témoin. Décidément
les témoins à décharge n'ont pas de chance.

HENRI GALLI

Henri Galli, député du IVe arrondissement de Paris, dépose sur la question des étrangers à Paris. Le quartier qu'il représente était, notamment au début de la guerre, infesté d'étrangers, de juifs russes et autres, dont la présence était un scandale et un grand danger pour la Défense nationale.

A différentes reprises, je me suis élevé, de mon côté dans *l'Action française*, contre la présence de ces indésirables, mais sans grand succès. Je me heurtais à une volonté supérieure de ne prendre aucune mesure contre eux.

J'ai signalé, dit M. Galli, à M. Laurent les faits déplorables qui m'étaient rapportés par des personnes particulièrement honorables. *M. Laurent reconnut l'exactitude des faits, mais ne fit rien.*

Je m'adressai alors au général Clergerie. Je n'obtins aucun résultat. J'eus alors l'impression qu'il y avait à Paris une série de polices, qui non seulement ne collaboraient pas, mais manœuvraient les unes contre les autres et cette impression fut renforcée quand je fis partie de la Commission des étrangers. M. Galli entre dans des détails sur le cas du sujet ottoman Rabbat.

Malvy demande à répondre, mais s'attire une ferme réplique du député de Paris.

MM. Debierre et Bepmale, très excités, avaient tous deux, avec de grands éclats de voix, demandé à me poser quelques questions.

On sait que M. Debierre collaborait encore au *Bonnet Rouge* au moment où l'enquête était déjà ouverte sur les agissements d'Almereyda, de Duval et de toute la bande.

L'intervention de ces deux sénateurs n'eut pas le

succès qu'ils 'escomptaient. M. Debierre aurait bien voulu savoir de qui je tenais les documents que j'avais déposés à la commission d'enquête.

— Ces pièces, disait-il, ne sont pas des copies, ce sont des originaux. Je demande à M. le Procureur général, qui connaît ces pièces, si son attention a été appelée sur cela et s'il a *investigué* sur le point de savoir qui avait commis ce vol.

Je répliquai avec calme : « J'ai reçu ces pièces de ceux qui me les ont communiquées, afin qu'elles fussent transmises à la plus haute justice de mon pays, c'est-à-dire à la Haute-Cour dont vous faites partie. Des patriotes français, indignés des actes de trahison commis au ministère de l'Intérieur par leur chef, ont voulu me mettre en mains les moyens de vous apporter les preuves de la trahison.

M. Bepmale. — J'ai le droit de dire que de tels actes de la part de fonctionnaires sont des actes de trahison.

— Il n'y a pas de trahison contre la trahison, ai-je alors répondu, et Bepmale se tint coi.

MM. LAURENT ET CHANOT

Laurent le somnolent — car il dort debout — fut, pendant deux ans, le collaborateur et l'ami de Lépine. En septembre 1914 il succéda à Hennion à la Préfecture de police, où il resta près de trois ans. Mais il n'eut rien d'un préfet de guerre. Il lui manquait, pour tenir ce rôle difficile, beaucoup de qualités indispensables et celle qu'il possédait au suprême degré n'était pas celle qu'on eût été en droit d'exiger.

M. Laurent est avant tout, et l'on pourrait dire exclusivement, un homme faible, ne voyant autour

de lui que des hommes vertueux. Je les connais tous,
dit-il, et il étend sur tous ses anciens collaborateurs
un pan protecteur de sa redingote.

C'est évidemment très touchant mais un peu ridicule. En y réfléchissant bien, c'est au surplus habile.
Comment accabler un homme aussi bon, aussi naïf?

— Monsieur Laurent, lui dit le Procureur général,
vous êtes bon pour tout le monde. *Cependant quelque
désir que vous ayez d'être bon, il faut aussi être juste.*

Le procès-verbal de l'attentat des Buttes-Chaumont dont Sébastien Faure fut le héros n'a pas
semblé au somnolent assez grave pour lui donner
prise sur ce dégoûtant personnage. Mais comme il
avait tenu des propos dangereux et fait une propagande défaitiste, il l'a fait appeler et l'a sermonné
ferme.

Le Sénat veut être fixé sur la gravité du délit et
se fait lire le procès-verbal de constat. Comme il est
impossible d'étaler en public de pareilles abjections,
le huis clos fut ordonné pour entendre cette lecture.

M. CHANOT

Avec M. Chanot, la manière change. Plus de réti-
cences, de sous-entendus. Ses déclarations sont
nettes et fermes.

M. Chanot est un ancien directeur de la police
municipale.

Il s'explique rapidement sur le déplacement de
M. le commissaire de police Gauthier, à la suite de
son enquête sur l'affaire Lipscher, puis parle du
défaitisme.

Et tout d'abord cette appréciation plutôt sévère
du rôle de Maunoury : « M. Maunoury jouait à

la Préfecture un rôle que j'ai toujours trouvé déplo-
rable. M. Maunoury m'est toujours apparu comme
ayant certainement été chargé d'une mission dont il
s'acquittait — a-t-on dit — avec un caractère aca-
riâtre et sans aucune aménité. M. Maunoury tenait
essentiellement à être la seule source de renseignements de la Préfecture de police. A mon avis il
était chargé là d'une consigne spéciale. » M. Chanot
parle alors de la propagande pacifiste, qui se faisait,
on le sait, au moyen de tracts et de réunions publiques. Il y eut beaucoup de ces réunions faites sous
les auspices corporatifs et où il n'était question que
de pacifisme, mais ce fut surtout au printemps de 1917
qu'elles se multiplièrent. — « A ce moment, comme
directeur de la police, j'eus des angoisses patriotiques
très vives, notamment au sujet des grèves des midinettes. On alla ensuite graduellement jusqu'à dé-
clencher des grèves d'hommes. Contrairement à ce
que prétendait M. Maunoury, je voyais dans ces
grèves la main de l'étranger et je l'ai prouvé par
l'arrestation, dans les groupes des manifestants, de
nombreux étrangers. »

Malvy déclare alors que les grèves ont eu stricte-
ment un caractère économique et en appelle à Laurent le Somnolent.

LE COLONEL ZOPFF

Après les dépositions des fonctionnaires de la
Sûreté générale et de la Préfecture de police, voici
maintenant des officiers.

C'est d'abord le colonel Zopff, commandant le
47e régiment d'infanterie.

Le colonel expose, avec une grande précision, ce

que furent les rapports du haut commandement et
de l'Intérieur et comment le lieutenant Bruyant fut
désigné pour assurer ces rapports. Celui-ci se trouva
d'abord en relations avec Hudelo et le contrôleur général Moreau.

Leymarie, ayant remplacé Hudelo, chargea son
chef de cabinet Chiappe des relations avec l'officier
de liaison. Chiappe ne donnait que des documents sans importance. Le lieutenant Bruyant en
manifesta son étonnement à M. Moreau qui lui
expliqua que lui-même n'était pas tenu au courant.

La netteté de cette déposition fit une excellente
impression sur la Haute-Cour.

M. le Procureur général demanda alors au colonel
de rester pendant la déposition du témoin suivant.

MADAME LELRUX

L'entrée de cette femme héroïque fut accueillie
avec émotion et curiosité. Nul n'ignorait en effet avec
quel dévouement et avec quel courage elle avait
accompli, au péril de sa vie, en Allemagne les missions dont elle avait été chargée. Cette bonne Française a rendu au commandement des armées des
services éminents qui lui ont valu la reconnaissance
des patriotes et nul ne s'en étonnera, non plus que
des insultes à son endroit d'un député défenseur du
malvysme et du caillautisme.

Elle raconta alors ses douze voyages en Allemagne
et les confidences que lui fit le lieutenant allemand
Gebsattel, qui lui donna, la croyant pour de bon
au service de l'Allemagne, les noms de véritables
espionnes qu'elle dénonça et dont certaines furent
fusillées, notamment la fille Pfaadt à Marseille.

DÉPOSITION DU LIEUTENANT BRUYANT

Cette déposition, par sa précision et sa documentation, fut certainement une des plus accablantes pour l'accusé. Aussi provoqua-t-elle les cris de rage de la presse défaitiste.

Le lieutenant Bruyant est actuellement au commissariat général de la Sûreté nationale.

En novembre 1916 il fut chargé de « surveiller la propagande pacifiste ».

Il dit :

J'étais reçu par MM. Hudelo et Moreau qui me communiquaient des renseignements, mais M. Hudelo était moins documenté que M. Moreau. Le premier me communiquait des généralités, mais M. Moreau me fournissait des renseignements beaucoup plus complets...

M. Hudelo nous avait donné l'impression — continue le témoin — de miser sur deux tableaux. J'entends dire par là qu'il cherchait à servir le G. Q. G. sans desservir ses intérêts de carrière.

La meilleure preuve c'est que, lorsque M. Hudelo fut devenu Préfet de police, il me donna un certain nombre de renseignements, concernant notamment la création de comités ouvriers et de paysans, qui m'avaient été cachés par le contrôleur général et qui étaient extrêmement utiles.

Je demandai à M. Hudelo, à un moment donné, de vouloir bien saisir les tracts dans les imprimeries qui les tiraient, dans les syndicats où ils étaient déposés, au lieu d'attendre qu'ils fussent à la poste. M. Hudelo fut très embarrassé et *exprima le désir qu'une pression fût faite sur lui pour l'obliger à agir.* C'est l'origine de la lettre du général Nivelle du 28 février...

Les relations devinrent de plus en plus tendues entre le G. Q. G. et la Sûreté générale.

Au début de juin nous nous trouvions dans la période des actes d'indiscipline. Le G. Q. G. demandait que l'on prît des mesures contre la diffusion des tracts, contre les réunions pacifistes, qu'on épurât les gares.

Mesures contre la diffusion des tracts. — Le G. Q. G. demandait qu'ils fussent saisis dans les imprimeries et dans les lieux où ils étaient déposés. Deux circulaires furent envoyées à ce sujet : l'une, le 1er juin, fut rapportée. Le ministère de l'Intérieur avait supprimé les mots *dans quelque endroit qu'ils se trouvent;* l'autre, le 26 juin, ne laissait à M. Hudelo le droit de perquisitionner ni dans les Bourses du travail, ni à la C. G. T. Or à ce moment M. Dumas avait signalé à ses chefs que des papillons et tracts s'y trouvaient déposés.

Mesures contre les réunions. — Nous avions demandé que fussent interdites toutes les réunions où les discussions n'étaient pas purement professionnelles. Or on laissait faire toutes les réunions. On demandait seulement aux organisateurs leur parole que la réunion resterait professionnelle. Ils la donnaient, mais ne la tenaient pas et aucune poursuite n'était engagée.

Dès l'arrivée de M. Leymarie, dit le lieutenant Bruyant, tout changea. J'allai le voir et je lui exposai les mesures que nous entendions demander à la Sûreté générale.

M. Leymarie ne me cacha pas qu'il ne me suivrait pas sur ce terrain, que *cela ne correspondait pas à sa politique* et qu'il irait s'en expliquer lui-même avec le général en chef.

Effectivement M. Leymarie se rendit à Compiègne et fut reçu par le général Pétain.

Le général Pétain fut très surpris de l'attitude désinvolte de M. Leymarie. Sa surprise se changea en stupéfaction quand, ayant parlé de la propagande pacifiste, M. Leymarie lui répondit — je garantis l'authenticité de mes paroles, parce que quand le général Pétain me les a répétées, j'ai aussitôt pris une feuille de bloc-note et que j'ai écrit — M. Leymarie répondit : « Je ne puis combattre la propagande pacifiste. »

Des ordres furent alors donnés. M. le contrôleur général ne me remit plus que quelques documents sans importance. Cependant, il m'en a remis quelquefois en me disant : « Voici des documents qui avaient été enlevés et que je ne devais pas vous remettre, par ordre de M. Leymarie. »

C'étaient les plus intéressants.

Nous ne recevions donc plus que des documents insignifiants.

Ces déclarations du lieutenant Bruyant déplaisent fort à Malvy, qui se lance dans de longues explications qu'il avait déjà fournies en réponse à MM. Moreau et Perrette.

Malvy demande alors que le lieutenant Bruyant et Chiappe soient confrontés.

Cette confrontation fut mouvementée. Chiappe cria beaucoup, vainement d'ailleurs ; le lieutenant Bruyant lui tint tête avec un imperturbable sang-froid.

DÉPOSITION DU LIEUTENANT HÉRICOURT

Il fut ensuite donné lecture de la déposition faite le 13 mars, devant la commission d'instruction, par l'aspirant Héricourt, du 418ᵉ d'infanterie. Le témoin ne put en effet se présenter devant la Haute-Cour ayant été grièvement blessé au cours de récents combats et rappelé dernièrement pour la grande offensive du 18 juillet, où il fut terriblement blessé de nouveau.

De cette lecture il résulte que, le 27 février 1916, s'étant rendu aux bureaux du journal de Sébastien Faure, il y reçut un nombre considérable de tracts moyennant une somme minime.

J'ai eu nettement l'impression, avait déclaré devant la
commission le témoin, d'une organisation de démorali-
sation pour les soldats, et il s'étonnait qu'on laissât à
Paris s'étaler au grand jour une pareille organisation.

Les soldats lisaient le journal de Sébastien Faure. Ce
journal était d'ailleurs vendu couramment dans la zone
des armées et il était rapporté par les permissionnaires.
A Paris la boutique était abondamment fournie de brochures de propagande, et la personne que j'ai vue m'a
conseillé de les distribuer et m'a proposé de m'en
envoyer.

Je franchis ici un certain nombre de dépositions
intéressantes, mais qu'on lira aux *Procès de trahison*,
celles notamment de M. de Kerguezec, du policier
Maunoury et de Leymarie.

DÉPOSITION DU GÉNÉRAL CLERGERIE

Le général Clergerie rappelle qu'au début de la
guerre il était chef d'état-major du Gouvernement
militaire de Paris (G. M. P.) et il expose comment
la suppression du 2ᵉ Bureau fut camouflée sous une
transformation en bureau de renseignements.

L'affaire Desclaux fut bien la cause initiale des
dissentiments entre le G. M. P. et la Préfecture de
police.

Le témoin arrive à l'affaire Garfunkel, et fait en
substance les déclarations suivantes :

Garfunkel se livrait au trafic des réformes. Il avait des
relations avec MM. Dumas et Mouton. On nous donna
l'ordre de passer cette affaire à la Préfecture de police
sur l'intervention du ministre de l'Intérieur. Un inspecteur prit notre dossier, l'examina et fit un rapport où il
déclarait « impondérables » les accusations portées contre
Garfunkel, ajoutant qu'il n'y avait pas lieu de suivre.

Garfunkel put donc filer en Suisse et c'est lorsque j'eus déclaré que, si on ne l'arrêtait, je m'en chargerais moi-même, que Garfunkel fut arrêté.

Il y eut d'autres manœuvres pour sauver Garfunkel : entrefilets de presse, intervention de M. Maunoury auprès du lieutenant Depret, auquel il dit « qu'il aurait la peau du commandant Baudier ». Informé, je dis : « Il faudra avant avoir ma peau à moi. »

Enfin je reçus une lettre de M. Matter, directeur de la justice militaire, signalant qu'un député demandait si on ne pouvait pas supprimer le troisième conseil de guerre (lequel était chargé de l'affaire Garfunkel). C'était un moyen dilatoire pour sauver Garfunkel.

Le député, M. Paul-Meunier, n'avait pas caché son but à M. Matter.

Quant à la Kowacz, cette femme était rentrée à Paris et avait reçu un permis de séjour temporaire sur l'ordre du ministre de l'Intérieur. Je protestai. Alors on accorda à cette personne un permis permanent.

Qui m'avait renseigné sur le retour de Mⁿᵉ Kowacz à Paris? C'était M. Mouton. Je rapprochai cette affaire de l'affaire Garfunkel. M. Mouton s'intéressait à Garfunkel, M. Malvy à Mⁿᵉ Kowacz.

Il y avait là de louches intrigues, des résistances suspectes.

— Même intervention personnelle de M. Malvy en faveur de Sébastien Faure, déclare le général Clergerie.

Pour avoir un prétexte pour supprimer le 2ᵉ bureau, on m'accusa d'être réactionnaire, fils de réactionnaire, *mais lui, M. Malvy, le farouche anticlérical, ne descend-il pas directement de Basile?*

On juge de l'agitation que provoqua cette déclaration. Cris, trépignements des Debierre, Bepmale et consorts.

En réalité, continue le témoin; on ne put jamais relever contre le G. M. P. un fait d'immixtion abusive

dans la politique. Le 31 janvier 1916 une décision
ministérielle remplaçait le 2ᵉ bureau par un bureau cen-
tral de renseignements. On a dit que le général Galiieni
avait signé cette déclaration. Je suis sûr qu'il a été
trompé dans la circonstance, car il n'aurait jamais
commis sciemment une illégalité.

Mais M. Malvy exigea en outre le départ du personnel.
Interrogé sur cette suppression à la Commission du
Budget par M. Klotz qui savait la vérité, M. Malvy ne
put fournir aucune précision.

*M. Ceccaldi, continue le témoin, appuya les critiques de
M. Malvy, auxquelles M. Briand sembla toujours n'ajouter
aucune importance. Mais M. Malvy voulait ma tête. Il lui
fallait d'abord celle du général Maunoury. Si le général
Gallieni avait encore été ministre, peut-être aurait-il résisté;
on demanda au général Maunoury sa démission, le général
Maunoury refusa; le lendemain, le Journal Officiel annonçait que, « sur sa demande », il avait été relevé de ses
fonctions.*

**Quels étaient les griefs contre moi? J'avais fait
condamner un voleur, Desclaux, et j'avais exigé
l'application de la loi aux Austro-Allemands.**

Quels sont nos accusateurs?

Landau, aujourd'hui au bagne;

Leymarie, condamné;

Maunoury, inculpé;

Malvy, qui est aujourd'hui devant vous.

**M. Malvy a donné notre peau, qu'on lui demandait.
Nous avons toujours fait notre devoir.**

**Je dépose sans haine, sans passion et sans crainte,
comme le veulent ma conscience et la loi.**

Malvy veut le prendre de haut, mais ses inso-
lences sont vaines. Il réédite ses explications invrai-
semblables sur l'affaire Kowacz, sur les étrangers,
sur la suppression du 2ᵉ bureau.

DÉPOSITION DU COMMANDANT BAUDIÉR

Nommé au G. M. P. le 1er septembre 1914, il a pris la direction du 2e bureau à la fin de 1914. Ce bureau avait dans ses attributions la recherche de renseignements sur l'ennemi et le service du contre-espionnage. Le commandant établit, preuves à l'appui, quels résultats importants furent obtenus par son service de recherche des renseignements et par son service de contre-espionnage.

Il y avait un officier de liaison entre le G. M. P. et la Préfecture de police, le lieutenant Depret, du 2e bureau. Mais, pour que cette liaison portât ses fruits, il fallait une collaboration de tous les instants et une entente complète entre l'autorité civile et l'autorité militaire. C'est justement cette collaboration qui fit défaut.

Le commandant Baudier s'explique alors sur les affaires Desclaux, Garfunkel, sur la question des permis de séjour, que des lettres signalaient comme accordés par la Préfecture à tort, sur la simple production de certificats de nationalité et sans la moindre enquête.

Pendant toute l'année 1915 le G. M. P. ne cessa de réclamer la revision des permis de séjour. Malvy a déclaré qu'il avait institué une commission de revision de ces permis. Oui, mais après combien de demandes du 2e bureau, sous la pression de l'opinion publique et la menace d'interpellations à la Chambre !

Cette commission s'étant présentée au ministère de l'Intérieur, on lui remit des permis de séjour, mais lorsqu'elle commit l'indiscrétion de demander à voir ceux délivrés aux Autrichiens et aux Allemands, on lui répondit : « *Non, il n'y a pas de permis de séjour pour eux et du reste le ministre a prescrit qu'on vous présentât les permis de séjour de tous les étrangers sauf ceux des Autrichiens et des Allemands.* » Mais la commission menaça et on lui communiqua ces permis de séjour, *car il y en avait,* contrairement aux déclarations qui lui avaient été faites. Il y avait notamment celui délivré à l'Allemand Latt et à sa maîtresse, rédacteur au *Bonnet Rouge,* celui délivré à la femme Kowacz par le ministre de l'Intérieur. C'est une des raisons pour lesquelles cette affaire suscita des colères contre le 2ᵉ bureau.

Le témoin s'expliqua encore, avec force détails et précisions, sur l'affaire de la *Victoria de Berlin* (Victoria Bank).

C'est une société considérable, qui avait, au moment de la guerre, pour 136 000 000 de primes et 43 succursales en France. On eut la preuve qu'elle intriguait en faveur de l'Allemagne, en Russie et en France.

Outre les employés sédentaires professionnels presque tous Français, il y avait des employés bénévoles qui faisaient partie de ce qu'on appelait le « spécial bureau ».

Ces employés étaient tous Allemands, officiers de réserve dans l'armée allemande, et certains furent signalés espionnant à Rouen et à Paris.

Le Directeur était un nommé Astmann, non pas Roumain comme on l'a fait croire, mais Autrichien, né à Bucarest de parents autrichiens.

Je le considérais comme suspect, dit le commandant Baudier, et je poursuivis sa dénaturalisation. Je n'obtins rien. Astmann est toujours à Paris, où avec Duval, du *Bonnet Rouge,* aujourd'hui fusillé, il a fondé une banque, rue Boudreau.

A propos des articles publiés dans *le Journal* par M. Georges Prade sur les Boches à Paris, le commandant raconte la savoureuse anecdote que voici sur la façon dont là campagne fut arrêtée :

La veille du jour où le quatrième article allait paraître, M. Malvy dînait chez Charles Humbert avec Georges Prade. Ch. Humbert dit à M. Malvy en jouant au poker : « Tu sais, le quatrième article va paraître. » « Ah! non, répondit M. Malvy, tu sais que tu m'as promis d'arrêter la campagne. »

— Il était trop tard, ajoute alors le commandant Baudier, pour arrêter le quatrième article; il parut, mais on n'en publia plus d'autres.

Ainsi la campagne fut arrêtée sur la demande de M. Malvy.

La *Victoria* méritait donc d'être surveillée.

Le commandant Baudier donne des détails sur la nationalité du sous-directeur de la *Victoria*, le nommé Rappoport, également Autrichien, qu'on voulut faire passer pour Polonais et qui put venir à Paris et y séjourner sans que le G. M. P. ait été prévenu.

L'affaire du libraire Eschwig est non moins instructive. C'était un Autrichien qui se disait Tchèque. Le commandant Baudier demanda vainement son internement dans un camp de concentration. « Rien à faire, lui répondit-on, le ministre ne veut pas. »

La lutte était donc continuelle entre le 2ᵉ bureau et les organisations de police derrière lesquelles était le ministre de l'Intérieur. Le témoin cite les cas typiques de Mayer, agent de l'ambassade allemande, chef du service allemand de renseignements à Genève, Levy, Max-Ehrlo et du fameux Spitzer.

Les lecteurs de *l'Action Française* se souviennent certainement de mes articles et de ceux de mes collaborateurs relatifs à cet agent de l'Allemagne. Puis c'est le cas du banquier Gans, d'un autre Boche, un avocat, nommé Horn, que l'ordre des avocats raya du barreau.

Quand le 2ᵉ bureau fut supprimé, continue le commandant Baudier, je passai au 8ᵉ bureau. Je fus alors l'objet d'attaques venant du *Bonnet Rouge* et de Landau dans son agence *Primo*. On m'annonçait qu'on aurait ma peau de « chaudronnier » et celle du général Clergerie. Je résolus de me défendre. J'avais dans mon service M. Georges Prade, collaborateur du *Journal*; sur son conseil, j'allai voir M. Charles Humbert, sénateur, qui en était le directeur. M. Humbert me dit : « Je vous ferai convoquer par Malvy. Allez-y, et eng....-le. »

Comme il fallait s'y attendre, Malvy nie, mais le commandant Baudier maintient avec force toutes ses déclarations et répète notamment que ses efforts ont été entravés par la Préfecture de police et l'Intérieur.

M. Maunoury était le véritable chef de la police et avait été placé là par M. Malvy. Tous les gens que j'ai voulu poursuivre étaient fortunés. Je n'ai jamais attaqué les ouvriers que j'aime et avec lesquels j'ai vécu et travaillé. *M. Malvy n'a pas le monopole de la sympathie pour la classe ouvrière.*

QUELQUES TÉNORS PARLEMENTAIRES

Il n'est rien de plus sinistrement comique que la séance où les anciens Présidents du Conseil vinrent déposer en faveur de leur collègue Malvy.

On connaît le thème cher à l'accusé : « Je n'ai agi qu'en plein accord avec le Gouvernement, avec le Conseil des Ministres. Je n'ai pas fait de politique personnelle. Si je suis coupable, ceux qui ont approuvé mon œuvre le sont également. »

Cela semble logique et MM. Viviani, Briand, Ribot devaient en conséquence, ou se déclarer coupables d'aveuglement, ou approuver la ligne de conduite de leur ancien collègue de l'Intérieur. C'est à ce dernier parti qu'ils s'arrêtèrent. Ils n'apportèrent pas, à proprement parler, des témoignages, mais plaidèrent pour leur politique. Chacun d'eux y montra sa manière propre.

Viviani apparut le premier à la barre. Il est bon tout d'abord de rappeler que Viviani fut le protecteur d'Almereyda dont il subventionnait le journal (20000 fr.).

Il parla avec abondance et un grand contentement de soi-même. Il daigna néanmoins donner quelques explications imprécises sur les faits reprochés à M. Malvy.

J'arrive, dit-il, à l'emprise que M. Caillaux aurait eue sur le gouvernement. Je demande des explications à ce sujet au procureur général. Qu'est-ce que M. Caillaux? Je n'ai jamais été de ses thuriféraires et de ses obligés; il a été cautionné par Waldeck-Rousseau; ce n'est pas moi qui le tutoyais sous le ministère Clemenceau.

En 1912, je lui ai refusé ma collaboration; j'ai déposé devant M. Bouchardon à son sujet. Je maintiens ma déposition.

Je ne dois rien à M. Caillaux; il ne me doit rien; je suis libre.

Le procureur général nous a délivré un certificat de cécité morale ou intellectuelle en disant que M. Caillaux s'était sournoisement emparé du ministère de l'Intérieur.

Je ne l'accepte pas. J'ai choisi moi-même mes collaborateurs.

Des mots, rien de plus, de la phraséologie parlementaire, mais de preuve, aucune.

Briand prend place à la barre.

BRIAND

Briand, comme son prédécesseur, essaye de faire
son apologie, mais avec plus de discrétion, moins
d'emphase.

La politique de son gouvernement à l'égard des
groupements socialistes fut la suivante : surveillance
à l'égard des collectivités et fermeté à l'égard des
fauteurs de désordres. Cette politique est celle, déclare M. Briand, qui est encore pratiquée actuellement.

RIBOT

Avec la déposition du papa Ribot, c'est toujours
le même refrain. Malvy a été un collaborateur
dévoué, sincère. La politique qu'il a suivie était
celle qui avait été décidée par les différents gouvernements qui se sont succédé.

LE DÉFILÉ DES CAMARADES

C'est ainsi que l'on a justement qualifié cette
audience, où la Haute Cour entendit les inénarrables
témoignages des Sembat, Albert Thomas, Gustave
Hervé et Jouhaux.

LE RÉQUISITOIRE DU PROCUREUR MÉRILLON

Le réquisitoire du Procureur général est d'une
grande puissance d'argumentation. Il enveloppe
l'accusé comme dans un filet aux mailles serrées, au
point de ne plus lui laisser place pour se débattre,

Nous n'en pouvons donner ici qu'une courte analyse.

M. Mérillon expose tout d'abord avec quel sentiment de tristesse il se voit obligé de requérir, en tant que républicain français, contre un ancien ministre de l'Intérieur français.

Il ne s'est laissé influencer ni par les bruits de salons, ni par les rumeurs des marchés, par rien ni par personne. Il parle avec le sentiment de sa responsabilité, avec l'indépendance que lui dicte sa conscience de magistrat.

Quelle est l'origine de l'affaire ? Elle n'est pas née exclusivement (il faut remarquer cette expression car M. Mérillon ne parle qu'à bon escient) de la lettre de M. Daudet, dit il. La véritable origine de cette affaire c'est l'explosion d'indignation qui s'est produite dans le pays lorsqu'il a connu les faits qui ont signalé le passage au pouvoir de M. Malvy.

Qui a voulu venir devant vous ? C'est M. Malvy lui-même qui a pris l'initiative d'une demande de renvoi devant le Sénat, pour « crimes commis dans l'exercice de ses fonctions ».

Ces crimes ne devaient être, dans sa pensée et d'après la formule adoptée par la Commission spéciale de la Chambre, que ceux dénoncés par M. Daudet. Mais au cours des débats devant la Chambre, par une formule élargie, M. Malvy fut accusé d'avoir renseigné l'ennemi, de 1914 à 1917, sur tous nos projets militaires et diplomatiques et d'avoir favorisé l'ennemi en provoquant ou excitant des mutineries militaires, crimes prévus par les articles 77 à 81 du Code pénal.

On vous appelle donc à juger toute une période d'exercice du pouvoir. On ne vous donne aucune précision ; on vous laisse le soin de rechercher tous les faits qui peuvent justifier l'accusation, c'est-à-dire tous ceux qui ont consisté à pousser les soldats à la révolte et à les désarmer devant l'ennemi, en faisant connaître à ce dernier tout ce que nous préparions contre lui.

Quelle est la compétence de la Haute-Cour ? Dans ses réquisitions écrites, M. Mérillon avait opposé l'une à l'autre deux théories.

La première. — La loi constitutionnelle du 16 juillet 1875 a créé d'une façon effective une responsabilité criminelle politique en dehors des règles ordinaires du droit commun pour le président de la République et pour les ministres, de sorte que lorsque la cour de justice est saisie par la Chambre des députés, elle n'a aucunement l'obligation de s'en tenir aux qualifications et aux pénalités prévues par la loi pénale, elle a le pouvoir souverain de qualifier elle-même les faits qui lui sont soumis.

2ᵉ théorie. — En matière criminelle, tout est de droit étroit et la Cour de justice est juridiquement obligée, pour pouvoir condamner, de trouver dans les faits établis un des crimes prévus par la loi pénale et d'y appliquer la peine correspondante dans le droit commun.

Comme juriste, M. Mérillon préfère cette dernière théorie. Mais, dit-il, la première est plus conforme à la réalité des choses.

Quels sont les faits soumis au jugement de la Cour ? Ce sont d'abord, dit le Procureur général, ceux indiqués dans la lettre de M. Daudet. (On sait que l'accusation n'a pas semblé vouloir envisager le caractère général de ma lettre au Président de la République et qui visait la gestion de Malvy pendant ses trois années de ministère, ne retenant que trois faits précis énumérés dans cette lettre, à titre d'exemple. Je m'en suis expliqué en tête de mon analyse du rapport Pérès.)

M. le Procureur rejette donc les trois chefs d'accusation comme non prouvés.

— Mais il y a autre chose que les accusations de M. Daudet, continue M. Mérillon, et mes réquisitions écrites relevaient en effet tout un ensemble de faits qui se sont produits pendant l'exercice du pouvoir de M. Malvy et constituant une aide et une assistance aux criminels qui ont favorisé l'ennemi en provoquant des mutineries militaires. C'est la complicité prévue par l'article 60 § 3 du Code pénal.

Il reste donc à établir en fait l'inculpation de complicité. Mais, pour qu'il y ait eu complicité, il faut qu'il y ait eu crime et M. Mérillon va alors établir qu'il y a eu bien des crimes commis contre la sécurité du pays et que M. Malvy en a été le complice.

Il y a d'abord le crime des hommes du « Bonnet Rouge », reconnu par un arrêt de justice. En examinant les rapports de M. Malvy avec Almereyda, nous verrons qu'il y a bien eu complicité.

Il y a un autre crime. Quantité de personnes ont, par des réunions, des tracts, essayé de pousser nos soldats à l'indiscipline et d'amener ainsi notre défaite. Ce crime est manifeste.

Avant d'établir la complicité, M. Mérillon étudie la personne de l'accusé. Il laisse le plus possible de côté la question de moralité. Mais certaines particularités permettent d'éclairer l'intention criminelle de l'accusé. M. Malvy était, c'est certain, au ministère de l'Intérieur le représentant d'un parti dont M. Caillaux était le chef et cette constatation jette une grande lumière sur les actes de l'accusé.

Je ne retiendrai pas, dit le Procureur général, contre l'ancien ministre de l'Intérieur, la complicité d'un malandrin qui fait le guet, mais celle d'un homme qui ne remplit pas son devoir, qui laisse accomplir et encourage même par des subventions, des faiblesses et des défaillances, des actes qu'il aurait dû empêcher.

Bien des actes accomplis par ceux qui gravitaient autour de Malvy : MM. Leymarie, Mannoury, par exemple, ne l'ont été que parce qu'ils étaient le résultat d'instructions générales, d'une direction formelle pouvant se traduire ainsi : ne rien faire, quel que soit le crime, toutes les fois qu'il sera placé sous la haute protection de syndicats ouvriers ou de la C. G. T.

En tête des reproches à adresser à M. Malvy se placent, dit le Procureur général, ses relations avec Almereyda et *le Bonnet Rouge*. Tout semble indiquer qu'Almereyda ait été imposé à M. Malvy par M. Caillaux. M. Mérillon en trouve la preuve dans l'interrogatoire même de M. Malvy.

Quant à l'influence que *le Bonnet Rouge* prit au ministère, elle est certaine et inconcevable, car M. Malvy, prévenu par la Préfecture de police et par la Sûreté générale, savait fort bien ce que valait le personnage. Eu égard à ses antécédents, à son passé, il n'aurait jamais dû être accueilli comme un familier au ministère, non plus que tout le personnel du *Bonnet Rouge*. Il en était pourtant ainsi et la déposition de M. Séjournant nous a appris que les Landau et Goldsky étaient constamment au ministère, ce dernier étant même détaché pendant un temps au Cabinet du Ministre.

Et puis il y a la subvention. Elle fut supprimée en 1916, dit M. Malvy. C'était trop tard. M. Marchand a dit que *le Bonnet Rouge*, depuis 1915, était devenu le journal des Boches. M. Malvy déclare qu'il ne s'en est aperçu qu'en février 1916, mais c'est à la fin de 1915 ou au début de 1916 que M. Briand l'a prévenu. Ainsi prévenu, que fit M. Malvy? Il chargea M. Dumas de faire une enquête le 14 juillet. Cette enquête fut faite. Ses conclusions étaient effroyables pour Almereyda. Que dit M. Malvy? « Il n'y a pas grand'chose dans cette enquête, monsieur Dumas. Ce pauvre Almereyda est malade. Je viens de le voir. Il a protesté contre l'origine suspecte attribuée à ses ressources. »

— Il n'est pas douteux, ajoute M. Mérillon, que les relations de M. Malvy avec Almereyda ont duré longtemps même après que le ministre eut appris que *le Bonnet Rouge* était un journal allemand.

M. Mérillon aborde alors l'affaire Sébastien Faure.

Le récit de l'entrevue de M. Malvy avec Sébastien Faure a paru dans le journal de M. Malvy dans le Lot. Il y eut échange d'idées sur le pied d'égalité entre un ministre et un misérable comme Sébastien Faure!

Le ministre reconnaît avoir livré des documents au feu, mais cette destruction pourrait le faire tomber sous le coup de l'article 171 du Code pénal, car il avait reçu ces documents en qualité de ministre M. Malvy subventionna *la Ruche* mais il savait bien pourtant que c'était un antre d'où partaient pour le front des tracts défaitistes!

Quant à la restitution du chèque Duval, il y a eu là incontestablement crime. M. Malvy en a-t-il été complice? M. Leymarie a dit que le ministre a ignoré la restitution à Duval. J'en doute.

Le réquisitoire parle ensuite des permis de séjour, des grèves, de l'affaire Cochon.

Quant à la suppression du deuxième bureau, M. Mérillon déclare tout d'abord qu'en dépit des dénégations de Malvy pour ce qui concerne la mesure prise à cet égard, il en est bien l'instigateur.

Et si le deuxième bureau a été supprimé, ce n'est pas parce qu'il était insuffisant.

Il a été démontré par la discussion à la Commission du budget de la Chambre, rapportée dans le témoignage de M. Marin, qu'il a été supprimé sur la plainte de M. Ceccaldi, sous prétexte qu'il s'occupait de politique. En réalité, c'est parce que le ministre de l'Intérieur n'y trouvait pas les facilités qu'il désirait.

C'est M. Malvy, et lui seul, qui a porté ou fait porter les accusations et a provoqué la décision : il ne peut donc se retrancher derrière l'opinion du ministre de la Guerre.

MM. Painlevé, Briand, Ribot et Painlevé sont venus couvrir M. Malvy.

Les grands orateurs se laissent quelquefois, par des grâces d'État, — déclare non sans ironie le procureur, — emporter à des hauteurs inexplorées. Mais devant la Commission, il n'en fut pas ainsi pour M. Briand, qui a reconnu qu'il n'était pas toujours content de son ministre de l'Intérieur. *Mais la politique voulue par le gouvernement et son application sont deux choses différentes.* Jamais les Présidents du Conseil n'auraient admis qu'un Almereyda, un Sébastien Faure se substitue au véritable pouvoir.

Cela n'est pas possible, déclare M. Mérillon.

Et M. Mérillon termine ainsi son réquisitoire :

Vous êtes une grande juridiction : vous devez faire une justice complète. Est-ce que devant la justice ordinaire le fonctionnaire qui n'arrêterait pas les criminels ne serait pas poursuivi? Est-ce que le petit soldat qui s'endort à son poste n'est pas sévèrement puni? Est-ce que demain le général en chef ne pourra pas être appelé à rendre compte de ses actes devant une juridiction exceptionnelle?

Eh bien ! vous avez devant vous un ministre qui n'a pas rempli son devoir. Va-t-il sortir absous de vos délibérations? Non. Vous le condamnerez, et en le condamnant vous direz, avec tristesse, certes, mais avec fermeté, que sous la République, seul gouvernement qui puisse frapper ses chefs, sans en être lui-même atteint, il n'y a pas de citoyen au-dessus de la loi et que sous ce régime, la justice sait frapper sans hésitation comme sans faiblesse, les grands comme les petits.

LA PLAIDOIRIE DE Mᵉ BOURDILLON

Maître Bourdillon a été, on le sait, désigné d'office comme avocat de Malvy. Sa tâche était rude, il faut le reconnaître. Maître Bourdillon a fait des efforts remarquables pour tenter de la mener à bien, mais on peut affirmer que cette plaidoirie n'ajoutera rien à sa légitime renommée.

Je ne pense pas qu'il se soit fait de grandes illusions, d'ailleurs, sur la valeur de son argumentation, qui repose presque tout entière, comme la défense personnelle de son sinistre client, sur la dénégation pure et simple.

Malvy lit alors une déclaration creuse, laborieuse, apprêtée, qu'on trouvera dans la *Revue des Causes célèbres*, 14, rue Laferrière, et dans tous les journaux de l'époque. Elle ne produisit aucun effet.

A la suite de ces débats, la Cour de justice se réunit en Chambre du conseil le lundi 5 août 1918.

Après de longues discussions auxquelles prirent part MM. Maurice Collin, Bepmale, Henry Chéron, la Cour, par 102 voix contre 79 et une abstention, vota le principe de la souveraineté.

La double accusation relative : 1° à la livraison
du plan d'attaque du Chemin des Dames; 2° aux
mutineries de Cœuvres écartée, la Cour ne crut pas
devoir suivre le Procureur général dans la question
de complicité de trahison que M. Mérillon avait
retenue. Elle répondit par 121 non, 36 oui et
25 abstentions.

M. Flandin posa alors la question suivante :

« M. Malvy est-il coupable d'avoir, depuis moins
de dix ans, sur le territoire de la République et
dans l'exercice de ses fonctions, commis le crime de
« forfaiture » prévu par le Code pénal? »

Cette transformation de l'accusation fut examinée
en présence du Procureur général et de la défense,
en audience publique, le mardi 6 août 1918. Enfin,
les sénateurs, réunis en Chambre du Conseil, après
avoir rejeté, par 103 voix contre 76, la demande de
renvoi devant la Chambre, formulée par maître Bourdillon, adoptèrent, par 101 voix contre 81, la motion
Flandin.

L'audience étant redevenue publique. M. Dubost
lut alors l'arrêt de la Cour de justice dont voici le
texte :

La Cour,

Vu la résolution votée par la Chambre des députés le
28 novembre 1917, ordonnant la mise en accusation de
Malvy pour crimes dans l'exercice de ses fonctions de
ministre;

Vu le rapport de la Commission d'instruction sur le
supplément d'information ordonné par l'arrêt de la
Cour en date du 28 janvier 1918;

Vu l'article 12 de la loi constitutionnelle du 16 juillet
1875 et l'article 167 du Code pénal;

Après avoir entendu M. le procureur général en ses

réquisitions, le défenseur de l'accusé et l'accusé lui-même en leurs plaidoiries et moyens de défense ;

Vu le mémoire produit pour la défense ;

Après en avoir délibéré conformément à la loi ;

I. — Sur les conclusions déposées par l'accusé à l'audience du 6 août 1918 et tendant à faire entendre de nouveaux témoins ;

Attendu que les faits visés dans la question subsidiaire de forfaiture ont fait l'objet d'une information complète devant la commission d'instruction et que tous ont été discutés, tant dans le mémoire présenté par la défense qu'au cours des débats publics, après audition de tous les témoins de l'accusation et de la défense ; qu'il n'y a pas lieu, par suite, de rouvrir les débats sur ces faits ;

Rejette comme inutiles et mal fondées les conclusions de l'accusé, déposées à l'audience de ce jour, et tendant à l'audition de nouveaux témoins.

II. — Au fond :

Attendu que les accusations de trahison, qui ont leur origine dans la lettre de M. Daudet à M. le président de la République, ont été entièrement démenties par les résultats du supplément d'information ordonné par la Cour ; qu'aucun témoignage n'y a fait allusion ; qu'il est surabondamment établi que Malvy est demeuré étranger à la divulgation des documents secrets de l'armée d'Orient ; qu'on ne saurait davantage lui imputer la connaissance par l'ennemi du plan d'attaque du Chemin des Dames ; qu'enfin les mutineries militaires de Cœuvres, en juin 1917, n'ont été en quoi que ce soit directement provoquées par l'accusé ; que celui-ci ne saurait être retenu comme auteur principal du crime de trahison ;

Attendu que Malvy ne saurait être davantage retenu comme complice du même crime dans les conditions prévues par l'article 60 du Code pénal ;

Mais attendu que ces faits ne sont pas les seuls qui aient été visés dans la résolution de la Chambre des députés ; que cette résolution vise également tous les faits

tendant à favoriser l'ennemi en excitant ou provoquant
des mutineries militaires ; que la Commission d'instruction avait donc le droit et le devoir de s'en saisir et de
les soumettre à ses vérifications, ainsi que tous ceux con-
nexes ;

Attendu qu'il est constant pour la Cour qu'un plan a
été concerté sur le territoire de la République, dès la fin
de 1914, pour ruiner la défense du pays en portant atteinte à la force morale de la nation et à l'esprit de discipline de l'armée ; que cette propagande criminelle s'est
exercée, notamment, par la création de journaux, par
la diffusion de tracts, par des discours et des conférences ;

Attendu que Malvy n'a pas ignoré l'existence de
cette criminelle entreprise, dont tous les témoins entendus ont signalé la gravité, et qui a été la cause principale des mutineries militaires de mai et juin 1917 ;

Mais attendu qu'au lieu d'opposer à cette propagande
l'action la plus énergique, l'accusé a accordé des subventions à un journal dont les principaux rédacteurs ont
été condamnés pour intelligences avec l'ennemi, en vertu
de décisions passées en force de chose jugée ; qu'il a facilité par des faveurs et des complaisances abusives les
agissements criminels d'Almereyda, de Duval et de Sébastien Faure ; qu'il a entravé la surveillance des tractations auxquelles se livrait, par l'intermédiaire de la
femme Duverger, l'espion Lipscher ; qu'il s'est refusé à
empêcher la propagande antipatriotique de l'anarchiste
Vandamme, dit Mauricius ; qu'il s'est refusé à autoriser
dans les imprimeries clandestines, où elle pouvait être
utilement pratiquée, la saisie de tracts excitant les militaires à la désobéissance, à la révolte envers leurs chefs
et à la trahison envers la patrie ;

Attendu qu'en vertu des instructions générales qu'il
avait données, l'action des lois pénales a été suspendue
ou empêchée au profit d'anarchistes notoires recherchés
pour délits de droit commun ; enfin, l'accusé a détruit
tout ou partie d'un dossier contenant les charges rele-

vées contre Sébastien Faure, dossier qui lui avait été communiqué à raison de ses fonctions ;

Attendu que Malvy prétend vainement pour sa défense qu'il n'a fait qu'exécuter les instructions et la politique des gouvernements dont il faisait partie ; que cette politique, tendant à l'union sacrée de tous les Français devant l'ennemi, ne saurait être en cause devant la Cour de justice ; que l'accusation reproche à juste titre à l'accusé d'avoir poursuivi une politique personnelle d'abandon et de faiblesse, qui laissait s'accroître chaque jour un danger dont il ne pouvait méconnaître la gravité, alors que la doctrine des gouvernements dont il faisait partie consistait à appliquer la loi pénale à tous les criminels, quels qu'ils fussent ;

Attendu que Malvy soutient encore en vain qu'il était obligé d'agir comme il l'a fait, sous peine de provoquer des crises et des soulèvements plus dangereux encore pour le pays que la propagande qu'il laissait s'exercer ;

Attendu, en effet, que cette défense ne saurait justifier les actes reprochés à l'accusé ; qu'elle est démentie par l'élan patriotique de la presque unanimité des ouvriers français, et qu'elle a le tort grave de les supposer capables de se solidariser avec des repris de justice et des hommes tarés, qu'ils auraient chassés de leurs groupes s'ils avaient connu leur action et leurs desseins ;

Attendu que les juridictions criminelles ont le devoir de donner aux faits qui leur sont déférés leur véritable qualification telle qu'elle résulte non de la procédure écrite, mais des débats oraux ; que, d'ailleurs, la Chambre des députés s'est volontairement abstenue de procéder à une instruction ;

Qu'il appartient donc à la Cour de justice, usant du pouvoir souverain qu'elle tient de l'article 12 de la loi du 16 juillet 1875, ainsi qu'elle l'a décidé, de qualifier les faits et de déterminer la peine ;

Attendu que l'article 167 du Code pénal prévoit et punit la forfaiture ;

Par ces motifs :

Déclare Malvy (Jean) non coupable, tant comme auteur principal que comme complice, du crime d'intelligences avec l'ennemi commis notamment en renseignant l'ennemi sur tous nos projets diplomatiques et militaires, en lui fournissant le plan d'attaque du Chemin des Dames, et en provoquant ou excitant des mutineries militaires pour favoriser ses progrès;

Déclare Malvy (Jean) coupable d'avoir, dans l'exercice de ses fonctions de ministre de l'Intérieur, de 1914 à 1917, méconnu, violé et trahi les devoirs de sa charge dans des conditions le constituant en état de forfaiture, et encouru les responsabilités criminelles prévues par l'article 12 de la loi du 16 juillet 1875.

Par un second arrêt, la Cour de justice statue sur l'application de la peine.

En voici le texte :

La Cour,

Vu la résolution de la Chambre des députés en date du 28 novembre 1917, ordonnant la mise en accusation de Malvy pour crime commis dans l'exercice de ses fonctions de ministre de l'Intérieur;

Statuant sur les réquisitions de M. le procureur général;

Après avoir entendu M. le procureur général en ses réquisitions, le conseil de l'accusé et l'accusé lui-même, lequel a eu la parole le dernier, en leurs observations sur l'application de la peine;

Attendu que des déclarations contenues au précédent arrêt, en date de ce jour, il résulte que Malvy, agissant comme ministre de l'Intérieur, a, dans l'exercice de ses fonctions, de 1914 à 1917, méconnu, violé et trahi les devoirs de sa charge dans des conditions le constituant en état de forfaiture, et encouru les responsabilités criminelles prévues par l'article 12 de la loi du 16 juillet 1875;

Par ces motifs :

CONDAMNE MALVY A CINQ ANNÉES DE BANNISSEMENT ;

LE DISPENSE DE LA DÉGRADATION CIVIQUE ;

LE DISPENSE DE L'INTERDICTION ÉDICTÉE PAR L'ARTICLE 19 DE LA LOI DU 27 MAI 1885 ;

LE CONDAMNE AUX FRAIS ENVERS L'ÉTAT LIQUIDÉS à 1535 fr. 65 CENTIMES PLUS 39 FRANCS POUR DROITS DE POSTE ;

FIXE AU MINIMUM LA DURÉE DE LA CONTRAINTE PAR CORPS S'IL Y A LIEU DE L'EXERCER ;

ORDONNE QUE LE PRÉSENT ARRÊT SERA IMPRIMÉ, PUBLIÉ, AFFICHÉ PARTOUT OU BESOIN SERA ;

ORDONNE QU'IL SERA NOTIFIÉ SANS DÉLAI A L'ACCUSÉ PAR LE GREFFIER DE LA COUR.

CONCLUSION

Une puissante leçon se dégage du procès Malvy, comme de celui du *Bonnet Rouge* et de Bolo, comme de l'inculpation et de l'arrestation de Caillaux, comme de toutes les affaires similaires. Cette leçon apparaît, si l'on considère parallèlement la suite des événements militaires, depuis le 3 août 1914 jusqu'à maintenant, d'une part, et, de l'autre, la suite des événements politiques en France pendant la même période. J'ai appelé cette leçon : synchronisme des deux branches de la guerre totale (guerre à l'Allemand, guerre à ses auxiliaires à l'intérieur). En voici le très simple schéma :

Début de la guerre : Viviani, ami de Malvy, soufflé par le clan Caillaux et les socialistes, cède à l'ennemi 8 kilomètres de territoire sans combat. Période trouble et marche des Allemands sur Paris. La capitale est menacée.

Première partie de la guerre : du 26 août 1914 au mois de janvier 1915. Le clan allemand, c'est-à-dire Caillaux, Malvy, Almereyda, surpris par le sursaut national devant l'agression allemande, rentre sous terre. Caillaux revêt un uniforme de trésorier aux armées ; Malvy fait la noce à Bordeaux, ayant installé à Arcachon sa maîtresse, la fille Béryl ; Almereyda, pris

de peur, a mis une sourdine à son antipatriotisme à
base de « rapprochement franco-allemand ». L'État est
représenté par le Président Poincaré, le Gouverneur
Gallieni et le nouveau ministre de la Guerre Millerand,
qui font tranquillement et fermement ce qu'ils ont à
faire. Les généraux ont les mains libres. Pas de
Chambre pour brouiller les cartes. Résultat : la victoire
de la Marne, coopération magnifique de Joffre, de Foch,
de Gallieni et de Maunoury. Avec de faibles moyens
industriels, des prodiges sont réalisés dans le domaine
de l'armement.

Deuxième partie de la guerre : de janvier 1915 au
22 juillet 1917. Le clan Caillaux-Malvy-Almereyda, le
clan allemand, a repris ses intrigues et manœuvres
criminelles. Les divers gouvernements qui se succèdent,
Viviani, Briand, Ribot, Painlevé, moitié par aveuglement, moitié par débilité d'esprit et peur du chantage,
n'osent pas empêcher les agissements du sinistre trio,
qui dispose d'un quotidien, *le Bonnet Rouge*, cherche à
acquérir *le Journal*, et mène, dans les Chambres
revenues, une véritable campagne d'intimidation. On
connaîtra un jour les dessous de cette campagne, sur
laquelle champignonnent les Turmel, les Loustalot, les
Bolo pacha, les Landau, les Duval, les Guillaume
Desouches et quelques autres qui ne sont pas encore
sous les verrous. Almereyda est le véritable préfet de
police de Paris. Les espions et les agents de l'ennemi
pullulent. Les fonctionnaires patriotes sont brimés à
tous les niveaux de l'administration. Le président
Monier, personnage indigne, trifouille les séquestres au
gré du caillautisme, du malvysme et de l'almereydisme.
Cette période est le paradis des agents boches, qui ont
leurs entrées partout, obtiennent la suppression du
deuxième bureau de la place de Paris, le départ de
l'admirable général Clergerie, de ses fidèles auxiliaires
le commandant Baudier, le colonel Bourdeau, leur
remplacement par un incapable, le colonel Goubet, et
un individu louche, le boursier capitaine Ladoux. Les

services de la Sûreté générale et de la préfecture de police sont à la merci de deux misérables, embochés jusqu'à la garde, Leymarie et Maunoury.

Aussi, pendant cette période, quels que soient les talents des chefs militaires et la valeur des combattants, nos offensives n'aboutissent pas, la guerre se traîne, la Russie se disloque, puis s'effondre, les Alliés n'arrivent pas à faire converger leurs efforts. La Chambre, incompétente et turbulente, entasse comités secrets sur comités secrets. A mesure, les agents de Caillaux, de Malvy et d'Almereyda communiquent à l'ennemi le compte rendu de ses séances, prétendues secrètes. Guilbeaux travaille pour les Boches en Suisse. Routier en Espagne. Zucco, Rabbat, Duval, Marion. Landau, Turmel, Goldschild font la navette entre la place Beauvau et les consulats allemands en pays neutre. Un grand soldat, devenu ministre de la Guerre, le général Lyautey, est contraint de donner sa démission, remplacé par l'incapable Painlevé, jouet de salons suspects et soumis à Caillaux. C'est la sarabande du défaitisme, du bolchevikisme et de la trahison, aboutissant à l'échec combiné de l'offensive d'avril 1917 et aux mutineries militaires, bientôt à la trahison russe. Le général Nivelle, le général Mangin sont mis au rancart. L'alliance anglaise est sapée savamment. Le pays court à sa perte.

Troisième partie de la guerre : du 22 juillet 1917, date du discours historique de Clemenceau à maintenant. Arrestation d'Almereyda, disparition du *Bonnet Rouge*, chute du cabinet Painlevé, Malvy s'envoie lui-même en Haute-Cour, après une série de débats parlementaires, où le ridicule le dispute à l'odieux.

Clemenceau prend le pouvoir dans des circonstances tragiques. Il va, le premier, pratiquer la guerre totale. Inculpation puis arrestation de Caillaux et de Charles Humbert, sénateur, vice-président de la commission de l'armée. Procès et condamnation à mort de Bolo. Procès du *Bonnet Rouge* et condamnation de Leymarie, de Landau, etc., condamnation à mort de Duval. Procès de Paix-Séailles, condamné à un an de prison avec sursis. Inculpation du « capitaine » Ladoux. Pendant ce temps la trahison russe a permis le renforcement des armées allemandes, débarrassées du front oriental par la paix allemande de Brest-Litovsk. Offensive Ludendorff du 21 mars. Poche de Picardie. Unité de commandement accordée par l'intelligence et la générosité britanniques. Clemenceau nomme Foch généralissime, rend son commandement à Mangin répare de son mieux les fautes effroyables et les crimes de son prédécesseur. Offensive Ludendorff du 27 mai. Poche de la Marne. Cela, c'est le reliquat inévitable de trois années de crimes, d'erreurs, de trois années de caillautisme et de malvysme.

Le 11 juin, le général Mangin arrête l'offensive ennemie sur le plateau de Méry-Courcelles. C'est le début du relèvement, magistral et soudain, de la situation.

Le 16 juillet, le procès Malvy vient devant la Haute-Cour et le procureur général Mérillon inculpe Malvy de complicité de trahison. Le 19 juillet, pendant l'interrogatoire de l'accusé, la nouvelle parvient de la victoire française, qui commence le dégagement de Paris et inaugure l'ère des offensives de libération. LA CONDAMNATION DE MALVY POUR FORFAITURE A CINQ ANS DE BANNISSEMENT COINCIDE AINSI AVEC LA SECONDE VICTOIRE DE LA MARNE. Il y a là mieux qu'un hasard. Il est d'ailleurs facile de comprendre que les armées allemandes, privées de leur appui Caillaux-Malvy à l'intérieur et combattues par des armées désentravées de la trahison, que vient renforcer l'effort américain, n'ont plus les mêmes avantages qu'en 1917.

Du 13 juillet aux derniers jours d'octobre, le synchronisme continue, au grand navrement des caillau-malvystes qui escomptaient la défaite des Alliés, la chute du cabinet Clemenceau, l'acquittement de Malvy et la mise en liberté de Caillaux. La préférence accordée aux créatures de l'Allemagne amène logiquement à préférer l'Allemagne à la France.

Il nous faut examiner maintenant plus en détail quelques compartiments de ce schéma.

L'aveuglement des conducteurs politiques de la France quant à la pénétration allemande chez nous était, a la veille de la guerre, aussi complet en 1914 qu'en 1870. Le parallèle entre l'année 1869 et l'année 1913 serait, à ce point de vue, bien curieux. C'est en mars 1913 que j'ai publié à la *Nouvelle Librairie Nationale* de notre éminent ami, le lieutenant Valois, mon ouvrage l'*Avant-Guerre*, synthèse des articles parus sur ce sujet dans l'*Action Française* depuis le 21 septembre 1911. A l'exception du seul *Rappel*, tous les journaux républicains ont traité ce volume — simple recueil de chiffres et de précisions — d'invention romanesque et de pamphlet.

C'est qu'à ce moment-là l'homme le plus agissant et le plus intrigant de la majorité parlementaire était Joseph Caillaux. Il est bien entendu que d'autres hommes politiques réagissaient contre cette tendance au « rapprochement franco-allemand » — sous les injures et les menaces du gouvernement impérial — et contre cet aveuglement systématique. Mais ils n'étaient guère écoutés. On les traitait de « badernes » et de « Déroulède ».

Caillaux avait plusieurs lieutenants, au premier rang desquels Malvy. Il entretenait au moment de la déclaration de guerre, au moment du procès de sa femme (laquelle venait d'assassiner Calmette directeur du *Figaro*), une bande d'hommes de main et d'escarpes, parmi lesquels Almereyda. Il y a des indices que, dès cette époque, Almereyda était vendu à l'Allemagne par l'intermédiaire d'agents allemands, établis à la frontière espagnole et qu'il fréquentait sous un faux nom.

La déclaration de guerre surprit Caillaux et ses amis comme elle surprit les socialistes. Edmond Laskine a raconté l'ambassade à Paris, au 1er août 1914, du député au Reichstag Müller, lequel vint affirmer aux camarades de *l'Humanité* que la sozialdemokratie allemande ne voterait pas les crédits de guerre. Il prononça textuellement la phrase suivante : « Dass mann für die kriegskredite stimmt, halte ich für ausgeschlossen. » Ce qui signifie : Je considère comme exclue l'hypothèse du vote des crédits de guerre. On sait ce qu'il en résulta. Viviani, perdant la tête et cédant aux suggestions de Jaurès et de son groupe, influencés eux-mêmes par les kamarades allemands, se laissa entraîner à donner à l'Allemagne et au monde cette preuve de non agressivité bien dangereuse, qui est consignée au Livre Jaune : l'abandon, par nos troupes de couverture, d'une bande de territoire de huit kilomètres, sur toute l'étendue de la frontière. Nul doute que le grand État-Major allemand avait soufflé cette preuve de non agressivité, cette funeste mesure, au socialisme allemand et que Müller venait en contrôler l'exécution. Nous devions apprendre, à nos dépens, que la guerre n'est pas une démonstration sentimentale et se prête mal aux mouvements chevaleresques. On peut dire que l'erreur initiale de Viviani nous faisait amorcer, de nos propres mains, l'occupation et la dévastation du pays.

Quoi qu'il en soit, la victoire de la Marne fut, pour

les Allemands et leurs créatures, une désagréable
surprise. Les uns et les autres n'avaient plus qu'une
chance de salut : la stagnation de la guerre, qui leur
permettrait d'essayer un décollement des alliés, en
commençant par le point jugé le plus faible, moralement parlant : la Russie. Mais, pendant qu'on procédait à la dissociation intérieure de l'empire des
tsars, rien n'empêcherait de commencer, contre le
moral français, une campagne intérieure du même
genre, soutenue par la presse et la finance, ces deux
leviers de l'opinion.

L'Allemagne acheta d'abord le *Bonnet Rouge*, puis
le *Journal*. Elle acheta *le Bonnet Rouge* et ses suc-
cédanés *la Tranchée Républicaine*, l'*Agence Républicaine*, l'*Agence Primo*, par Marx de Mannheim et
Ratibor, ambassadeur allemand à Madrid. Elle acheta
le Journal, d'abord par Lenoir et Desouches, puis
par Bolo-pacha.

L'Allemagne tenait Caillaux, lequel maniait
Malvy, lequel subventionnait Almereyda et Sébastien
Faure et était tenu par Almereyda. C'est ce qu'on a
appelé fort justement « la chaîne ». Consortium redoutable et qui a pesé d'un poids terrible sur les
trois premières années de la guerre. L'historien de
l'avenir devra en tenir compte largement, s'il veut
dépasser les molles apparences, dont se satisfait un
Hanotaux par exemple, et atteindre les dures réalités. Les coquins complets, même en temps de guerre,
sont encore assez rares. En revanche les peureux sont
légion à l'arrière, étant donné que les meilleurs et les
plus courageux sont aux armées. Le moyen de terro-
risation employé par la bande (par la maffia, disait
avec justesse notre vaillant confrère Berthoulat,
directeur de *la Liberté*) était le chantage. Je n'ou-

blierai jamais l'expression de visage effrayée du
monumental Charles Humbert, lors de l'unique conversation que nous eûmes ensemble au *Journal*
en 1916, quand il me demandait : « Comment faites-
vous pour secouer tous ces insectes malfaisants? »
Je lui répondis : « Je prends un plumeau et je
tape dessus. » J'appris depuis qu'il subventionnait
de temps en temps Almereyda et Landau. C'est
qu'il était mêlé à trop d'affaires ténébreuses pour
se moquer de leurs menaces. Les archives du
ministère de l'Intérieur et de la Préfecture de police
leur étaient ouvertes et ils y puisaient comme ils
voulaient.

Charles Paix-Séailles, directeur du *Courrier Européen* — (tout dévoué à Caillaux et où l'on insultait
l'État-Major français à la veille de la guerre) — a
été condamné à un an de prison avec sursis, pour
avoir livré, à son ancien secrétaire de rédaction Almereyda, des documents secrets concernant l'armée de
Salonique. Mais le directeur du *Bonnet Rouge*, familier du ministère de l'Intérieur et de la Sûreté générale, eut certainement dans les mains — et livra aux
Boches contre argent comptant — bien d'autres
pièces confidentielles, intéressant grandement la
Défense Nationale. Celles-ci traînaient dans le bureau
de Marion, dans les poches de Landau et de Duval.
Rien de plus honteusement comique que l'indignation des groupes caillautiste et socialiste de la Chambre, quand le général Lyautey exprima, en termes
trop modérés, sa juste méfiance des comités secrets.
Le sauveur du Maroc dut donner sa démission, à la
grande satisfaction du gouvernement allemand, et
j'imagine que les vertueux indignés durent bien rire
entre eux de leur feinte colère. Je pourrais citer plus

d'un caboulot de Paris et de la banlieue, où lecture était faite, tous volets fermés, de telle séance de comité secret... de Polichinelle. Cela non pas une fois, mais trois fois !

Un des grands arguments que l'on m'a opposés, quand j'ai parlé de la livraison à l'ennemi du plan d'offensive du Chemin des Dames, a été celui-ci : « Il n'y a pas de secret, ni de surprise militaire dans la guerre actuelle ». Les événements du printemps et du commencement de l'été de 1918 ont prouvé depuis que le secret et la surprise étaient au contraire les deux moyens importants de l'offensive allemande. On s'en doutait, mais, pour qu'il n'y eût pas de trahison, il fallait qu'il n'y eût pas de secret, ni de surprise. C'est pourquoi les défenseurs de Caillaux, de Malvy et d'Almereyda, avaient rayé l'une et l'autre de l'art militaire.

Je ne sais rien de plus tragique que l'exposé des menées par lesquelles furent éliminés le général Clergerie et son second le commandant Baudier. Avec des moyens ridiculement petits, ces deux hommes, au commencement de la guerre et dans le courant de 1915, avaient littéralement traqué l'espionnage ennemi. Tellement que l'Allemagne s'émut et donna la consigne à ses agents de détruire cette surveillance à tout prix. Les débats de la Haute-Cour ont relaté cette longue lutte entre les officiers sans peur et sans reproche et les auxiliaires du gouvernement allemand. Je m'en doutais de longue date, d'abord par la lecture du *Bonnet Rouge*, ensuite par quelques paroles échappées au comédien directeur Lugne Poe, que je rencontrais quelquefois, et qui rendait au deuxième bureau, par patriotisme, de réels services. Le pauvre garçon était en butte à toutes sortes de menaces et de persécutions de la part de la bande. Sa présence gênait bien des combinaisons. Je tiens à lui rendre ici cet hommage public.

Du jour où le général Clergerie eut mis la main au collet de Desclaux, ancien chef de cabinet de Caillaux, sa perte fut résolue par la maffia. Le commandant Baudier avait osé rédiger un rapport sur la société *Maggi Kub*, défavorable à cette société, et traquer la *Victoria zu Berlin*. Quels crimes ! Le surprenant, c'est que le gouvernement d'alors n'opposa pas son *velo* aux manœuvres de Caillaux, de Malvy et de leurs hommes. Il s'inclina devant leur volonté « d'avoir la peau du général Clergerie et du commandant Baudier », comme on disait place Beauvau. Oui, mais les misérables avaient en même temps la peau de beaucoup de soldats français, poignardés dans le dos par les Lombard, les Sébastien Faure, les Garfunkel, les Rabbat et autres protégés du ministère de l'Intérieur. Si les choses avaient continué ainsi, ils auraient eu la peau de la France.

La police de la trahison eût dû être faite avec d'autant plus de zèle que la guerre, devenue chronique, et menée, hélas ! sur notre territoire, mettait en communication, par les voies les plus diverses, les civils de l'arrière et les combattants de la zone des armées. Cette situation n'échappait pas à l'Allemagne, qui n'eut qu'un plan après sa première défaite de la Marne : corrompre l'avant par l'arrière. Je ne reviens pas sur le processus de cette corruption, que j'ai longuement étudié dans *la Guerre totale*. Les deux dépositions du lieutenant Bruyant prouvent qu'au Grand Quartier général on

se rendait compte du danger et qu'on cherchait à y
parer. Mais comment réagir, quand le point de
départ de la pourriture est au centre de ce qui
devrait être l'antisepsie !

J'ai écrit dans l'*Action Française*, de janvier 1915
à juillet 1917, une centaine d'articles sur le thème
suivant : *Nos alliés n'auront la victoire que le jour
où le gouvernement se décidera à poursuivre et
châtier l'Inexplicable..., c'est-à-dire l'influence allemande s'exerçant, en France et en Russie, par les
créatures des Allemands.* En France, l'Inexplicable
s'appelait Caillaux et Malvy. Il s'appelait, en Russie,
Sturmer et Protopopoff. La malheureuse Russie n'a
pas trouvé son Clemenceau. Voilà toute l'histoire.
Il faut, pour gagner la guerre, que ceux qui
conduisent la guerre soient à la hauteur des événements de la guerre. Une lutte de géants ne saurait
être victorieusement menée par des nains. Les
élections de 1914 avaient peuplé la Chambre de
tels nains. C'est le Sénat qui a réagi.

J'ai toujours pensé qu'il réagirait, d'après l'accueil
en somme sympathique, qu'il avait fait aux cui-
santes révélations de M. Gaudin de Villaine, et à
son discours de 1916. M. Gaudin de Villaine est
un homme âgé et souffreteux, qui a un grand nez,
une figure ravinée, des yeux perçants, sur lesquels
il passe fréquemment une longue main nerveuse.
C'est un brave, chez qui l'âge n'a point diminué
la flamme patriotique et doué de cette vertu politique ; l'obstination. Il lui revient le rare mérite
d'avoir porté, le premier, le fer rouge dans la plaie
purulente. Le sénateur Riou lui aussi, dès avant la
guerre, s'était préoccupé de l'influence allemande
et de l'espionnage allemand en France. Le suffrage

restreint est plus perspicace que le suffrage uni-
versel. Seuls à la Chambre, Jules Delahaye et
Maurice Barrès ont compris l'importance de la
guerre totale.

Alors qu'est-il arrivé? Ceci que, de janvier 1915
à novembre 1917, l'Allemagne nous a fait une guerre
de voyante à aveugles. Elle connaissait nos desseins
par ses agents. Nous ne connaissions pas les siens.
Elle savait nos points faibles, militairement, politi-
quement, et où il fallait appuyer. Nous ne décou-
vrions les siens que très lentement et à tâtons.
Quand un de nos officiers supérieurs la gênait par
son initiative, ou son habileté, ou son ascendant,
ou sa réputation, elle le faisait saper, à Paris, dans
les salons à sa dévotion, dans les feuilles sou-
mises à son influence, dans les officines à sa solde.
Ainsi de Clergerie, de Lyautey, de Nivelle, de
Mangin.

Les conséquences s'enchaînent, dans cette immense
crise, avec une rigueur quasi mathématique. L'Allemagne viole la neutralité belge; conséquence : l'entrée en guerre de l'Angleterre. Cette entrée en guerre
de l'Angleterre accule l'Allemagne au blocus. Pour
réagir contre cette terrible menace du blocus, l'Allemagne fait la guerre sous-marine. Le déchaînement
de la guerre sous-marine sans restrictions amène
nécessairement l'entrée en lice de l'Amérique. C'est
une des perspectives de la lutte,

Une autre perspective, et qui nous intéresse directement, est le synchronisme de la guerre totale.
Première phase : influence allemande, à l'intérieur,
assoupie ou dominée ; socialisme parlementaire
contraint au silence ; Caillaux hors d'état de nuire,
Malvy absent de Paris, Poincaré, Joffre et Millerand

menant la guerre : Victoire de la Marne. — Deuxième phase : Caillaux, ministre de l'Intérieur sous le nom de Malvy, président du Conseil et Garde des Sceaux sous le nom de Viviani, ministre de la Guerre sous le nom de Painlevé : période de stagnation et de déboires militaires. L'Allemagne reprend courage, détache la Russie de l'Entente par la Révolution et semble toute proche de gagner la partie. — Troisième phase : Ministère Clemenceau, Caillaux bouclé, Malvy condamné et exilé. Foch généralissime des armées alliées. Victoire sur toute la ligne. Refoulement de l'ennemi. L'Allemagne passe de l'offensive à la défensive et de la confiance au désespoir. C'est concluant.

Bien des gens légers, ou ayant leurs raisons pour ne pas aller au fond des choses, se sont imaginé d'abord que ce synchronisme était une vue de l'esprit, une fantaisie de romancier, une chimère. La lecture des journaux allemands et de la très significative *Gazette des Ardennes* aurait dû les détromper. Car ces feuilles boches n'ont cessé de manifester une rage et une préoccupation croissantes devant les preuves que l'*Action Française* apportait quotidiennement d'une concordance si exemplaire entre les hauts et les bas de la courbe de trahison et de l'espionnage, et les hauts et les bas des opérations militaires. C'est donc que l'ennemi attachait une importance considérable à cette constatation et qu'il eût préféré qu'elle ne fût pas faite. Il nous dictait notre devoir, qui était d'insister, contre vents et marée, jusqu'à ce que fût obtenu un retournement complet de la situation.

Sans doute, il n'est pas agréable de se dire qu'un certain nombre de politiciens français, attachés à

l'Allemagne, pour diverses raisons, avant la guerre,
ont continué, pendant la guerre, à servir les intérêts
de l'Allemagne et contribué ainsi au massacre de
leurs concitoyens et à la dévastation de leur pays.
Mais ce sont là, en somme, de monstrueuses exceptions, dues à quarante ans d'affaissement moral
et de pénétration ennemie, que rachètent, et au delà,
les sacrifices inouïs de tant de héros.

FIN

TABLE DES MATIÈRES

Le rapprochement franco-allemand, 174. — Vigo, dit Almereyda et sa bande, 175. — Ministère de l'Intérieur et Police, 182. — L'Action Française et l'Union sacrée, 184. — La dissociation intérieure, 185. — Rabbal et Zucco, 195. — L'affaire Guilbeaux, 196. — L'affaire Gaston Routier, 200. — Le deuxième bureau du G. M. P., 203. — Le chèque Duval, 208. — Entrevue avec M. Maginot, 211. — Leymarie, 213. — Le cas de Chanron, 214. — Les mutineries militaires, 216. — Le document Henry Bérenger, 222. — La lettre au Président de la

ACHEVÉ D'IMPRIMER
LE VINGT NOVEMBRE MIL NEUF CENT DIX-HUIT
PAR
LA TYPOGRAPHIE PH. RENOUARD A PARIS
POUR
LA NOUVELLE LIBRAIRIE NATIONALE
XI, RUE DE MÉDICIS, XI
PARIS